数字经济研究系列

数字思维
与数据的力量

Digital Thinking and Power of Data

高保中 著

本书为国家社会科学基金重大项目“新质生产力的科学意义、深刻内涵与统计测度研究”（24&ZD035）、国家社会科学基金青年项目“数智化‘零碳’工业园建设效果的统计测度与提升路径研究”（23CTJ025）的阶段性成果。

中国经济出版社
CHINA ECONOMIC PUBLISHING HOUSE
·北京·

图书在版编目（CIP）数据

数字思维与数据的力量 / 高保中著. -- 北京：中国经济出版社，2025. 6. -- (数字经济研究系列).

ISBN 978-7-5136-8161-2

Ⅰ. F260

中国国家版本馆 CIP 数据核字第 2025UP5326 号

责任编辑　牛慧珍
责任印制　李　伟
封面设计　任燕飞

出版发行　中国经济出版社
印 刷 者　涿州市京南印刷厂
经 销 者　各地新华书店
开　　本　710mm×1000mm　1/16
印　　张　17.5
字　　数　290 千字
版　　次　2025 年 6 月第 1 版
印　　次　2025 年 6 月第 1 次
定　　价　98.00 元
广告经营许可证　京西工商广字第 8179 号

中国经济出版社　**网址** http://epc.sinopec.com/epc/　**社址** 北京市东城区安定门外大街 58 号　**邮编** 100011
本版图书如存在印装质量问题，请与本社销售中心联系调换（联系电话：010-57512564）

序 言

拥抱数据的力量

在智能化和数字化加速发展的时代，拥抱数据的力量已成为驱动社会变革和创新的关键途径。拥抱数据的力量，意味着我们需要树立数字思维，以洞察复杂系统背后的规律和趋势。运用数字思维，我们能够从海量的数据中预测未来，从分散的现象中发现关联。从精准医疗到智能制造，从智慧城市到金融科技，数据正重塑各行各业的运行模式。唯有深刻理解并善用数据的力量，我们才能更好地应对未来社会的挑战，为可持续发展和人类福祉注入源源不断的创新动力。

一、数字思维：唤醒数据的力量

现在，数据早已不仅是单纯的数字或信息的集合，而是具备巨大战略价值的核心资源。然而，数据的力量并非自动显现，它需要通过数字思维这一深刻的认知框架来激活。数字思维是一种认知世界、解析问题、推动创新和决策的哲学思维方式。数字思维代表了从原始数据中提取信息、转化为智慧的深度思考，它让我们能够看见数字背后的趋势、模式与关联，从而揭示潜在的规律与价值。

数据是“死”的，而思维是“活”的。只有通过数字化的思维框架，我们才能赋予数据活力，形成具有实际意义的信息，进而转化为有力的决策和行动。数字思维关注的是如何通过系统的分析、模型的构建以及逻辑的推演，将大量复杂的、碎片化的数据转化为可操作的知识。这一过程不仅是技术上的操作，还是一种价值创造的过程，是对世界的深刻理解和对未来的精准预测。数字思维的核心在于将数据视为动态的资源，它不只是回顾过去的工具，还是预见未来的钥匙。在数据的世界中，每一份信息都承载着无限可能，数字思维的作用就是将这些可能系统化、结构化，挖掘出其中的深层次联系与价值，使我们能够在纷繁复杂的现象中找到趋势的脉络，识别潜在的机会或风险，从而为战略决策提供有力的支持。这种从“数据”到“智慧”的转化，是数字思维的核心所在。

二、智能觉醒：数据让未来触手可及

数据正在彻底改变我们对未来的认知，将曾经遥不可及的梦想变为触手可及的现实。随着物联网、人工智能和大数据技术的不断融合，数据不再是静态的信息集合，而是驱动整个社会智能觉醒的核心引擎。如今的交通系统通过数据进行优化，医疗行业也依赖数据来提升诊疗效果，个性化的教育、精准的市场营销，甚至城市规划，都在数据的引领下变得更高效和智能。这种数据的赋能并不局限于特定行业或应用场景，而是涵盖了我们生活的方方面面。未来，智能家居将根据用户的行为习惯主动调整环境，智能交通系统将极大地减少拥堵和事故发生，智能医疗将进一步延长人类的寿命。可以说，数据让未来变得更加可预见且可控，也让我们能够以更智慧的方式应对复杂的全球挑战。随着智能觉醒的深入，未来社会的每个角落都将被数据驱动，我们的每一个选择和决定也都将因数据而变得更加精准和高效。

三、认知跃迁：从数字洪流到智慧浪潮

随着人工智能、深度学习等技术的成熟，数据正引领我们迈向一个全新的智慧时代。现在，机器不仅能够处理海量数据，还能够通过算法进行自我学习和认知，从中提炼出具有指导意义的洞见。在医疗领域，智能诊断系统已经能够通过海量病例数据进行准确的疾病预测和治疗方案推荐；在金融领域，智能风控和交易系统能够通过对历史数据的分析预测市场趋势，规避风险。未来，数据驱动的智慧浪潮将会更进一步，机器的学习能力将与人类的认知能力相辅相成，产生更具创造性和前瞻性的解决方案。在这种智慧浪潮中，数据不仅是资源，还是创新的催化剂，它帮助我们超越以往的技术局限，开启全新的认知维度，赋予未来无限可能。

四、产业蝶变：数字织网与智能制造

在数字技术的推动下，制造业正在经历一场前所未有的蝶变。传统制造业的模式以大规模、流水线生产为主，而如今，数据正通过数字织网，将制造业与服务业紧密融合，形成一个高度智能化、个性化的生产新生态。在这一过程中，数据不仅是优化生产流程的工具，还是推动整个产业链重构的关键力量。智能工厂的诞生标志着传统制造向高度自动化和智能化转变，生产设备通过数据感知和互联，实现自我监控、故障预测、生产调整等，极大地提高了生产效率和产品质量。定制化生产模式的兴起，使得数据能够根据消费者的个性化需求进行灵活调整，实现生产与消费的无缝衔接。未来，随着数字技术的进一步深入，制造业将不再局限于传统的物理空间，而是向虚拟空间拓展，通过虚拟现实、数字孪生等技术，模拟和优化整个生产流程。数字织网不仅给制造业带来了全新的生产方式，还将推动整个行业向更加智能、灵活和可持续的方向发展，智能制造的未来已触手可及。

五、治理新章：以数据为基石重塑信任世界

在数据驱动的未来社会中，数据不仅是生产和创新的资源，还是构建社会信任与公平的基石。随着全球数据的爆发式增长，治理体系的数字化转型势在必行。过去的治理模式往往依赖层层递进的层级结构和复杂的流程，而现在，数据的实时性和透明性为治理带来了前所未有的变革。在智慧城市的构建中，数据成为政府与市民之间的桥梁，通过智能平台，市民的需求可以快速反馈给政府，政府也能够通过数据分析做出精准的决策，从而提升公共服务的效率和质量。在全球化背景下，数据的跨国流动也促使我们重新思考如何建立一个公平、透明的国际数据治理体系。各国之间的信任将依赖于数据的共享和互通，而这需要在平衡数据自由流动与隐私保护的基础上，构建一个可信的数据治理体系。未来，数据治理将不再仅是技术问题，而是社会、经济、文化等多方面的综合考量。

六、合作进化：数据协作重新定义组织边界

随着数据的普及，传统的组织边界正在被打破，数据驱动的协作模式成为新的潮流。在工业化时代，组织往往以垂直结构为主，企业内部各个部门各司其职，合作多局限于内部。在数据时代，信息的快速流通和实时共享使得组织不再局限于封闭的内部协作，跨行业、跨领域的合作成为新的主流。供应链的优化不仅依赖企业内部数据的高效利用，还需要与上下游合作伙伴的数据共享，实现整体供应链的智能化和协同优化。从供应链管理到产品设计，再到客户服务，数据正在重新定义合作的边界，促使组织从封闭走向开放，从单一走向协同。未来，随着数据的进一步深入，平台化的合作模式将成为常态，企业、政府、机构甚至个人，都将在统一的数据平台上进行更加高效、精准的合作。通过数据，组织之间的合作将变得更加灵活、快速且具备创新性，传统的行业界限也会逐渐模糊，合作进化的新时代正在到来。

七、绿色革命：数据绘制生态可持续蓝图

在全球气候变化和资源匮乏的双重压力下，数据正在成为推动绿色革命的核心力量。通过数据的采集和分析，我们能够更加精准地掌握资源的使用情况，优化能源消耗，减少碳排放，推动可持续发展。在能源管理领域，智能电网利用数据实现了对电力需求的实时监控和调配，避免了能源的浪费。在农业领域，精准农业模式通过数据监测土壤、水、气候等要素，优化农业投入，达到增产减耗的目标。在城市管理领域，智慧城市的建设也通过数据推动了低碳环保措施的实施，从智能交通到绿色建筑，数据为城市的可持续发展提供了重要支撑。未来，随着数据技术的进一步发展，我们将在更多的领域看到数据与生态保护的深度融合。通过数据，资源的使用效率将进一步提高，生态系统的压力将得以缓解，绿色革命的蓝图将逐步绘就。数据不仅让我们更加清晰地认识到人类与自然之间的相互依存关系，也为实现全球范围内的生态可持续发展提供了新的路径。

八、生活焕新：数据赋予个人前所未有的掌控力

随着数据技术的普及，个人生活正在经历一场前所未有的变革，数据赋予了我们对生活前所未有的掌控力。从健康管理到日常决策，数据正在潜移默化地改变着我们生活的方方面面。现在，智能手机不仅能记录我们的运动、饮食、睡眠等健康数据，还能通过大数据分析为我们提供个性化的健康建议，帮助我们预防疾病和改善生活方式；智能家居通过数据感知和自动化调控，让我们的居住环境更加舒适、节能；智能助手通过语音交互，为我们的日常生活提供便利。在金融方面，个人理财也因为数据的智能分析变得更加透明和高效，用户可以根据数据模型的预测进行风险评估和资产配置。未来，随着人工智能和数据技术的进一步发展，个人生活的每一个细节都将被数据驱动，从出行、购物、娱乐，到教育、医疗、理财，数据将赋予我们更高的生活品质和更多的生活选择。通过数据，我们将真正实现对生活的精细化管理，让每个人都能更好地掌控自己的未来。

九、全球脉动：数据联结重塑经济新势能

在全球化的背景下，数据已经成为推动全球经济发展的新脉动。传统的全球化依赖物理商品的流通和资本的跨国流动，而如今，数据作为新型生产要素，正在重塑全球经济的格局。数据不仅能加速信息的传播，还能推动全球范围内的协同创新和资源优化配置。在供应链管理领域，全球企业通过数据共享，实时监控供应链的各个环节，提高了运营效率并降低了成本；在金融领域，跨境支付和跨国投资也依赖数据的快速流动，实现了全球资本的高效配置。数据的全球流动还促进了各国间的技术合作与创新，跨国企业通过数据互联，推动了全球范围内的协同研发和市场扩展。未来，随着5G、6G以及更先进通信技术的发展，数据流动的速度将进一步提高，全球经济的联结将变得更加紧密，企业和国家之间的经济合作也将更加高效和多元化。数据联结不仅赋予了全球经济新的势能，还将推动全球化进入一个全新的发展阶段，带动全球经济实现新的跃升。

十、未来之钥：数据驱动的无限创新可能

数据正成为打开未来之门的钥匙，推动着各个领域的创新与变革。从人工智能到物联网，再到区块链和量子计算，数据是这些颠覆性技术背后的核心驱动力。通过数据，我们能够以前所未有的速度和精度解决过去难以解决的难题。在医疗领域，数据驱动的精准医疗能够根据患者的基因数据、病史等制定个性化的治疗方案，提高治疗效果；在交通领域，自动驾驶技术依赖大量的实时数据处理和分析，极大地提高了出行的安全性和效率。未来，数据的应用场景将更加广泛，从智能制造到虚拟现实，从新能源到可持续发展，数据将成为推动各行各业创新的核心力量。而在个人生活中，数据也将赋予我们更多的选择和机会，让我们能够更好地应对不确定性，抓住未来的无限可能。可以说，数据不仅是当下社会变革的核心动力，也将成为未来创新的源泉，它为我们描绘了一幅充满无限可能和机遇的未来蓝图，激励我们勇敢探索未来的更多可能性。

十一、拥抱数据的力量：开创无限智能的未来

在数据决定未来的时代，数据已经渗透到我们生活的方方面面，改变了我们工作的方式、生活的节奏和思考的逻辑。无论是智能家居的便利，还是精准医疗的突破、智能城市的崛起，数据正以势不可当的力量引领着全球的转型。这不仅是一场技术革命，也是一场认知的飞跃，驱使我们以全新的视角来看待世界，重新定义个人与社会、企业与市场、国家与全球的关系。面对如此巨大的变革，我们不能袖手旁观，更不能因惧怕未知而踟蹰不前。相反，我们应该以开放的心态，积极拥抱这一数据驱动的时代，去突破创新的边界，重新规划未来的图景。那些最先拥抱数据力量的人，注定将在这场变革中立于潮头，引领时代的步伐。而那些犹豫不前的人，则会被时代的洪流淹没。这是一个属于勇敢者的时代，属于那些敢于打破传统、敢于拥抱变化的人。无论是个人、企业还是社会，都应当积极参与到这场伟大的转型中，共同推动智能社会的进步。

目　录

第一章

从农业经济时代、工业经济时代到数字经济时代的人类文明演变

从农业经济时代到工业经济时代，再到数字经济时代，人类社会经历了深刻的变迁。在农业经济时代，土地是生产力的核心，社会依赖自然资源维持生存；在工业经济时代，机械化和大规模生产推动了效率的提高，资本和技术成为主导；在数字经济时代，数据取代传统资源，成为驱动创新与发展的新引擎。数据不仅重新定义了生产关系，还改变了社会的决策模式和价值创造方式。从注重物质资源到聚焦数据价值，这一历程标志着人类社会从依赖自然到掌控信息的重大飞跃，也为未来的智能化社会奠定了基础。

第一节 农业经济时代：土地和劳动力驱动的经济模式

一、农业经济时代的历史：自给自足下的缓慢演变

农业经济时代始于人类掌握耕作与畜牧技术的初期，生产的主要目标是满足家庭的基本生存需求。土地是最重要的生产要素，自然环境，如气候、地形等因素，决定了农业收成的好坏。农业生产以小规模的耕作为主，工具简陋，生产效率低下。随着时间的推移，灌溉系统和农具的改善推动了生产效率缓慢提高。在肥沃的河流流域，如尼罗河和黄河，农业得到了一定的发展，部分地区实现了初步的规模化生产。然而，农业经济的整体特点仍然是自给自足，生产的目的是满足自身需求，农产品的交换和市场化尚处于萌芽阶段。尽管农业经济发展的速度较为缓慢，但它为社会提供了基本的稳定性，推动了早期人类文明的繁荣，为后来的工业革命奠定了重要的经济和社会基础。

二、生产要素：土地与劳动力的核心地位

在农业经济时代，土地和劳动力是经济运行的两大核心要素。土地是最基础的资源，谁拥有肥沃的土地，谁就掌握了生产粮食的能力，决定了财富的积累与分配。土地不仅是生产的物质基础，还是财富和权力的象征，地主阶层因此成为掌控社会的主导力量。劳动力是农业生产的直接驱动力，所有耕种、播种和收割活动都依赖人力。由于技术落后，农业生产工具非常简陋，机械化尚未出现，因此，生产效率完全取决于劳动力的数量和质量。农民通过体力劳动和长期积累的耕作经验来进行生产，劳动力的投入成为影响农业产出的关键因素。土地和劳动力的紧密结合构成了农业经济的基本结构，生产活动的规模与产量都受限于这两大要素的条件。正是这种对土地和劳动力的高度依赖，使农业经济的生产效率难以显著提高。土地资源有限，劳动力的效率也有上限，导致农业社会难以突破自然和人力的瓶颈，这种局限性为后来的工业化和机械化生产提供了变革的契机。

三、生产方式：季节性耕作与体力劳动的束缚

在农业经济时代，生产方式主要是季节性耕作和体力劳动，这种方式有着显著的局限性。首先，农业生产高度依赖自然条件，季节变化直接影响农作物的种植、生长和收获。春种秋收的固定周期使得农业生产具有强烈的季节性，农民必须严格按照自然节奏安排耕作活动，无法灵活调整。如果遭遇异常气候，如干旱、洪涝等，会出现大幅减产，甚至出现粮食短缺的危机。这种季节性的生产方式让农业生产容易受到自然环境的制约，农民几乎无力改变这些外部因素的影响。其次，体力劳动是农业生产的主要方式，铁犁、牛等是主要的耕作工具，农业生产效率较低，耕种规模受限，单个劳动者的生产能力难以显著提高。农民依靠世代传承的经验进行耕作，农业技术进步的速度相当缓慢。在面对日益增长的人口需求时，这种依赖自然周期和体力劳动的模式显得越发落后，最终被机械化大生产模式取代。

四、农业经济时代的局限性：效率与创新的瓶颈

农业经济时代的局限性主要体现为生产效率低下和创新能力不足。农业生产高度依赖土地和劳动力，技术手段十分有限，生产工具简陋且效率不高。农具和简单的灌溉系统虽然在一定程度上提高了生产效率，但农业经济的生

产方式总体依然处于低水平。农业产出的提升依赖土地面积的扩大和劳动力的增加，当土地资源达到上限或劳动力不足时，农业经济的增长会遇到明显的瓶颈。农业生产对自然条件的高度依赖也是一个重要的限制因素。气候变化、病虫害以及自然灾害等外部环境的影响，常常导致大幅减产甚至颗粒无收。对于自然环境的依赖让农民在面对不确定因素时无法有效控制生产结果，从而导致农业社会的脆弱性。农业经济在创新方面也存在较大瓶颈。长期以来，农业技术革新几乎没有突破性进展，农业社会难以实现大规模的生产效率提高。在面对日益增长的人口需求和社会复杂性的提升时，农业经济的低效和缺乏创新使其难以支撑社会的进一步发展。正是这些局限性为后来的工业革命提供了变革的动力，机械化和技术进步成为突破农业经济瓶颈的关键。

五、农耕文明：土地与社会的紧密联结

农业经济时代形成历史悠久的农耕文明。土地是社会关系和社会结构的核心，深刻影响了各阶层的互动和社会秩序的形成。拥有土地意味着掌握了经济命脉和社会地位，地主因此成为社会的主导力量，而没有土地的农民则成为依附于土地的劳动者。土地不仅是生产的基础，还是财富、权力和社会身份的象征。在这一经济模式下，社会分层逐渐固化，地主与农民之间形成了较为固定的等级关系，农民依靠劳动力换取生活，地主通过掌控土地获取收益。这样的结构使得社会流动性极低，农民很难通过自身努力改变社会地位，贫富差距不断扩大。这一时期，土地的集中也加剧了社会的不平等，农村地区往往是以家族和村落为单位，土地的占有决定了家族在社会中的地位。农业生产的区域性强，使得社会组织形式以小规模的地方共同体为主，村庄和集体劳动成为农业社会的重要特征。农业经济的自给自足模式也加强了这种地域性，社会结构相对封闭，人与自然、人与土地的关系尤为紧密。土地不仅维系了农业生产，也塑造了人们的生活方式和价值观，土地崇拜、敬畏自然等观念根植于农耕文明中。

第二节 工业经济时代的快速扩张：机器与规模的力量

一、工业经济时代的历史：开放下的快速扩张

工业经济时代的快速扩张始于 18 世纪的工业革命，不仅席卷了欧洲，也

深刻影响了美国。蒸汽机的发明和机械化生产的广泛应用彻底改变了生产方式和经济结构。英国率先实现了工业化，依靠全球贸易和殖民扩张积累了大量资本，推动了工业技术的进步，伦敦、曼彻斯特等城市成为世界的工业中心。欧洲大陆的国家（如德国、法国）也迅速跟进，推动自身的工业化进程。美国在19世纪后半叶迎来了自己的工业革命，凭借广袤的土地、丰富的资源和大规模的移民劳动力，快速崛起为工业强国。美国的铁路建设和大规模机械制造业使其成为全球工业化的重要力量，芝加哥、底特律等成为制造业的核心。经济政策的开放性在欧美工业化中起到了至关重要的作用，资本主义市场经济的兴起鼓励了私人企业投资，政府通过降低关税、促进贸易、扶持基础设施建设，推动了工业经济的扩张。随着国际贸易的繁荣，欧洲和美国的工业产品通过海运迅速进入全球市场，推动了工业生产的规模化和成本的降低。机器、资本和市场的有效结合，使得欧美国家在全球经济中占据主导地位，工业化进程不断向世界其他地区扩展。工业经济时代的快速扩张不仅改变了欧美的社会结构和经济结构，也奠定了全球现代工业文明的基础。

二、生产要素：要素积累、能源拓展和技术进步的结合

工业经济时代的快速扩张离不开要素积累、能源拓展和由此引发的科技革命与产业变革。通过国际贸易、金融市场和殖民扩张，欧洲和美国迅速积累了大量资本，推动了生产规模的快速扩大。农业劳动力向城市转移和外国劳动力的大规模涌入也起到了至关重要的作用，尤其是美国，凭借移民潮和城市化的迅速推进，获得了大量廉价劳动力。能源拓展在工业经济中起到了革命性的作用。从蒸汽机驱动的煤炭革命到后来的石油和电力的使用，能源为工业生产提供了源源不断的动力支持，使得工厂生产效率大幅提高，并实现了全天候运作。能源的拓展不仅推动了生产规模的扩大，还革新了运输和物流系统，特别是在铁路运输和海洋运输领域，极大地缩短了运输时间、扩大了市场覆盖面。技术进步也是工业经济中起决定作用的因素。随着机械化设备的升级和技术革新，如纺织机械、内燃机，以及后来电子和信息技术的发展，进一步推动了生产效率的提高。要素积累、能源拓展和技术进步的结合，成为推动工业经济时代全球经济变革的关键力量，奠定了现代工业经济的基础。

三、生产方式：流水线与标准化下的效率提升

工业经济时代的生产方式以流水线和标准化为核心，极大地提高了生产效率、扩大了经济规模。流水线生产的本质在于将复杂的生产过程拆分为一系列简单的工序，每个工人专注于某一特定环节的工作，通过不断重复相同操作，达到快速、稳定的生产效果。这种方式极大地降低了对工人技能的要求，使工厂能够雇用大量廉价劳动力，从而进一步压低生产成本。流水线的连续性和精确性使工厂可以在短时间内生产出大量产品，满足市场的快速变化和需求的增长。与此相伴的标准化生产也成为工业经济的重要特征。标准化意味着每件产品都严格按照统一的规格和质量标准进行生产，从而保证了产品的一致性和互换性。标准化减少了生产中的误差和浪费，提高了生产效率，使大规模生产成为可能。通过标准化，企业能够实现批量生产，商品的制造速度和供给能力得到显著提高，市场供应更加稳定，商品价格也相应下降。流水线与标准化的结合，不仅推动了工厂生产的规模化，还极大地提高了全球商品流通的效率，使工业企业能够迅速扩大生产、抢占市场份额，形成了现代工业生产的基本模式。

四、工业经济时代的优势：规模经济的实现与全球化的推动

工业经济时代的突出优势在于规模经济的实现和全球化的推动。规模经济意味着随着生产规模的扩大，企业可以通过批量生产来有效降低单位成本。大型工厂通过使用先进的机械设备和标准化流程，能够将固定成本分摊到更多产品上，从而减少每件产品的生产费用。这不仅提高了生产效率，还使企业能够以更低的价格进入市场，增强竞争力。规模化生产带来的低成本优势帮助企业在国内外市场中占据主导地位，全球化为工业企业开辟了新的市场和供应链。通过国际贸易，工业产品不再局限于在本地市场销售，而是通过跨国网络进入全球市场。企业能够从全球获取更廉价的资源，进一步降低生产成本并提高生产效率。工业企业通过建立全球供应链，不仅实现了资源的优化配置，还通过跨国市场的拓展提升了利润空间。工业经济时代，规模经济和全球化共同促进了经济的高速增长和全球经济的一体化。

五、工业文明："泰勒制"组织方式与"福特制+沃尔玛"协作机制

工业经济时代形成了与工业生产方式相适应的组织方式和协作机制，塑造了迥异于农耕文明的工业文明。工业经济依托"泰勒制"的线性组织方式，通过精细化分工和标准化管理，使生产效率达到了前所未有的高度。泰勒制通过将复杂的生产流程分解为简单、重复的工序，确保工人专注于单一任务，保证每个环节的高效运行。协作机制遵循"福特制+沃尔玛"模式，形成了大批量生产和大规模销售的协作机制。与农耕文明相比，工业文明从熟人分工协作发展到陌生人分工协作，打破了封闭的经济体系，走向开放与全球化的合作模式。协作空间从区域扩展到全球，从小规模生产发展到几十万人的跨国协作体系，推动了大制造、大零售和大流通的新时代。工业文明的基本特质在于对效率、规模化生产和全球协作的追求。工业文明强调通过技术进步和科学管理实现生产最大化和成本最小化，同时在全球范围内促进资源的高效配置。工业文明不仅影响了生产方式，还深刻改变了社会结构、劳动关系和文化价值观，形成了高度组织化、标准化和全球化的现代经济格局。

第三节　数字经济时代：数据驱动一切

一、数字经济时代：无处不在的数据力量

在数字经济时代，数据已经成为推动经济发展的核心力量，并渗透进社会的各个层面。过去，数据仅是企业运营中的辅助信息；如今，它已成为核心的生产要素。从日常生活到生产全流程、商业决策再到社会治理，数据的应用无处不在。全球每天都产生海量的数据，这些数据不仅包括人们的社交互动、消费行为，还涵盖生产设备的运行状态、交通流量、气候变化等所有领域。企业通过对这些数据的收集、分析和应用，能够更准确地了解消费者需求，优化供应链管理，提升产品的市场竞争力。数据为经济活动注入了新的生命力，帮助企业实现从被动响应到主动预测的转变，推动了商业模式的创新和优化。政府和公共部门也借助数据改善了公共服务，通过对城市交通、能源消耗、应急管理等数据的实时分析，提高了管理、决策和处置效率。在数字经济时代，数据不仅是一种信息载体，还是一种经济资源，它以无穷的

应用潜力不断推动社会的数字化转型。数据为整个社会带来了前所未有的变化，塑造了全新的数字化生态系统。

二、生产要素：数据成为新的核心资源

在数字经济时代，数据已经成为与土地、劳动力和资本并列的关键生产要素，甚至在某些行业中，它已经超越传统要素，成为企业竞争的核心资源。与有限的物质资源不同，数据可以无限复制、反复利用，并且其价值随着时间和使用的增加而增长。数据的独特之处在于，它不仅是一种资源，还是推动创新、优化决策和提高效率的动力。例如，电商平台通过对消费者购买行为、浏览习惯的数据分析，能够精准预测市场需求甚至个人需要，调整供应链和产品推荐，显著提高销售效率。制造业中的智能工厂依靠设备的实时数据监控，可以精准预防设备故障，优化生产流程，减少停工时间。金融行业利用大数据分析客户的信用风险，从而做出更精准的贷款决策，提高金融服务的效率和安全性。在医疗领域，通过对患者健康数据的深度分析，医生能够提供更精准的诊断和治疗方案。数据的广泛应用打破了传统行业的壁垒，不同行业通过数据共享和跨领域合作，进一步提高了资源的利用效率。数据不仅赋予了企业强大的竞争力，也重新定义了生产要素的价值体系。掌握数据、挖掘数据价值的企业在数据驱动的全球经济中占据了优势地位。

三、生产方式：数据驱动的智能化、柔性化与个性化

数字经济时代的生产方式更加智能化、柔性化与个性化。通过数据驱动，企业能够实时采集和分析生产过程中各环节的数据，实现智能化生产管理。借助大数据和人工智能，工厂可以通过预测性维护减少设备停机时间，并根据市场需求动态调整生产计划。这种智能化不仅提高了生产效率，还减少了资源浪费，形成了更具可持续性的生产模式。柔性化生产成为企业应对市场快速变化的重要手段。传统的流水线生产依赖大批量制造，而数据驱动的柔性生产能够根据市场和消费者需求的波动灵活调整生产线，适应小批量、多品种的生产要求。这种灵活性使企业在竞争激烈的市场中具备更强的适应力。个性化生产的趋势也在崛起。通过对消费者偏好、行为数据的深入分析，企业可以量身定制产品，从设计到配送，整个流程都可根据个人需求进行调整。这种个性化不仅体现在定制产品上，还体现在服务的个性化体验中。例如，在食品行业，基于消费者的生理数据，企业可以定制符合个人营养需求的食

品。数据驱动的智能化、柔性化与个性化生产方式，彻底改变了传统的工业生产模式，不仅提高了生产效率和市场适应性，还为消费者带来了全新的体验。通过数据的持续应用，生产将更加精准、灵活且充满创新。

四、数字经济时代的优势：创新、效率与全球化的结合

数字经济时代的最大优势在于创新、效率与全球化的结合。数据推动了创新的爆发式增长。通过对大规模数据集的分析，企业能够发现隐藏的市场需求和未被满足的消费者偏好，从而开发出全新的产品和服务。这种基于数据的创新不仅提高了产品的个性化程度，还催生了新的商业模式，如共享经济、数字平台经济等。数据还极大地提高了运营效率。在传统的经济模式中，生产和供应链管理往往依赖线性流程，缺乏灵活性。而数据驱动的系统则能够实时采集、分析和反馈信息，使企业可以动态调整生产计划、优化库存管理、提高资源利用率。这种高效的运营模式不仅降低了成本，还加速了产品从生产到市场的流通速度，使得企业能够更快地响应市场变化和消费者需求。全球化在数字经济时代被赋予更多内涵。数据的跨国流动打破了地域和文化的壁垒，企业可以通过全球数据网络获取更多的市场信息，优化全球供应链，推动跨国业务的拓展。通过数据，全球市场的整合变得更加高效，企业可以根据全球范围内的消费者反馈来调整战略，实现资源的全球化布局和整合。数据还促进了国际间的技术合作与创新共享，各国企业可借助数据资源进行联合研发和产业协同，形成全球化的创新生态系统。

五、数字文明：全球化背景下的社会转型与人类未来

与农业经济时代孕育了农耕文明、工业经济时代催生了工业文明一样，数字经济时代正逐步塑造全新的数字文明。数字文明是信息化、智能化和网络化深度融合的社会形态，是以数字技术为核心推动力，通过数据、人工智能、云计算、物联网等技术的广泛应用，推动社会、经济、文化等多领域的深刻变革。它不仅是技术的进步，也是人类认知、思维方式、社会结构和价值观的革命。从技术基础看，数字文明依赖于大数据和智能化技术，这些技术使得信息的处理、存储和传递更加高效和精准，推动社会走向高度互联与智能化的未来。在社会层面，数字化平台打破了传统时空限制，重塑了人类的交往方式和组织形态，数字技术成为推动社会治理、公共服务和商业模式变革的核心力量。在经济层面，数字技术带来了生产力的跃升，数据成为新

型生产要素，推动传统行业向智能制造、精准金融等新型经济模式转型。在文化层面，数字文明强调信息的开放与共享，文化传播不再受限于传统媒介，全球化的文化交融与创新成为主流。同时，数字文明带来了深刻的伦理挑战，尤其是隐私保护、数据安全、社会公平等问题。展望未来，智慧社会的构建将使每个人、每个设备、每个组织都能在智能化系统中发挥作用。数字文明不仅是技术进步的产物，还是推动社会进步与人类全面发展的强大力量。

第二章

从农业思维、工业思维到数字思维的人类理念转变

不同时代的人类文明塑造了各自特有的思维模式与社会理念。农耕文明孕育了农业思维，工业文明催生了工业思维，数字文明呼唤着数字思维的形成。从农业思维到工业思维，再到数字思维的转变，折射出人类认知方式与生产模式的深刻演化。农业思维基于对自然规律的倚重，强调稳定与自给自足；工业思维聚焦规模与效率，推动了机械化和标准化的浪潮；数字思维超越了传统的物理界限，拥抱数据流动、信息共享与智能决策，强调适应性、灵活性与实时反应。数字思维将成为未来社会的核心驱动力，并引领着创新价值的创造与复杂问题的智能解决。

第一节　农业思维的根源与局限：传统社会的思维模式与价值观

一、农业社会的时间性：自然节律与生产模式对思维的影响

农业社会的时间性是其思维模式的核心特征之一，深刻地影响了人类对时间的认知与行为方式。在传统的农业社会中，时间的流动并非线性概念，而是围绕着自然的周期性变化展开。四季的更替、日照的变化、气候的起伏直接决定了农业生产的节奏，进而影响社会生活的各个层面。农业生产是高度依赖自然环境的，特别是在耕作、播种、收获等方面，时间的掌控几乎完全由自然的规律决定。因此，农业社会对时间的理解充满了周期性与重复性，人们习惯于根据自然节奏来安排生产活动和日常事务，形成了一种循序渐进、逐步推进的思维模式。这种时间观念强调稳定性、连续性和延续性，认为一切事物应遵循自然规律、顺应天命，从而产生了较强的顺应性思维。

随着社会的进步与科技的发展，这种传统的时间观念显得过于局限。在农业思维中，时间是一个相对封闭的循环系统，往往缺乏对未来变化的预见性和跨时空的综合思考。现代社会对时间的认知偏向线性和效率，强调未来的不可预测性和无限可能性，这种思维模式更多地强调创新和对变化的适应。在人类文明的变迁中，农业社会的时间观念显然无法有效支撑快速发展的现代社会，尤其是在面对全球化和技术革命带来的深刻变革时。农业社会的时间性导致了对短期变动的忽视，缺乏应对突发事件和不确定性变化的能力，从而在面对现代化进程时显得步伐缓慢，难以迎接快速发展的挑战。

二、自给自足与社会结构：农业模式对个体与群体行为的塑造

在传统农业社会中，自给自足的生产模式不仅塑造了经济结构，也深刻影响了社会的组织方式和群体行为。农业经济的核心特征在于生产活动以家庭为单位展开，每个家庭都以土地为基础进行耕种，主要为了满足自身需求。农业社会中的资源获取和生产方式往往封闭而稳定，外部交换和社会联系的需求相对较少。这种自给自足的生产方式促进了个体与家庭之间的紧密联系，强化了人们在日常生活中的相互依赖。社会秩序也因此建立在强烈的集体主义精神之上，人们在劳作、生产和生活中往往彼此协作，共同应对自然环境的挑战。

这种自给自足模式在人类文明发展中显现出明显的局限性。在农业社会，个体的自由度较低，社会关系以亲密的家庭和村落为主，经济活动高度依赖当地资源与劳动力，缺乏对外部资源的充分整合。这种内向型的经济结构限制了社会发展和创新的动力。在农业思维的主导下，社会成员的行为和思想更趋向于稳定与保守，追求的是现状的维持而非突破和变革。因此，虽然农业社会通过集体协作提供了社会稳定和相对均衡的资源分配，但这种模式的局限性使得社会难以适应快速变化的外部环境和日益复杂的全球化竞争。

三、人与自然的和谐：农业思维中的自然观与技术革新

在农业经济时代，人与自然的和谐共生理念占据着核心地位。这种思维方式基于对自然界的深刻尊重和依赖，认为人类应当与自然相协调，而非对自然进行大规模的干预或征服。农业生产离不开土地、气候、水源等自然因素的支持，因此，人类早期对自然的认知并非以征服为目标，而是力求顺应自然的法则与节奏。农业思维反映了人类与自然之间的和谐共生理念，强调

尊重自然、维护生态平衡，而非盲目开发和破坏自然资源。

这种与自然和谐共生的理念也为农业社会的技术革新设定了边界。农业社会的生产方式通常是渐进的、局部性的，技术创新往往停留在小范围的改良上，而非彻底的技术变革。人类在农业生产中更多地采用与自然和谐共处的方式，而不是通过大规模的技术手段去改变自然界的规律。因此，农业社会中的技术创新通常是缓慢的、逐步积累的，而非跨越性的和革命性的。这种思维模式也在一定程度上限制了社会进步的速度，特别是在面对工业化和数字化转型时，传统农业思维对科技的接受度较低，缺乏推动社会全面革新的动力。在现代社会的竞争和快速变化中，技术创新被视为一种解决问题的必要手段，其价值取向逐渐从"顺应自然"转向"改造自然"。

四、合作精神与社会稳定：农业社会中的集体主义文化

农业社会的集体主义文化深刻塑造了人们的社会行为和价值观。在传统农业社会中，生产活动通常需要集体协作才能顺利完成，特别是在耕种、收获等周期性工作中，家庭和乡里之间的合作与资源共享至关重要。农业生产的季节性特征要求社会成员在特定时间集中劳作，协同完成艰巨的任务。因此，农业社会内部形成了高度依赖集体行动的文化传统，个体与集体之间的关系较为紧密，集体利益往往高于个人利益。

这种集体主义文化对农业经济时代的社会稳定起到了重要作用。在农业社会，稳定的社会关系和资源共享能够确保生产活动的顺利进行，保障生存和生活的基本需求。然而，集体主义文化也在某种程度上限制了个体的创新和自由发展。在这种文化中，个体往往较难超越既定的社会角色和生产方式，社会成员的行为更多地受到传统规范的制约。这种局限性在现代社会中尤为明显，随着个体主义思潮的兴起和个人自由的强调，农业社会的集体主义文化显得过于保守，无法适应现代社会对创新、个性和独立性的要求。集体主义虽然在农业社会中为社会提供了稳定性，但在工业化和信息化进程中，这种文化的局限性逐渐暴露，成为社会转型中的一大障碍。

五、农耕文明的循环性：农业思维对创新与社会发展的限制

农耕文明的循环性特征深刻影响了农业社会人们的思维方式。在农业社会中，生产与生活的节奏由自然周期主导，农民的生产活动往往围绕四季的更替、耕作的轮回进行。这种周期性的思维方式虽然能够保证生产的稳定与

持续性，但限制了社会的创新思维。在农业社会，变革和技术创新通常是缓慢的，往往依赖经验的积累与逐步改进，而非跳跃性的突破。这种循环性思维强调传统与延续性，重视生产的稳定性与持续性，而忽视了社会对新技术、新思维的渴望与接受。农耕文明的这一局限性使得社会难以快速适应外部环境的变化，无法迅速响应科技与社会的变革需求。

随着现代化的推进，农业社会的循环性思维越来越滞后。现代社会强调的是创新、速度与突破，重视跨时空的整合与综合思维，而农业社会的传统思维往往固守在局部与短期的视角中，缺乏对未来变化的敏感性与应变能力。随着社会的发展，农业思维的循环性模式显然无法应对社会变革和技术创新带来的复杂挑战。

第二节 工业思维的演变与全球扩展：从机械化生产到自动化革命

一、工业思维的起源：从生产方式到组织方式的根本转变

工业思维的起源不仅标志着生产方式的深刻变革，也反映了社会组织方式的根本转型。从农业和手工业时代的个体化、手工化生产到工业化社会的机械化、标准化生产，工业思维的兴起代表了生产力模式的飞跃。早期的手工业大多依赖工匠的技术与经验，生产过程具有高度的个性化和灵活性，商品的生产速度与规模也受到限制。随着工业革命的到来，尤其是蒸汽机与机械设备的普及，生产从传统的手工操作转变为机器驱动，劳动者的角色也从工艺的主导者转变为操作机器的技术工人。工业革命不仅是技术进步的体现，它还从根本上改变了生产的结构和方法，生产活动不再是局部化的、手工化的工作，而是一个高度标准化、模块化、流水线化的过程，带来了前所未有的生产效率。

标准化生产的核心理念体现在流程的规范化与操作的一致性上。生产从个体操作走向了多人分工、机械辅助、生产环节高度划分的模式。这种转变不仅使得生产效率大幅提高，还使得产品质量更易控制，生产成本得以大幅降低。工业化不仅重塑了生产工具和设备，还彻底改变了劳动力的分工与管理方式。生产不再依赖于某个特定工匠的技能，而是通过机器和流水线的协作来实现。因此，工业思维的兴起并不仅仅是对生产工具的改造，还是对社

会结构、管理模式乃至思想方式的深刻影响。社会的生产力、生产模式以及劳动力的分工方式都因这一思维的转变发生了质的飞跃，工业化由此推动了大规模生产的实现，也为现代社会经济的形态奠定了基础。

二、标准化与规模化：工业思维的两大支柱

标准化与规模化是工业思维的两大支柱，为全球经济发展创造了条件。从早期的手工业生产到工业化大生产，标准化和规模化逐步成为推动生产力发展的核心因素。在手工业时代，生产过程通常依赖工匠的手工技艺，产品往往具有个性化的特征，质量也因此存在较大的不确定性。而工业革命带来的机械化生产彻底改变了这一局面。通过引入标准化流程和零件制造，生产不再依赖个体技能，而是依赖机器和规范化操作，不仅产品的生产质量得以保证，而且生产效率显著提高。同时每个生产环节都严格遵循标准化的操作流程，不仅确保了产品的一致性，还提高了生产的可控性。

规模化生产的引入使得生产不再是个体化的、局部化的行为，而是一个庞大的系统工程。工厂成为社会经济的重要组成部分，而每个工厂都依赖于标准化与规模化的生产模式。这一模式不仅极大地提高了单位产出的效率，还带来了成本的大幅降低。标准化的生产方式使得工厂能够以较低的单件成本生产大量的商品，从而激发了市场需求的快速增长。规模化生产不仅推动了国内市场的拓展，也为全球化经济体系的形成提供了条件。在全球化的背景下，规模化生产使得跨国公司能够在不同国家和地区建立庞大的生产网络，推动了全球经济的一体化进程。

标准化与规模化的结合使工业化的优势得到了最大化的发挥，生产效率和生产力得到了极大的提升，也推动了社会经济结构的变化。从单一工匠到大规模流水线生产，从小规模工坊到全球跨国公司，工业思维的转变使得生产力的发展突破了传统的局限性，开创了现代经济发展的新局面。

三、流水线与劳动力分工：工业思维的社会影响

流水线与劳动力分工是工业思维的重要体现，其对社会结构和劳动市场的深刻影响成为工业化不可忽视的社会后果。工业革命期间，流水线的引入为生产模式带来了根本性的变化。传统的生产方式中，工匠或工人往往负责一件产品的所有工序，要求工人具备较高的综合技能。流水线的出现打破了这一模式，其将复杂的生产过程拆分为若干简单的、重复的环节，每个工人

只需专注于其中一个小工序。如此一来，生产效率大幅提高，生产速度和规模也得到了前所未有的提升。

流水线生产不仅极大地提高了生产力，而且通过劳动力分工的深化推动了社会结构的重构。随着工人劳动分工的进一步深化，工业社会逐渐形成了大规模的工厂生产模式，劳动力市场也随之发生了结构性变化。传统的农业社会中，劳动者往往是独立的、个体化的生产者，而在工业化社会中，劳动者是流水线上的一环，执行着重复性、标准化的工作任务。由此，工人阶级的形成成为工业化的重要社会现象。工人阶级不仅成为经济生产的主力军，也推动了社会阶层的分化。工业社会的劳动力分工促进了社会的职业化、专业化以及都市化，传统的农业社会阶层逐渐转变为现代工业社会中的工人、资本家和管理者三大主要阶层。

流水线作业的普及使工人逐渐失去了工作中的自主性和创造性，取而代之的是高度集中的工厂管理和劳动分工。这种变化使得工人逐步沦为机械化的操作员，但也使得大规模生产成为可能。在这一过程中，社会结构发生了深刻变化，工业化不仅改变了生产模式，也重塑了社会关系，推动了城市化进程和社会阶层的分化。这一转变不仅推动了劳动力市场的集中化，也带来了社会政治结构的变化，工人阶级在政治、经济和文化上的地位逐步提高，社会中产生了新型的工人文化与集体意识。

四、技术创新与效率提升：工业思维对生产力的推动作用

工业思维的核心之一便是技术创新，其在提高生产效率、推动社会进步方面具有不可低估的作用。从蒸汽机的发明到电力的广泛应用，再到现代的自动化技术，技术创新一直是工业革命及工业社会发展的源泉。工业革命初期，蒸汽机的发明突破了传统生产方式对人力和畜力的依赖，使得机械化生产成为可能。随着时间的推移，技术进步不仅提高了生产设备的效率，也拓展了生产活动的领域。电力的普及使得生产力的释放更加高效，电气化与机械化相结合进一步提高了产品的产量和质量。

进入 20 世纪，自动化技术的广泛应用将工业思维推向了一个新的阶段。自动化生产不仅提高了生产效率，而且解放了大量工人，特别是那些从事繁重体力劳动的工人。生产中涉及的许多重复性工作被机器取代，劳动者的角色逐渐转向更高阶的技术操作者和管理者。信息技术和计算机的普及更进一步推动了生产的自动化进程，生产过程得以精细化和程序化管理。这些技术

的创新和突破使生产方式的效率和灵活性得到了极大的提升，传统的生产模式逐渐被颠覆。

技术的不断创新使得工业生产进入了一个全新的阶段，生产力得到了空前的提升，单一产品的生产成本大幅降低，生产方式也从传统的劳动密集型逐步转变为技术密集型。通过技术的引领作用，工业思维将人类社会推向了新的发展阶段，证明了科技是社会进步的重要推动力。

五、工业化与全球化：工业思维的跨国扩展

工业化的进程不仅推动了单一国家经济的蓬勃发展，也在全球范围内产生了深远的影响。随着工业化水平的不断提升，生产力和资本流动的全球化成为现代经济的主旋律。从 19 世纪末到 20 世纪初，随着铁路、蒸汽船等交通工具的发展，资本、技术和劳动力的流动开始跨越国界，全球化逐步成为经济发展的重要趋势。工业化打破了国家间的隔阂，不同国家的经济得以相互联系，促进了国际贸易和全球市场的形成。

在工业化的推动下，跨国公司逐步崛起，全球产业链得以形成。大规模的生产不仅满足了国内市场的需求，也使得各国经济开始相互依赖。尤其是 20 世纪末以来，信息技术和物流运输的飞速发展为全球化提供了强大的技术支持，跨国公司借助全球生产基地和市场拓展，带动了资本、技术、信息等的全球流动。全球化不仅是生产方式的升级，它还改变了国际政治经济格局，使得各国的经济互相依存。全球化时代的到来使得工业化的成果惠及全球，推动了全球经济一体化的进程。

全球化的推进促进了世界经济的深度融合。跨国公司、国际贸易以及全球产业链的形成，使得全球经济不再局限于单一国家的边界，而是进入了一个复杂的互动网络。在这一过程中，工业思维不仅推动了生产效率的提高和技术的创新，还为全球经济的互联互通奠定了基础。

第三节　数字思维的崛起与革新：数字化对传统思维的颠覆

一、数字思维与大数据的结合：决策模式的变革

在数字经济时代，数字思维与大数据的结合正在从根本上改变传统的决

策模式。过去，决策多依赖个人经验和直觉，然而随着大数据技术的兴起，决策逐渐转向依赖基于数据的理性分析和预测模型。数字思维强调数据驱动的决策过程，深刻地将数字技术与社会行为、市场规律结合，为决策者提供更加精准和全面的参考依据。在此过程中，大数据不仅是单纯的信息积累，还是通过复杂的统计学分析、机器学习和人工智能等技术，转化为能够进行前瞻性预测、优化资源配置和解决复杂问题的决策工具。数据在不断变化和积累的过程中揭示了个体和组织的行为模式，提供了从全局视角判断问题的机会。在商业领域，通过对消费者行为的大规模数据分析，企业能够精准定位市场需求，提前预判趋势，极大地提升市场竞争力。政府和公共部门也借助大数据进行社会治理、政策制定和公共服务优化，改变了传统的政策评估和实施方式。更重要的是，大数据的实时性和动态性使决策者能够更快地响应社会和市场的变化，而不再停留于过去滞后的决策机制。这种决策方式的变革，标志着从以人为中心的决策到以数据和模型为支撑的智能决策的过渡，从而大幅提高了决策的效率与科学性。

二、数字思维对创新思维的促进：从线性到非线性的转变

数字思维的崛起推动了创新思维的转型，尤其是从传统的线性思维模式转向更加复杂、灵活的非线性思维模式。在线性思维模式下，创新通常是单一方向的推动，即从问题出发，通过步骤化的分析和实验逐步找到解决方案。这一模式虽然在工业革命和初期科技发展中有效，但在数字经济时代，技术和社会的发展呈现出高度的复杂性和多样性，传统线性思维已经无法满足当今创新的需求。数字思维通过引入跨学科的融合与多维度的分析，推动了创新思维的非线性化。以大数据为例，企业在进行产品创新时，不再仅依靠传统的市场调研和消费者反馈，而是通过数据的深度挖掘，结合人工智能算法，发现消费者潜在的需求变化和行为模式，从而在无形中开辟出新的市场空间。数字思维使得创新过程更加灵活、多元，突破了单一方向的发展限制，形成了更多元化的创新路径。例如，在医疗领域，数字化技术与基因组学、人工智能的结合，催生了精准医学的理念，极大地提升了疾病预防和治疗的效果。更广泛地，数字思维促进了跨领域的协作和信息共享，使得创新不再是孤立的工作，而是集体智慧和技术协同作用的结晶。通过多元、动态的方式，数字思维不仅提供了更多的解决方案，也推动了创新向更高水平、更广泛领域发展。

三、数字思维与人工智能：智能化时代的认知变革

数字思维与人工智能的结合正在引发一场深刻的认知变革，重新定义了人类对智能和机器的理解。在这一过程中，人工智能并非单纯的技术工具，而是数字思维的具体体现和延伸。人工智能的核心在于通过大量数据的学习与处理，模仿人类认知、推理与决策的方式。在数字思维的框架下，人工智能不仅能够执行复杂的计算任务，而且能够通过算法和深度学习不断自我优化，解决人类无法在短时间内解决的复杂问题。与传统的机器和计算模型不同，数字思维强调人工智能的自适应能力，机器通过分析、反馈和优化不断进化，达到比人类更高效、更精准的工作水平。通过数据驱动和智能化学习，人工智能正在成为众多行业的创新引擎，特别是在医疗、金融、制造等领域，人工智能的应用不仅提高了生产力，而且极大地推动了行业的革新。例如，医学影像领域的人工智能技术可以在毫秒之间分析数千张影像数据，准确诊断疾病，减少误诊率；金融领域的人工智能可以通过深度学习模型分析全球金融市场动态，辅助投资决策。这种认知变革不仅改变了人们的工作方式，也促使人们对机器智能产生了全新的认知和依赖，推动社会迈入智能化时代。数字思维与人工智能的结合，意味着我们不再仅是创造工具来服务人类，而是通过智能机器协作，共同塑造未来的工作与生活新模式。

四、数字思维与虚拟现实：人机交互的新纪元

数字思维与虚拟现实的结合正在为人类与机器之间的互动开启一个全新的纪元。虚拟现实通过沉浸式的虚拟空间，将人类的感官体验与数字技术融合，打破了物理世界的局限，构建了一个数字化的“平行世界”。数字思维赋予虚拟现实技术以强大的信息处理和传递能力，通过高度拟真和交互性，极大地提升了人机交互的质量与体验。传统的人机交互多依赖屏幕和输入设备，如键盘、鼠标等，而虚拟现实则将人类的视觉、听觉、触觉全面融入数字世界中，使得用户能够以更加自然的方式与计算机系统互动。在教育领域，虚拟现实使得学生可以在没有物理限制的情况下“身临其境”地学习历史、地理、天文等知识，获得更加丰富的沉浸式学习体验；在医疗领域，医生可以通过虚拟现实技术进行手术模拟，提前进行高风险手术的训练。数字思维的融入推动了虚拟现实从传统娱乐、游戏等领域向教育、医疗、工业培训等更为广泛的应用领域拓展。通过这种创新的交互方式，人机关系不再是单向的

信息传递，而是变成了双向甚至多向的动态交流，使得人的认知、技能与虚拟世界的界限逐渐模糊。数字思维不仅增强了虚拟现实的应用场景，也推动了人机交互的变革，使得人类可以在数字世界中创造更为真实和直观的体验。

五、数字思维与全球化：信息流动的无缝连接

在数据时代，数字思维与全球化的结合推动了信息流动的无缝连接，彻底改变了全球经济、文化及社会结构。传统的全球化概念主要依赖物理流动的资本、劳动力和商品，而数字思维赋予了全球化新的内涵，特别是在信息流动、技术传播和知识共享方面，数字技术突破了地域和时空的限制，实现了全球化生产和协作的新模式。随着互联网、云计算、人工智能等技术的快速发展，全球经济的各个环节都变得高度互联互通，跨国公司、国家政府以及个人能够迅速获取全球范围内的信息与资源。这种无缝的连接不仅极大地降低了国家间沟通和合作的成本，也使得全球资源配置更加高效。数字思维为全球化提供了智能化的工具和平台，通过数字化和智能化手段，全球化的合作与竞争呈现出更高效、更具深度的格局。数字化技术也使得地方性创新能够迅速传播并在全球范围内应用，推动全球化朝着更加开放、平等和合作的方向发展。这一变革不仅改变了全球经济格局，也推动了全球社会的互动与发展，形成了更加紧密、复杂的全球网络。

第四节　数字思维的特征：超越农业思维与工业思维的全新理念

一、数据驱动：精准分析与智能决策的核心支撑

在数字经济时代，数据不仅是技术层面的工具，也是影响决策、推动创新的核心驱动力。与农业思维和工业思维不同，数字思维将“数据”提升为决策和行动的基石。农业思维强调对自然规律的把握，用长期积累的经验来决定生产策略；工业思维以物质资源的优化配置为核心，注重效率和生产力的提升。这些思维方式有一个共同的瓶颈：它们难以在高速变化、信息量极大和不确定性增强的环境中做出精准的决策。数字思维将数据作为战略资源，不仅能够更精准地反映现实世界，还能够揭示潜在的趋势和关联，为决策提供强有力的支持。

数据驱动的决策方法打破了传统经验主义的局限，通过对数据的深度挖掘，能够发现隐藏在表象背后的规律和变化。例如，通过对大量历史数据的分析，企业能够准确预测市场走向，提前制定应对策略。与农业思维中依赖季节性判断和工业思维中依据经验优化生产流程的方式不同，数字思维通过实时数据的收集和分析，能够迅速响应环境变化，确保决策的高效性和前瞻性。数字思维不仅着眼于现有数据的利用，还强调通过不断反馈的数据迭代来修正和优化决策，形成一个闭环系统。这种数据驱动的思维方式，使得决策更加科学、理性和精准，并极大地提高了决策的动态适应性。

数字思维的本质是一种持续学习和不断进化的过程，通过数据的反馈和算法的自我优化，不仅解决了过去信息不对称导致的决策失误问题，也拓展了决策的深度和广度。与农业思维和工业思维的固定框架不同，数据驱动的决策可以在瞬息万变的环境中灵活调整，赋予决策者更高的应变能力和预见性。

二、智能化与自动化：从人力到机器的自我优化

智能化与自动化是数字思维中不可或缺的组成部分。农业思维和工业思维虽分别通过自然劳动与机械化手段促进了生产的规模化，但依然局限于人工操作和标准化流程的框架中。农业生产更多地依赖季节性劳动力和自然资源，效率和精确性受限于劳动密集型的生产方式；工业思维通过机械化提升了生产速度，但依然无法突破人工干预和传统流程的限制。随着技术的发展，特别是人工智能和机器学习的迅速发展，数字思维的智能化和自动化彻底超越了人力的局限，实现了生产和决策的高度自我优化。

智能化与自动化不仅是对传统劳动方式的替代，也是对生产过程、管理模式乃至思维方式的深度变革。在数字思维的框架下，机器不仅能够执行单一任务，还能够自主学习和不断优化。智能化生产系统通过不断的反馈调整，不仅提高了生产效率，而且增强了产品的一致性和精确度。自动化系统通过对数据的分析与处理，能够自主生成决策方案，从而大幅减少了人工干预的必要性，并提高了决策的精确性。数字思维中的智能化与自动化相辅相成，推动了传统生产方式的全面升级，打破了人工操作和机械操作的局限，为生产力全面提升提供了新的思路。

智能化与自动化不仅改变了生产环节，而且深刻影响了社会的组织结构。传统的企业管理依赖层级式的控制与分工，而数字思维强调的是分布式的智

能化决策和全局优化。这种思维方式不仅促进了生产力的提高，也使管理变得更加高效、灵活和精细。数字思维中的智能化与自动化本质上是通过技术赋能，解放了人力资源，将人从重复性劳动中解放出来，进一步释放创新的潜力。

三、灵活性与敏捷性：快速响应变化的动态思维

灵活性与敏捷性是数字思维的特征之一。农业思维和工业思维虽然在特定历史条件下取得了显著成效，但二者都具备较强的稳定性和固定性，难以在快速变化和不确定性日益加剧的环境中有效调整。在农业思维中，生产模式依赖自然规律的周期性变化，难以快速响应突发变化；工业思维强调标准化和流程化，虽然能够提高效率，却往往忽视外部环境的动态变化。因此，灵活性与敏捷性是数字思维中至关重要的竞争优势。

数字思维通过快速试错和迭代优化，不仅能够在复杂和快速变化的环境中保持适应性，而且能够通过实时数据反馈迅速调整策略。这种灵活性使得个体和组织能够快速应对外部变化，从而在竞争激烈的市场环境中获取优势。数字思维提倡通过小步快跑和快速迭代来进行决策，不断根据新的信息和数据调整战略方向。这种模式使得决策不仅具有时效性，还具备适应性，从而提升了组织应对风险和挑战的能力。

与农业思维和工业思维中的长期规划和严格控制不同，数字思维主张通过快速响应来捕捉机遇和应对挑战。在信息化社会中，变化已经成为常态，快速的响应和调整是组织生存和发展的必要条件。数字思维中的灵活性与敏捷性体现了一种更为开放和动态的思维方式，它能够帮助个体和组织不断创新、适应，并在充满不确定性的环境中取得长期成功。因此，数字思维的灵活性与敏捷性不仅使得其在竞争中更具优势，也为各行各业提供了前所未有的创新和发展空间。

四、去中心化的协作：跨界协同与资源共享的全新理念

去中心化的协作是数字思维的特征之一，打破了农业思维和工业思维中集中式、层级化的协作模式。农业思维和工业思维中的协作往往局限于小范围的圈子，农业生产依赖地方性的小团体合作，工业生产则通过工厂内部的层级化分工来进行。然而，在全球化和信息化的背景下，这种封闭的、局限性的合作方式逐渐暴露出局限性，难以应对日益复杂的全球竞争和技术创新。

数字思维通过数字平台和网络技术的普及，推动了去中心化协作和跨界合作的发展。不同领域、不同地域的个体和组织可以通过数字技术实时共享信息和资源，形成更加高效和多元的合作关系。这种去中心化的协作方式不仅能够打破地域、文化和行业的限制，还能够最大化地利用全球范围内的知识和技术资源，推动创新和生产力的提升。去中心化协作理念强调信息和资源的开放共享，不仅有助于提升效率，还能促进知识的流动和技术的创新。

去中心化的协作体现了一种去除传统组织结构层级和地域局限的思维方式，强调通过全球范围内的开放平台和协作模式，促进不同主体之间的互动与合作。这种去中心化的思维方式不仅推动了技术进步和产业创新，也为解决全球性问题提供了新的思路。与传统的中心化协作模式相比，去中心化的协作理念更加符合信息化时代的要求，提供了更为灵活、开放和创新的合作方式。

五、个性化与定制化：满足独特需求的精准思维

个性化与定制化是对传统大规模标准化生产模式的根本性突破。农业思维中的生产方式基于自然资源的均衡利用，而工业思维则通过大规模生产和标准化工艺满足社会的普遍需求。这两种思维模式虽然在不同历史阶段推动了生产力的发展，但随着社会需求的多样化和消费者行为的个性化，这种粗放式的生产方式逐渐暴露出无法满足个体需求的局限性。

数字思维强调通过数据分析和个性化推荐系统实现对个体需求的精准把握和定制化服务。在数字经济时代，消费者不再满足于大规模生产的标准化商品，而是追求能够满足个性化需求的定制产品和服务。数字思维通过对用户行为数据的收集和分析，可以在全球范围内精准识别消费者的需求，并通过数字化手段实现个性化的产品设计和服务提供。这种个性化和定制化的思维方式不仅推动了消费模式的变革，也为企业提供了新的盈利模式和市场机遇。

通过个性化与定制化，数字思维不仅提升了产品的附加值，还为社会带来了更为多样化的选择。消费者能够根据自身的兴趣和需求获得更加符合个性化特点的产品和服务。这种精准化的生产模式不仅减少了资源浪费，也使得经济活动更加高效和有序。

第五节 数字思维的力量：为什么一定要树立数字思维

一、数据驱动：核心生产力的重塑与价值释放

在数字经济时代，数据成为核心生产力，它不仅是信息的载体，还是创新、效率和变革的基础。传统生产要素如土地、劳动力和资本的作用依然重要，但它们的优化和整合越来越依赖数据的驱动。数据的意义不仅在于存储和传递信息，还在于通过采集、分析、处理和应用释放潜藏的价值。数字思维的核心在于深刻理解数据作为生产力的动态特性，将数据的生成到运用形成闭环，确保价值最大化。

数字思维要求我们从全局出发，将数据视为系统优化的重要资源。它强调从海量数据中识别关键变量，通过算法和模型挖掘其中的潜在规律，为生产和决策提供科学依据。例如，生产效率的提高不仅依赖技术改进，还依赖生产流程中数据的实时监控和反馈调整；在服务行业，数据驱动能够精准捕捉用户需求，优化服务设计和流程。这种深层次的价值释放是传统要素难以企及的。

数据驱动的价值释放并非毫无风险。数据获取、存储和分析过程中可能出现资源垄断、隐私侵害和公平性问题，导致资源分配的不均衡和社会信任的削弱。因此，数字思维不仅是技术运用的能力，还包含对数据伦理的洞察和对社会责任的承担。我们要构建合理的使用框架，平衡效率与公平，确保数据的生产力特性能够服务于全社会，而非沦为特权集团的工具。

二、数字化变革：社会运行模式的重构与效率提升

数字化变革深刻改变了社会的运行模式，从传统的静态、线性模式转变为动态、交互式模式。传统社会的运行逻辑依赖层级结构和固定流程，其效率受到信息传递速度、资源分配范围和协作机制的限制，而数字化通过实时数据流动、智能算法优化和信息的多维度整合重新定义了社会的运作逻辑。数字思维不仅是技术应用的思想工具，也是一种系统性思考，能够在复杂系统中寻找最优解。

数字思维所推动的社会变革不局限于某一领域，而是全方位的。在公共管理领域，数字化工具帮助政府实现精准服务和透明治理；在资源配置领域，

实时数据能够动态调整供需关系，避免传统模式中的资源浪费和分配不均。数字化模式的核心在于提高效率，而效率的提高不仅体现在速度加快上，还体现在结果的最优性和过程的协同性上。

数字化变革也带来了不可忽视的挑战。社会运行的过度数字化可能导致对技术的依赖加剧，一旦系统失灵，后果将异常严重。同时，数据的集中化和不对称性可能加剧社会的数字鸿沟和信息垄断。因此，数字思维的价值在于指导社会在数字化变革中平衡技术进步与社会公平，确保这一变革能够为社会整体利益服务，而非成为新的不平等根源。

三、智能决策：数据驱动下的科学化与精准化

智能决策的兴起是数字经济时代的必然结果，其核心在于通过数据驱动实现决策的科学化和精准化。在传统决策中，人类通常依赖经验和直觉，这种方式虽然具备一定的灵活性，但难以应对复杂环境中的动态变化。而数字思维的出现，使得决策能够基于多源数据进行全面分析，从而在更短时间内制定更优的解决方案。

数字思维在智能决策中扮演着至关重要的角色。它要求决策者从系统整体的角度理解问题，而非局限于单一维度或孤立变量。例如，政策制定中的权衡往往涉及经济、社会和环境等多重目标，而数字思维能够通过建立综合模型和多目标优化算法找到兼顾多方利益的平衡点。智能决策的显著优势在于其预测能力。通过对历史数据的深度学习，智能系统可以模拟不同情景，帮助决策者识别潜在风险并制定预防措施。

智能决策的广泛应用也带来了伦理和技术层面的挑战。算法的透明性、数据的可靠性以及决策过程中的公平性都是智能化进程中需要关注的问题。数字思维的价值在于引导我们在决策智能化的过程中保持警惕，通过技术手段和制度设计，确保智能决策的结果能够服务于社会整体利益，而非片面追求效率或利益最大化。

四、技术创新：数字思维引导下的突破与延展

技术创新的意义在于推动社会进步和经济发展，而数字思维则为创新提供了新的方向和动力。传统技术创新主要关注工具的优化和效率的提高，而在数字经济时代，技术创新已从单一的工具改进转向系统性的整体变革。数字思维强调从数据到价值的全链条优化，通过对复杂问题的分解和重组，寻

找创新的突破点和实现路径。

数字思维赋予技术创新更广阔的视野和更深层次的意义。它通过数据分析和模拟技术，帮助研发者快速验证假设，缩短试验周期，提高创新效率。数字思维还能够通过对技术与社会关系的深入思考，引导创新向更具社会效益的方向发展。例如，在人工智能领域，技术创新不仅追求算法的优化，还注重如何提升公平性、透明性和普适性，避免技术滥用导致的社会负面效应。

数字思维还推动技术创新从单一领域向多领域协作发展。在复杂问题的解决中，跨领域的技术融合往往能带来全新的视角和思路，这正是数字思维的独特贡献。然而，技术创新也面临资源分配和技术滥用的问题，数字思维在此时起到关键作用。它强调对技术价值的多维评估，通过合理规划和政策设计，确保创新成果不仅服务于经济效益，还为社会整体福祉做出贡献。

五、全球竞争：数字思维驱动的战略优先与竞争力提升

在全球化与数字化深度融合的时代，全球竞争的格局正在从资源、市场和资本的传统维度，转向数据、技术和规则的战略博弈。在这一过程中，数字思维提供了全新的视角与方法论，引导国家与企业制定战略优先级，提升技术与市场竞争力，并在全球经济秩序中占据主导地位。

数字思维的重要性主要体现在对数据资源的敏锐洞察上。在现代经济中，数据不仅是战略资产，还是生产力的主要来源。通过对数据流动的分析和掌控，国家和企业能够在全球市场中实现资源的高效分配与利用。数字思维推动了国家对数据主权和技术标准的重视，为建立数据驱动的创新体系提供了理论支持。国家需要通过制定数据保护与共享的政策框架来确保数据作为核心生产要素能够得到有效管理和最大化利用。同时，技术创新的竞争力也越来越取决于对人工智能、大数据、区块链等核心技术的掌握。数字思维帮助国家和企业认识技术投资的长期价值，从而优化资源配置，支持创新生态的构建。

数字思维为应对国际竞争中的规则博弈提供了方法论支持。全球化背景下，技术和数据的跨国流动加剧了各国在数字治理、技术标准和经济规则制定上的竞争。数字思维的系统性特点能够帮助国家和企业在复杂的国际规则博弈中找到平衡点。它不仅推动了规则的制定，还为利益协调和冲突管理提供了理论依据。例如，在数据跨境流动、数字税收和网络安全等领域，数字思维有助于平衡国家主权与全球协作之间的关系，为国际社会构建更加公平

与可持续的经济秩序提供支持。

全球竞争中的数字化转型也面临一系列挑战，包括技术封锁、数据不平等以及技术滥用可能带来的社会风险。数字思维在应对这些挑战时的作用在于，它强调从全局和长远的视角理解竞争，通过系统化的分析和策略，帮助国家和企业在技术变革与全球博弈中取得可持续的竞争优势。

六、可持续发展：数字思维助力资源优化与绿色转型

数字思维在可持续发展中的核心作用在于，它能够通过数据和技术的深度融合，推动资源利用效率的提高和环境保护的创新模式。传统的发展模式主要依赖资源的消耗和规模扩张，这种路径虽然在过去取得了显著成效，但在全球资源日益紧缺、环境压力不断加大的背景下，已无法长期维系。数字思维为实现经济增长与环境保护的双重目标提供了全新的逻辑框架和解决方案。

数字思维在资源优化方面的价值体现在其对系统性问题的深刻洞察上。资源的分配与利用是一个复杂的动态过程，传统的线性思维往往忽略了其中的交互关系和潜在矛盾，而数字思维能够通过对多源数据的分析和建模揭示资源流动中的关键环节，从而实现更精确的调控。例如，智能农业通过传感器实时监测土壤湿度、气候条件和作物生长状况，实现精准灌溉和施肥，不仅显著提高了农业生产效率，而且大幅减少了资源浪费和环境污染。

绿色转型的一个重要方面是循环经济的发展。数字思维通过数据驱动和平台技术，能够有效促进资源的循环利用。它强调从产品设计、生产到消费的全生命周期管理，构建资源回收与再利用的闭环系统，从而最大限度地降低对不可再生资源的依赖。数字化手段还能监测和优化生产过程中的碳排放，为实现碳中和目标提供支持。

数字思维在推动可持续发展的同时面临一定的局限性。数据中心的高能耗和电子废弃物的处理问题需要引起关注，技术应用中的伦理和社会风险也需要得到合理管控。因此，数字思维在可持续发展中的重要性不仅在于提供技术解决方案，还在于引导社会在绿色转型中实现价值观的转变，从“过度依赖自然”到“人与自然和谐共生”。

七、数字素养：个体与组织在数字经济时代的适应与提升

数字素养是数字经济时代对个体和组织的基本要求，不仅包括对数字工

具的操作能力，还涉及对数据的理解、运用，以及对技术伦理的深刻认知。数字思维作为数字素养的核心，为个体和组织提供了适应数字社会的理论基础和实践指导。

对于个体而言，数字素养的提升不仅是适应数字经济时代生活方式的必要条件，也是提升职业竞争力和实现个人发展的关键。传统的教育模式侧重知识传授，而数字经济时代更强调能力培养，尤其是数据分析、问题解决和创新的能力。数字思维帮助个体在面对复杂问题时从系统性和逻辑性出发，找到数据支持的最佳解决方案。与此同时，数字素养还要求个体具备敏锐的数字伦理意识，能够在技术使用过程中兼顾效率与社会责任。

对于组织而言，数字素养是实现数字化转型的基础。企业在面对市场竞争时，必须具备快速捕捉市场变化、精准分析数据并迅速采取行动的能力。数字思维为组织在资源分配、战略规划和风险管理中提供了全新的视角，使其能够在动态环境中保持灵活性和竞争力。同时，数字素养的提升还能够推动企业内部的文化变革，强化团队协作和知识共享，为企业创新注入活力。

数字素养的普及仍面临诸多障碍。数字鸿沟的存在使得部分群体在接受教育和获取资源方面处于劣势，数据滥用和隐私侵害的风险也可能导致公众对技术的不信任。数字思维的真正价值在于引导社会通过教育改革、政策支持和技术创新，构建一个公平、包容和可持续的数字社会，使个体与组织能够在数字经济时代共同进步，推动社会整体向更加智慧、高效的方向发展。

第三章

数据力量：从理解到掌控

作为现代社会核心资源，数据具有多维特性，其重要性日益突出。数据不仅是推动技术创新、智能决策和社会变革的关键力量，还在智能制造、个性化服务和全球化进程中发挥着重要作用。随着数据规模的爆炸性增长和数字经济的兴起，如何高效供给和利用数据成为关键议题。构建完善的数据基础制度，如数据产权、流通机制和治理体系，成为保障数字经济发展的基石。推动数据的有效供给与高效利用，克服现有障碍，是实现数字中国目标的关键环节。

第一节 理解数据：数据的多维透视

一、数据的内涵：从信息到符号的转化

数据是对现实世界的抽象表达，是将信息以符号或数值的形式加以表示的结构化结果。从古代的结绳记事到现代的数字化数据，数据始终是人类记录和理解世界的重要工具。不同于信息，数据本身是一种中性符号，通常是未经处理的原始记录。例如，一列温度记录或一次购买行为都可以看作数据。通过数据，人们能够用客观的方式描述事物，去除主观感受和情感干扰。因此，数据成为信息化社会的基石，它可以被收集、存储、分析，以产生有价值的洞见。随着计算机技术的进步，数据已经成为一种至关重要的资源，不仅帮助我们理解过去，还为预测未来奠定了坚实的基础。现代社会中，我们越来越依赖这种从信息到符号的转化，将复杂的现实世界分解为可以计算、分析和优化的元素。

二、数据的来源：自然界、人类活动和智能设备的多元渠道

数据的来源多种多样，涵盖了自然界和人类活动的方方面面。在自然界

中，数据可以从物理现象中产生，如温度、湿度、风速等环境数据是我们通过传感器实时监测并记录下来的。这类数据反映了自然规律的变化和趋势，帮助我们理解和预测气候变化等。在人类活动中，数据来自我们日常生活的各个方面。无论是日常购物、社交媒体上的点赞，还是健康应用中记录的步数，都是我们行为的“数字足迹”。这些数据反映了个人的选择、偏好和行为模式，是分析消费者行为、市场趋势和社会动态的重要依据。随着科技的发展，机器和系统产生的数据日益成为数据的重要来源。自动驾驶汽车、智能家居设备、工业物联网中的传感器，都能持续生成海量的数据。这些机器生成的数据不仅精确，而且频繁，能够反映设备的实时状态，帮助企业进行设备监控和故障预测。随着物联网、人工智能和大数据技术的发展，数据的来源变得更加丰富多样，不仅提高了数据的价值，也使数据的获取和处理面临新的挑战。

三、数据的历史：从计数符号到现代数据

数据的历史可以追溯到人类文明的初期。当人类开始进行农业活动时，他们需要记录收成、时间和土地分配等信息，最早的“数据”是通过符号或刻画记录的。随着社会的发展，计数符号逐渐演变为数字系统。中国的甲骨文和金文、古埃及的象形文字、古巴比伦的楔形文字以及古罗马的数字系统，都是早期的数据形式。到了现代，数据的记录方式发生了质的飞跃，电子计算机的发明使得数据不再局限于纸张和文字，而是通过二进制的形式进行存储和处理。数据的形式从简单的数字和符号，逐渐演变为庞大的数据库和复杂的算法。在互联网时代，数据的生成速度达到了前所未有的水平，海量的数据通过各种设备、应用和平台被创造出来。可以说，从计数符号到现代数据的发展，见证了人类文明如何通过记录、分析和应用数据，推动社会和技术的不断进步。

四、数据的本质特性：可量化、可分类、可分析

可量化、可分类、可分析的核心特性决定了数据在现代社会中的重要地位。数据是可量化的。无论是人类的行为、自然的现象，还是机器的运转，都可以以数值的方式量化。正因数据可以量化，我们才能运用数学模型来分析它，从而得到精确的结论。数据是可分类的。通过将数据按照不同维度分类，我们可以更好地理解不同事物之间的关系。例如，销售数据可以按时间、

地点或商品类型进行分类，不同的分类方式可以帮助我们发现不一样的规律。数据是可分析的。分析是数据的核心价值所在，通过分析，我们可以从看似无序的数据中提取有用的信息，做出更明智的决策。这些特性使得数据成为现代科技和经济的关键要素，无论是在个人生活还是宏观决策中，数据的力量都无处不在。

五、数据的多样性：数据的不同分类

数据的多样性使得它可以根据不同的标准进行分类，其中最常见的是按数据格式和组织方式分为结构化数据、非结构化数据和半结构化数据。结构化数据是指那些可以存储在数据库表格中、具有固定格式的数据，如财务报表、库存清单和人员信息。这类数据通常易于管理和分析，因为它们的格式和内容非常清晰。非结构化数据则完全不同，它们没有固定的格式，难以通过传统的数据库系统进行存储和处理。常见的非结构化数据包括电子邮件、社交媒体帖子、视频和图片等。尽管非结构化数据难以处理，但它们往往包含丰富的情感、背景和复杂的关系信息，因而对企业和学者具有极高的研究价值。半结构化数据介于结构化数据与非结构化数据之间。它不具备严格的表格或数据库格式，但通常包含某种标记、标签或元数据，帮助描述数据的层次结构和内容，所以具有一定的灵活性和可解析性。数据还可以分为静态数据和动态数据。静态数据是指在一段时间内不发生变化的数据，如财务记录；动态数据是持续生成和变化的数据，如股票市场的实时价格或网站的点击量。数据还可以根据产生方式分为机器生成数据和人类生成数据；按时效性分为实时数据和历史数据；按来源分为内部数据和外部数据；按用途分为商业数据和科研数据等。通过合理分类，我们可以更有效地分析和利用数据，从而在商业决策、学术研究和社会治理中发挥数据的最大价值。

六、数据的质量要求：准确性、完整性与一致性等

数据的质量反映在数据的准确性、完整性与一致性等方面，直接影响分析结果的准确性和决策的有效性。数据的准确性是质量的基础，它指的是数据必须准确地反映现实中的情况。无论是测量误差还是人为错误，都会降低数据的准确性，从而导致分析结果的偏差。数据的完整性是质量的关键，完整性意味着数据在收集和存储过程中不应有遗漏。缺失数据可能会使分析结果失去代表性，或导致模型的错误预测。数据的一致性是基本要求。在不同

的数据库或系统中，关于同一事物的数据应保持一致，否则在整合时会引发冲突，影响分析的连贯性。数据的可用性和时效性也是数据质量的重要组成部分。即使数据准确且完整，如果无法及时提供给分析师或相关部门，价值也会大打折扣。数据质量不仅是技术上的要求，也是一种管理上的挑战，需要从数据的采集、存储、处理的每一个环节进行严格把控，以确保数据在分析和决策中发挥最大作用。

七、数据规模的爆炸式增长：大数据时代的来临

数据规模呈现爆炸式增长，标志着大数据时代的到来。其背后的推动因素主要是互联网的普及、物联网的兴起以及社交网络的迅猛发展。互联网的普及使全球数以亿计的用户每天通过搜索、购物、发邮件等行为生成大量数据，推动了数据量的急剧增加。物联网的兴起进一步扩大了数据来源。智能手机、智能家居、可穿戴设备等各种联网设备不断产生实时数据，记录着人类活动、环境变化和设备运行状态。相较于传统数据，物联网的数据更为广泛且实时性更强。社交网络的迅猛发展更是为数据的生成注入了巨大动力。每天，全球用户在社交平台上发布状态、分享照片和视频，创造了大量的非结构化数据。这些数据不仅反映个人兴趣与情感，还构成了当今商业和社会研究的重要资源。互联网、物联网与社交网络的结合，让数据的规模空前扩大，推动了大数据技术的应用和创新，预示着数据将成为未来经济和技术的核心资源。

八、了解大数据：大数据的“4V”特征

大数据的特征可以用“4V”来概括：体量（Volume）、多样性（Variety）、速度（Velocity）和价值（Value）。体量是指数据的规模极其庞大，并且在以惊人的速度持续增长。随着互联网、物联网和社交网络的发展，全球每天产生的数据量达数十亿 GB，传统的数据存储和处理方式已经无法应对这一规模。面对海量数据，企业和政府需要依靠云计算、分布式存储等新兴技术来管理和处理。多样性是大数据的另一个特征。数据的来源和形式越来越复杂，包括结构化数据和非结构化数据，其中非结构化数据占比较大。这种多样性为我们提供了丰富的分析维度，帮助从多个角度理解问题，但对数据处理提出了技术挑战，因为非结构化数据往往需要复杂的算法进行解析。速度也是大数据的关键特征，是指对数据生成和传输的速度要求非常高。例

如，金融市场、物联网设备等产生的实时数据需要快速处理，以便人们及时做出决策。对于价值来说，种类和数量有限的数据通常价值较小，只有当数据的数量足够庞大、种类足够丰富时，才能经过有效的汇集与分析，在不同场景中落地应用，进而形成具有实际意义的产品或服务。很多时候数据量很庞大，但并非所有数据都具备价值。大数据的真正挑战在于从海量数据中提炼出有意义的洞见，助力企业优化运营、预测市场趋势，政府提高公共服务效率，个人获取精准推荐服务。

第二节　数据要素：数据力量来源解析

一、数据成为新型生产要素：驱动现代经济发展的核心资源

（一）数据的资源化：从信息到资产的转变

数据的资源化过程是指数据从简单的信息演变为能够创造经济价值的资产的过程，标志着数据在现代社会中的角色发生了根本性的转变。过去，数据主要是辅助工具，用于记录和支持决策，并未被视为有独立价值的资源。然而，随着数字化进程的加速，特别是在大数据、人工智能等技术的推动下，数据的价值逐渐被发掘。这个过程不仅是数据被收集、存储，更重要的是通过分析和处理，数据被赋予了新的经济意义。它不再是单纯的辅助信息，而是通过应用成为企业、政府乃至整个社会创造价值的核心要素。企业通过数据分析优化运营策略，通过数据驱动提升客户体验；政府通过数据指导公共政策，提升社会治理水平。在这一过程中，数据不再仅是静态的资源，而是通过多层次、多角度的利用，帮助各类组织提高效率、降低成本、创新产品和服务。数据资源化的本质在于将原本分散、杂乱的信息，通过技术手段转化为推动生产力和经济发展的动力源，推动商业模式和社会结构的转型升级。数据的资源化不仅是技术的演进，也是经济发展模式的一次深刻变革，它改变了现代社会运作的根本逻辑，使数据成为当代经济体系的基石。

（二）技术进步推动数据资源化：数字技术让数据创造价值

数据资源化的推进离不开现代技术的飞速进步，尤其是在大数据、云计算、人工智能和物联网等关键技术的带动下，数据从收集到应用的每个环节

都经历了巨大的变革。大数据技术的出现使得企业和机构能够从海量、复杂的数据中提炼出有价值的洞察。云计算为数据资源化提供了必不可少的基础设施，凭借强大的存储和计算能力，让海量数据的存储和处理更加便捷、灵活，极大地降低了成本。人工智能技术，特别是机器学习和深度学习的广泛应用，赋予了数据更多的商业和社会价值，通过从数据中挖掘规律，人工智能能够实现精准预测、自动化决策，使数据的潜力得到最大化释放。物联网的发展进一步加速了这一进程，通过无数传感器和智能设备的联通，实时数据的采集和反馈变得更加广泛和普遍，拓展了数据应用的范围。不仅如此，这些技术的融合还创造了全新的应用场景，使得数据在生产、服务、公共管理等领域的资源化程度持续提升，从而推动社会各个层面的创新与发展。

二、数据要素区别于传统生产要素的特征：数据要素优势的来源

（一）数据要素的无形性：从隐形信息到显性资源

数据要素不同于土地、劳动力或资本等传统的物质生产要素。它是一种无形资产，不依赖物理形态存在，具有极大的信息承载力。数据通过日常生活、工作以及工业活动生成，不断积累并通过技术手段被提取和处理。无论是个人消费行为、机器运行数据还是社交媒体互动，数据要素都成为推动生产和决策的重要依据。这种无形性使得数据要素具有无限的潜在价值，不受物理空间和存量的限制，可以被迅速复制和传输，轻松打破物理资源稀缺性的束缚。它不仅适用于单一行业，还能跨越领域，带动多行业协同发展。通过云计算、大数据技术，数据要素从隐形信息变为显性资源，在经济领域中发挥了核心作用。从这个角度来看，数据要素已经成为驱动经济发展的新引擎，为现代经济体系注入了强大动力。

（二）数据要素的可复制性：无成本复制带来效率提高

与传统的资源相比，数据要素具有显著的可复制性。这意味着一旦数据被生成，就可以被多个主体零成本复制和使用。这种特点极大地提高了数据要素的效率，因为它不受物理资源限制，且无须再投入额外成本便能在不同领域创造价值。一家公司生成的市场数据不仅可以被用于优化产品设计、提高服务效率，还可以为其他行业的企业提供决策依据。数据要素的这种可复制性，使其不仅能够支持企业内部的精细化管理，还能够在行业间传播、共

享，推动创新和效率的提升。数据要素能够在不同主体间无限复用，且每次使用后仍有原有价值甚至更高的价值。这种特性使得数据要素在数字经济中成为核心驱动力之一，为企业和产业带来前所未有的效益增长空间。

（三）数据要素的非竞争性：多方利用中的共生共赢

与土地、劳动力等生产要素不同，数据要素在使用过程中不具有排他性，即数据要素具有非竞争性。一个主体使用数据并不会妨碍其他主体同时使用。事实上，数据在多方共享和同时利用时，反而能够激发更多的创新潜力。数据要素的这种特性使得它能够在各类经济体中实现“共生共赢”的局面。例如，不同企业可以基于相同的数据进行不同方向的分析和应用，开发出各具特色的产品和服务，彼此之间并不冲突。这不仅避免了资源争夺，还促进了跨行业、跨领域的协同创新。通过开放数据平台或数据合作，多个参与方可以在共享数据的基础上互相借鉴，形成更大的经济价值。数据要素的非竞争性赋予其独特的社会效益，不仅为单个企业带来好处，还通过合作与共享提升整个行业的整体竞争力。

（四）数据要素的时效性：及时性决策推动竞争力提升

数据要素的时效性特征是其在经济决策中脱颖而出的关键优势。相较于传统的土地、劳动力等生产要素，数据要素的价值在很大程度上取决于能否在短时间内被获取和应用。数据要素的时效性使企业能够快速捕捉市场变化的脉搏，进行及时、精准的调整，从而在竞争中占据优势。在电商领域，企业可以通过实时分析消费者行为数据，快速调整营销策略，满足消费者的瞬时需求。在金融领域，数据要素的及时分析能够帮助机构预测市场波动，进行有效的风险管理。数据要素不仅能够提升决策的准确性，还能缩短企业对外部变化的反应时间，使得企业在充满不确定性的市场环境中保持灵活性和竞争力。正因数据要素的时效性，它被视为现代企业提升效率和竞争力的核心工具，有效地推动了企业的数字化转型和智能化升级。

（五）数据要素的动态演进性：不断更新中的无限价值

数据要素的动态演进性意味着它并不是固定不变的资源，而是随着时间推移和使用情境的不同而不断更新和升级。每一次使用数据要素，不仅能产生即时价值，还能为未来的应用积累更丰富的背景信息和数据关系。例如，在医疗领域，随着越来越多的患者数据被收集和分析，早期的诊断模型不断得到优化，诊断的准确性也随之提升。数据要素的动态演进性还体现在它的自我学习能力上，通过机器学习等技术，数据能够“学习”新模式和新趋势，从而在未来的使用中提供更精准的洞察。这种演进性使得数据要素不仅在当前具备重要价值，还能随着技术进步和时间的推移不断提升潜力，成为一个随时优化的“智能资源”，推动行业和社会持续向前发展。

（六）数据要素的组合性：多维数据交叉创造全新价值

数据要素的组合性是指通过整合不同来源、不同维度的数据要素，产生前所未有的洞察力和创新机会。例如，单一的消费者购买数据只能反映基本的购物偏好，但将其与社交媒体上的用户互动数据、地理位置数据结合，就可以生成关于消费者行为模式的全面画像，从而为个性化营销提供依据。数据要素的这种组合性可以跨越行业界限，将数据与不同行业和领域结合，如制造业的数据与供应链管理、物流配送等环节的数据整合，能够优化生产流程并降低成本。数据要素的组合不仅在横向上扩大了应用的广度，也在纵向上深化了分析的深度。这种特性使得数据要素具有极大的可塑性和创造力，为企业和产业开辟了新的价值空间，推动经济的转型与升级。

（七）数据要素的可扩展性：技术赋能下的无限增长潜力

随着技术的发展，数据要素展现出无限的扩展潜力。传统生产要素如土地、劳动力的规模和效益往往受到自然资源的限制，但数据要素可以通过物联网、大数据、云计算等技术的支持，轻松突破这种限制。例如，物联网技术能够将各类设备、机器连接起来，生成海量的数据要素；大数据技术能够对这些数据进行深入分析，揭示隐藏的商业模式和市场机会；云计算技术使得数据的存储和处理能力得到前所未有的扩展，不再受限于单一企业的计算资源。这种可扩展性使得数据要素能够伴随技术进步而无限增长，推动企业生产力的提升和经济的持续增长。数据要素的扩展性还表现在其应用场景的多样化上，无论是在金融、医疗、制造还是农业等各个领域，数据要素都可以通过技术手段被广泛应用，赋能各行各业。这种技术赋能下的数据要素扩展性为未来经济发展提供了源源不断的动力。

（八）数据要素的价值递增性：数据越用越有价值

与传统生产要素的价值因使用而递减不同，数据要素的价值具有递增性。每次使用数据要素不仅不会消耗其价值，反而会在不断使用和分析的过程中提升其价值。例如，初次收集到的原始数据只能提供基础的信息，但经过多次分析和整合，这些数据能够生成更加精准、深刻的洞察，帮助企业更好地把握市场趋势和客户需求。通过与其他数据的交叉分析，数据要素的价值进一步递增，从而创造出新的商业模式和产业机会。随着时间的推移，数据要素的分析价值呈现指数级增长，推动企业和行业不断创新和发展。这种价值递增性使得数据要素成为用之不竭的宝贵资源，不仅为企业创造了长久的竞争优势，还为整个经济的持续增长提供了坚实的基础。

（九）数据要素的低边际成本性：无限使用带来的经济效益

与传统生产要素不同，数据要素具有极低的使用成本。数据一旦生成，后续使用便不需要太多额外的成本投入，边际成本几乎为零。这一特性显著降低了企业的运营开销，尤其是在大规模数据运用场景下。例如，云计算和大数据平台能够让企业以较低的成本处理海量数据，从中获取高价值的商业洞察。这种低成本性不仅体现在数据的处理和分析上，还体现在数据存储和传输方面。相较于物质资源的运输和维护成本，数据的存储与传输费用几乎可以忽略不计。更为重要的是，随着数据基础设施的逐步完善，数据的使用成本还在不断下降，使得更多企业能够轻松利用数据要素提升竞争力。通过这种低成本的优势，数据要素已成为企业实现降本增效的重要工具，在数字经济时代具备极高的经济价值。

三、数据驱动的智能化决策：从经验依赖到科学预测

（一）数据中蕴含的智慧：从感知到洞察

数据正在改变我们的认知世界，从静态的记录工具转变为动态的洞察来源。过去，我们依赖经验和直觉做出决策，这种方式局限于有限的观察和记忆。现在，海量数据被提取出深层次的规律，使我们能够洞察隐藏在表象背后的趋势。数据的力量不仅在于它能够让我们回顾过去，还在于它能够提前感知未来的变化。例如，在市场营销中，企业可以利用消费者行为数据进行

准确预测和精准投放，提高转化率。数据提供了全新的视角，使我们能够从原本模糊的信息中提炼出清晰的行动指引，不仅提高了效率，还降低了决策失误的可能性。通过持续挖掘数据价值，企业可以在竞争中获得更大的战略优势，实现业务的可持续发展。

（二）决策模式：由经验到算法

传统决策模式依赖于个人经验，存在主观性和不可预测性，而数据驱动的算法决策突破了这些局限性。通过机器学习和大数据分析，企业能够更客观、系统地分析市场动态和业务发展趋势。例如，金融机构利用风险评估模型，根据大量多元数据进行欺诈识别、风险发现、信用评估、违约率预测和合规性检验，减少了人工判断的偏差。算法不仅能够处理大规模数据，还能够持续学习和优化，从而提高决策的准确性和适应性。与传统的基于经验的决策不同，算法可以迅速识别出微妙的市场变化，帮助决策者提前应对潜在的风险和机会。虽然算法不能完全替代人类的判断，但它为复杂的决策场景提供了更精确的辅助，减少了人为误差，使决策过程更加智能化、精准化。

（三）实时决策：速度与精确的结合

在瞬息万变的市场环境中，能够快速响应变化是企业制胜的关键，而实时数据分析让这一切成为可能。通过物联网和先进的传感技术，企业可以获取实时数据并迅速做出调整。例如，物流公司可以通过追踪货物运输情况，动态调整路线以避免交通拥堵，节省时间和成本。在这样的背景下，决策不仅需要迅速反应，还要确保其准确性。实时数据分析使得企业可以在事发的同时采取行动，而不是等到问题发生后再做出反应。这种快速响应能力不仅能够提升市场竞争力，还能够降低风险。例如，在线零售商可以通过实时监控销售数据来调整商品价格和库存，确保供需平衡。数据驱动的决策不仅提高了企业决策速度，还确保了每一步行动的精确性和有效性，推动了更灵活、更智能的运营模式。

（四）智能化决策的未来：人类智慧与人工智能的协同

未来的决策模式将是人类智慧与人工智能的深度融合，而不是简单的替代关系。尽管人工智能在数据处理和分析方面展现出强大的能力，但它仍无法完全替代人类在复杂情境中的创造力和判断力。因此，未来的智能化决策将强调人机协同的模式。人工智能在海量数据分析和模式识别中提供精准的建议，人类负责判断这些建议的适用性和合理性。例如，医疗领域的诊断系统可以让人工智能分析患者的病历和体检数据并提供初步诊断，而医生则根据自己的专业知识和对患者的了解做出最终决定。人类和机器各自发挥优势，形成互补，这将为未来的决策带来前所未有的效率和准确性。这种协同模式也将推动各行业的创新，提升社会整体的决策水平。

四、数据要素的角色定位：现代社会的变革者

（一）技术创新的加速器：数据要素驱动前沿科技发展

数据要素在推动技术创新中扮演着核心角色，尤其在人工智能、物联网和区块链等前沿科技领域。通过对大量数据的采集与分析，企业能够迅速优化算法、改进产品性能，甚至开发出全新的技术应用。数据为机器学习和深度学习模型提供了必要的训练素材，加速了从概念到产品的转化。以人工智能为例，数据为算法优化提供了持续的支持，使其在不断的迭代中变得更加精准和智能。数据还揭示了潜在的技术突破点，帮助企业在市场竞争中保持领先。可以说，数据要素不仅是推动技术创新的基础工具，还是加速技术创新的强大动力，为新兴技术的应用落地提供了重要支撑。

（二）智能化社会的驱动力：数据要素赋能未来生活

数据要素在推动智能化社会进程中发挥着关键作用。从智能交通到智能医疗，再到智慧城市建设，数据逐步改变着我们生活的方方面面。在交通领域，通过实时数据的采集与分析，交通系统能够智能调控信号灯，有效缓解拥堵，提高通行效率。在医疗领域，医生通过分析患者数据，能够制定个性化的治疗方案，提升医疗服务质量。数据赋予了机器“智慧”，使其能够自主做出接近人类判断的决策。未来，随着数据在智能化社会中的深度应用，我们的生活将变得更加便利、智能和高效。

（三）全球化的推进器：数据要素助力企业跨越国界

数据要素为全球化进程注入了新的活力，成为跨国企业运营的关键支撑。通过对全球市场数据的分析，企业能够准确预测不同地区的需求，优化资源配置，实现业务的全球拓展。跨国企业依赖数据流动，不仅提高了供应链管

理的效率，还加快了产品和服务的本地化速度。例如，电商企业通过数据分析，能够根据各国市场的消费者偏好定制商品，确保产品更符合当地需求。数据还促进了企业间的全球合作，推动了国际贸易的发展。通过数据要素的应用，企业不仅可以跨越国界运营，还能更好地应对全球市场的复杂性和变化，增强国际竞争力。

（四）生产效率提升的加速器：数据要素推动智能制造

在制造业中，数据要素成为提高生产效率的关键驱动因素。它不仅改变了企业管理和生产的传统模式，还通过深度数据分析优化了各环节的资源配置和流程管理。企业能够通过数据全面监控生产过程，识别瓶颈并迅速做出调整，从而提高整体生产效率。数据的广泛应用还使得制造流程更具柔性和适应性，有效减少浪费、提升产品一致性。数据还通过与智能化技术的结合，帮助企业更好地应对市场变化和消费者的个性化需求，推动制造系统从以往的被动反应转向主动优化。在智能制造中，数据要素通过精准维护、供应链管理和定制化生产进一步提升效率，确保企业在快速变化的市场环境中保持竞争力。这种模式不仅使生产更加高效，还为企业的长远发展提供了新的增长动力。

（五）个性化服务的催化剂：数据要素精准把握消费者需求

数据要素在实现个性化服务方面发挥着关键作用。通过对用户行为、喜好和历史数据的精准分析，企业能够更好地理解每个消费者的需求，从而为他们量身定制产品和服务。流媒体平台对用户的观影和听歌记录进行数据分析，精准推荐符合其喜好的电影和音乐，从而极大地提升用户体验。电子商务平台通过分析用户的浏览、搜索和购买历史，利用推荐系统向消费者推送最有可能吸引他们的商品，显著提高了销售转化率。在医疗领域，数据驱动的个性化健康管理平台通过分析个人基因数据，提供个性化的健康建议和疾病预防方案。在金融领域，企业通过分析消费者的信用和消费行为，提供个性化的贷款、理财和信用服务。数据要素为企业提供了深度了解消费者需求的工具，使个性化服务更加精准和高效，从而提升了客户满意度和忠诚度，同时增强了企业的市场竞争力。

（六）社会治理的支柱：数据要素优化公共管理

数据要素在提升社会治理能力方面的作用日益显著，政府通过数据分析实时监测社会动态，及时做出有效决策。在疫情管理中，政府通过数据分析追踪感染者活动轨迹，快速控制疫情传播，并合理分配医疗资源，最大化减少损失。智慧城市的建设也依赖于数据支持，智能交通、公共安全管理等方面的效率大幅提高。数据要素不仅优化了公共资源配置，还增强了政府解决复杂社会问题的能力，使社会治理更加智能化、高效化。未来，随着数据要素的深入应用，社会管理的智能化将持续推进，为社会的健康发展提供有力保障。

（七）资源革命的核心：数据要素重塑经济模式

在数字经济时代，数据要素正带来一场全新的资源革命。不同于传统资源，数据具有无限复制和使用中增值的特性。企业通过数据的深度分析不仅能够精准洞察市场需求，还能够灵活调整生产和运营模式，实现资源的最优配置。政府通过数据要素能够更有效地分配公共资源，提高政策的执行效率。这种以数据为核心的新型资源模式，推动了经济从传统的资源依赖型转向信息驱动型，改变了全球经济的运行方式。数据要素正成为推动经济模式转型的核心力量，引领我国经济朝着更加高效、可持续的方向发展。

（八）社会变革的推动力：数据要素引领未来社会

数据要素正以前所未有的深度和广度推动社会的全面变革，成为塑造未来社会的重要力量。数据的广泛应用正在改变着人们的生活方式、社会结构和工作模式。未来社会将更加智能化、数字化，数据在这一过程中扮演着核心角色。智能家居系统通过分析用户的日常行为习惯，自动调整家中的温度、照明和安保系统，为用户提供更加舒适、便捷的居住环境。自动驾驶技术依赖庞大的数据量，通过不断学习和优化，提升行车安全性和效率，未来有望彻底颠覆传统交通模式。在教育领域，数据驱动的个性化学习平台根据学生的学习进度和兴趣推荐定制化的课程内容，帮助学生实现更高效的学习。智能医疗依托对海量医疗数据的分析为患者提供远程诊疗、健康管理和疾病预防等服务，极大地提高医疗资源的利用效率。这些数据驱动的创新不仅在技术层面实现了突破，也深刻影响了社会的运行模式和人与人的互动方式，推动未来社会更加个性化和智能化。

第三节 数据基础制度：数字经济时代的核心制度保障

一、数据基础制度：数字经济发展的基石

数据基础制度包括数据产权制度、流通和交易制度、收益分配制度以及治理制度等，是推动数字经济发展的基石，是现代社会实现全面数字化转型的必要保障。相较于传统经济治理模式，数据基础制度更具时代性与战略性，它是在全球竞争日益加剧的背景下保障国家经济发展、科技创新和社会治理的制度框架。首先，数据基础制度能够促进数字经济的可持续发展。面对海量数据的生成与应用需求，传统制度已经无法适应现代数字经济的复杂性。构建完善的数据基础制度有助于推动数据资源的开发、流通和利用，从而为企业创新和政府治理提供强大的制度支持。其次，数据基础制度是平衡经济效率与社会公平的重要工具。数据的集中和垄断可能带来市场失衡，抑制创新，健全的数据基础制度能够确保数据资源在市场中公平流通，防止技术巨头垄断，并为中小企业参与竞争创造更好的条件。数据基础制度也是保障国家数据安全与主权的有力手段。在全球化背景下，数据的跨境流动和技术企业的全球拓展使得数据安全成为国家安全的重要组成部分。通过完善的数据治理结构，国家可以在全球数据治理中掌握主动权，确保核心数据资产的安全，保护国家利益。最后，数据基础制度的健全是推动科技创新的重要驱动力。数据是人工智能、大数据分析等前沿技术发展的关键原材料，只有在完善的数据基础制度下，创新技术才能得到充分的数据支持，推动整个社会的技术进步。建立完善、透明且公平的数据基础制度，对于国家在全球竞争中保持优势地位至关重要。

二、数据产权制度：明晰数据权属促进市场活力

数据产权制度可以明确数据资源的所有权、使用权和收益权，为市场主体提供清晰的产权保障。与传统的有形资产不同，数据具有无形性、可复制性、共享性，使得其产权界定变得复杂。传统的产权制度多适用于土地、资本等物理资源，而数据产权制度需要处理数据在采集、存储、处理和共享过程中所涉及的多方利益关系。为了有效激发市场活力，数据产权制度不仅要

明确数据的归属，还需考虑数据的多次利用和共享价值。在这一过程中，如何在保护个人隐私和确保数据安全的前提下，实现数据的合法流通和商业化开发，成为制度建设的关键。通过细化数据权属定义，完善相关法律框架，确保数据使用的合规性与透明度，不仅能够推动数据要素市场的健康发展，还能够为数字经济的创新提供持久动力。在全球数字经济竞争加剧的背景下，完善的数据产权制度有助于提升我国在数据资源开发和利用中的竞争力，确保我国在未来的数字经济格局中占据主导地位。

三、数据流通和交易制度：构建安全高效的数据流通机制

数据流通和交易是数据作为生产要素充分发挥价值的前提条件。与传统商品交易不同，数据的无形性使得其流通方式更为灵活，但也带来了数据安全、隐私保护等方面的挑战。为了构建一个安全、高效、透明的数据流通机制，数据流通和交易制度需要解决几个核心问题。首先，数据的流通不仅涉及信息的传递，还涉及数据在多方之间的共享与再利用，因此如何确保数据在流通中的安全性至关重要。其次，数据交易中的定价机制与传统商品交易存在显著差异，数据的价值往往取决于其在不同场景中的应用潜力，而不是其生产成本。因此，数据交易市场需要创新的评估机制和公平的定价标准。最后，数据的流通还需要处理跨境数据流动中的合规性问题，特别是在全球数据监管政策尚未统一的情况下，如何平衡数据的自由流动与安全合规成为一大难题。全流程监管框架以及合理的数据交易规则可以促进数据市场的有序发展，并为各类市场主体提供更加公平的环境。

四、数据收益分配制度：打造多方参与的利益共享机制

数据收益分配制度是确保数据价值链上多个参与者合理获益的重要保障。随着数据在数字经济中扮演的角色日益重要，如何在多维度的数据生态系统中实现利益的公平分配，成为制度设计的关键。与传统收益分配制度不同，数据的复杂性和多样性使得其收益分配涉及多个参与者，包括数据提供者、数据处理者、应用开发者等。在此背景下，数据收益分配制度不仅要保障数据提供者的权益，还要促进数据的处理与开发，从而释放数据的最大价值。在建立这一制度的过程中，市场化的分配机制可以通过合同条款、数据交易协议等方式，明确各方的收益权利与义务。政府在监管过程中也应关注数据收益的公平性，确保弱势群体的数据权益不受侵害。在全球范围内，数据资

源日益成为国家竞争力的重要组成部分，因此，构建一个公平透明的数据收益分配制度，不仅可以推动国内数字经济的持续增长，还能够为全球数据治理提供中国方案。

五、数据治理制度：营造合规与创新平衡的数据监管体系

数据治理制度是确保数据合规使用、保障数据安全的核心。随着数字技术的迅猛发展，数据治理已不再局限于单纯的隐私保护或网络安全问题，而是涉及更为广泛的社会和经济领域。数据的跨境流动、共享使用和商业化开发，使得传统的治理方式难以应对日益复杂的数据风险。因此，数据治理制度的建设需要具备动态性和前瞻性，不仅要能够应对现有的数据问题，还要为未来的数字生态构建奠定基础。首先，数据治理制度需要明确数据在采集、存储、使用等环节中的合规要求，确保数据全生命周期的管理安全。其次，隐私保护和数据开放之间的平衡也是治理制度中的一大难题，如何在保护个人隐私的同时，推动数据的广泛应用和创新，成为制度设计的核心。最后，数据治理还需要考虑国际合作与全球治理框架，尤其是在全球化背景下，数据跨境流动的法律风险和合规性问题日益突出。加强对数据治理的法律法规建设，完善监管体系，与国际社会保持积极对话，能够为我国的数据安全和数字经济发展提供强有力的制度保障。

第四节　加强数据有效供给和高效利用：夯实我国数字经济发展的底座

一、直面数据供给和利用难题：我国数据有效供给和高效利用的深层障碍

（一）数据供给不足：数据资源共享与开放受限

我国在数据供给方面面临的一个主要挑战是数据资源的共享与开放不足，导致数据的获取和利用难度较大。首先，很多行业和部门的数据仍然存在数据孤岛现象，即各部门、企业拥有的数据自成体系，互不兼容，数据资源无法实现有效流通与共享，特别是在传统行业，数据的数字化和标准化水平较

低，数据的收集和管理方式分散，造成了大量潜在价值被浪费。出于安全和利益的考虑，部分企业和机构对数据共享持保守态度，担心数据开放可能带来商业利益的损失或安全风险，这进一步限制了数据的流动性。其次，数据资源的标准不统一也是一大难题，各行业、领域的数据采集和管理标准不一，导致数据之间难以兼容和整合，形成了数据壁垒。这些问题使得大量高价值数据难以进入市场或实现有效流通，进而制约了数据的利用效率。

（二）数据利用效率低下：技术能力与数据应用水平参差不齐

我国在数据的高效利用方面还存在技术能力与数据应用水平参差不齐的问题，直接影响了数据作为生产要素的充分发挥。首先，虽然我国在大数据、云计算、人工智能等前沿技术领域取得了长足进步，但不同地区、行业和企业在技术能力上差距明显，很多中小企业或传统企业在数据处理和分析能力方面仍然处于较为初级的阶段，尤其是在欠发达地区，数据基础设施的建设滞后，数据分析人才的匮乏，使得数据的利用效率难以提高。这种技术水平的不平衡限制了数据在全国范围内的广泛应用。其次，数据的实际应用场景和方式还较为有限，很多企业虽然拥有数据，但缺乏有效的工具和技术来挖掘数据的深层价值。数据分析和利用的能力局限在基础层面，往往只能用于简单的统计和报表，难以实现对商业决策的精准支持或创新应用。例如，在零售业中，很多企业仅使用数据来记录销售额，未能通过数据分析预测消费者需求、优化供应链。

（三）数据安全与隐私保护挑战：风险管理与法律法规建设不完善

随着数据供给和利用的加速推进，数据安全与隐私保护也面临日益严峻的挑战。首先，数据作为一种敏感资源，涉及个人隐私、商业秘密和国家安全，其安全风险不断增加。大量的数据泄露、网络攻击和数据滥用事件层出不穷，严重威胁了数据的安全性与可信性，特别是一些涉及个人身份信息和商业机密的数据，容易成为黑客攻击的目标，带来不可估量的损失。然而，我国目前在数据安全的管理体系上仍不够完善，很多企业对数据安全的重视程度不高，缺乏健全的风险防范机制和技术手段，导致数据泄露和滥用的风险较大。其次，隐私保护方面的法律法规建设也不够健全，虽然我国出台了一些关于数据隐私的政策，但在具体的执法力度和实施细则上仍有不足。例如，在跨境数据流动和数据使用授权等问题上，仍然存在法律空白，导致企业在数据使用时面临不确定性和潜在的法律风险。

（四）数据确权与交易市场建设滞后：产权不明与市场机制不完善

数据作为一种新型生产要素，其确权问题一直是供给与利用过程中面临的重大挑战之一。当前，数据的产权归属尚未完全明晰，导致很多企业和个人不愿意主动提供或共享数据，担心数据的权益得不到有效保护。例如，个人在提供数据时，往往无法确定数据的具体使用方式以及未来的利益分配，进而对数据供给产生了很大的消极影响。在企业层面，数据确权不明也影响了数据交易的积极性，很多企业出于对数据流通中的产权纠纷和利益分配不清的担忧，选择保留而非开放数据。此外，我国目前的数据交易市场机制尚未完全建立，虽然部分地区已经成立了数据交易所，但交易规则、定价机制、风险管理等方面仍处于探索阶段，市场化交易的效率较低。数据作为一种无形资产，交易过程中的估值和定价机制相对复杂，很多企业和机构对数据的商业价值认识不足，导致数据交易市场的活跃度不高。

（五）数据基础设施不足：区域发展不平衡与技术设施落后

尽管我国在数据基础设施建设方面取得了一定成就，但区域之间发展不平衡以及技术设施的相对落后依然是制约数据高效利用的重要因素。我国东部沿海地区在数据基础设施建设方面相对完善，数据中心、云计算平台等设施相对发达，而中西部地区由于经济发展水平较低，基础设施建设仍然滞后。这种区域发展的不平衡使得中西部地区的数据采集、存储和传输能力大大受限，导致了数据资源的利用率低下。部分传统企业或中小企业的数据基础设施建设相对滞后，尤其是在智能化硬件和大数据分析平台的普及应用方面，很多企业缺乏足够的资金和技术支持，难以实现对数据的高效处理和应用。技术设施落后还表现在对新兴技术的应用推广不够上，尽管云计算、人工智能和5G技术已经逐步推广，但在很多领域仍未实现全面普及，严重制约了数据的实时处理和智能化应用。

二、筑牢数字中国基础：强化我国数据的有效供给与高效利用

（一）推动数据标准化建设：统一规范，打破数据壁垒

为了加强我国数据的有效供给，需要大力推动数据标准化建设。标准化

是实现数据互联互通和共享流通的基础，没有统一的数据格式和管理标准，不同部门和行业的数据无法进行整合和应用。为此，政府应牵头制定统一的数据标准，涵盖数据采集、存储、处理和传输等各个环节，确保各领域数据在技术层面上的一致性。可以借鉴国际先进的数据管理标准，结合国内实际情况，制定符合我国国情的数据标准体系。各行业协会和企业也应参与到标准化的制定过程中，确保标准能够满足行业需求，并在应用中具备灵活性和兼容性。通过推广标准化应用，可以打破数据孤岛困境，提升数据的可用性和兼容性，促进跨行业、跨部门的数据流通与共享。可以加强与数据标准化相关的推广和培训，确保企业、机构和政府部门都能严格按照统一标准进行数据管理，从而为数据供给和高效利用提供坚实的技术基础。

（二）加强数据技术创新：提升数据处理与分析能力

提高数据利用的关键在于技术创新。我国要在全球数字经济竞争中占据有利位置，必须不断推进数据处理和分析技术的创新与升级。首先，应加大对大数据、云计算、人工智能等核心技术的研发投入，推动这些技术在数据处理中的广泛应用。通过增强技术能力，企业和政府可以从庞杂的数据中快速提取有价值的信息，从而实现决策优化和生产效率提高。其次，应鼓励产学研合作，推动技术创新的成果转化。例如，通过建立企业与高校、科研机构的联合实验室，加速新技术在实际应用中的落地。技术创新不仅体现为处理速度的提升，还包括对数据分析的智能化需求。最后，应加强数据分析工具的普及和推广，特别是为中小企业提供易于使用的数据分析平台，帮助其提升数据利用能力。通过持续推动数据技术创新，我国可以显著提高数据的利用效率，实现更广泛的智能化应用。

（三）推进数据资源共享：建立公共数据平台，实现资源共享

为加强我国数据的有效供给，建立公共数据平台、推动数据资源共享至关重要。政府可以搭建国家级的数据共享平台，整合来自不同行业、领域的数据资源，供各类主体使用。首先，公共数据平台应具备开放性，允许政府部门、企业和科研机构在保证数据安全的前提下，共享非敏感数据。这样不仅能够提高数据的利用率，还能够帮助中小企业或创新型企业获得数据支持，降低研发成本，提高创新效率。其次，在数据平台的管理上，政府应制定清晰的使用规则，确保数据使用的透明度与合法性，同时加强数据安全保护措

施。通过公共平台的建立，数据可以在更广泛的范围内流通，打破信息不对称带来的行业壁垒。例如，政府发布的经济、社会数据可以帮助企业进行市场预测，科研机构也可以通过共享平台获取大量高质量数据用于技术研发。数据共享平台不仅是加强数据供给的关键工具，还能为推动全社会的数字化转型奠定基础。

（四）构建数据交易市场：完善机制，促进数据市场化流通

构建数据交易市场，推动数据的市场化流通，可以提高数据供给和利用的效率。首先，政府应出台相关政策，明确数据的产权归属和交易规则，为数据交易提供法律依据和保障。数据确权是数据市场化流通的前提，只有明确了数据的归属，才能确保在交易过程中各方权益得到有效保护，避免出现数据滥用或纠纷。其次，应搭建全国性的数据交易平台，确保数据供需双方可以在安全、透明的环境中进行交易。这一平台应具备先进的技术手段，如数据加密、智能合约等，确保数据的隐私和安全得到有效保护。在此基础上，还可以鼓励企业、科研机构和政府通过数据交易平台提供和购买高质量数据，从而提高数据的市场化流通率。为了推动数据市场的发展，政府还应出台激励政策，鼓励数据交易市场的创新实践，推动数据估值和定价机制的完善。

（五）优化数据基础设施建设：加大投资，提升数据处理与存储能力

要实现数据的有效供给和高效利用，完善的数据基础设施是不可或缺的。首先，我国应加大对数据基础设施的投资力度，尤其是在中西部地区和农村等数据基础薄弱的地区，建立更多的数据中心、云计算平台和高速网络设施，提升数据的存储、传输和处理能力。通过均衡区域发展，可以确保各地的数据基础设施达到同等水平，避免数字鸿沟的进一步扩大。其次，政府应积极推动新兴技术的普及应用，包括 5G 推广、6G 研发、人工智能普及和物联网深化等，为各行业的数据应用提供坚实的技术支持。例如，5G 网络的普及可以加快数据传输速度，提升各类智能设备的数据采集能力，并通过物联网技术，实现跨行业、跨区域的数据实时共享。最后，政府和企业应共同推动数据基础设施的绿色化发展，通过优化能源消耗，确保数据中心的可持续性运行。优化数据基础设施建设将为我国数据的有效供给和高效利用奠定坚实的技术基础，推动数字经济的全面发展。

第四章

数据力量的技术基石

数字技术在数字经济时代发挥着核心作用，正从信息处理向智能决策转型。物联网技术实现了全方位的数据采集，云计算和分布式数据库确保了海量数据的高效存储与管理，区块链技术保障了数据的透明与安全，5G 与 6G 技术加速了数据的快速传输。大数据分析、人工智能、机器学习和深度学习等技术使得从海量信息中提取有用内容成为可能，推动了智能化决策和精准预测。这些技术给生产、生活和社会管理带来了深刻变革，支撑着各行业的创新发展。

第一节　数字技术：驱动变革的核心引擎

一、数字技术的内涵：数字经济时代的驱动引擎

数字技术是指将信息通过数字化手段采集、存储、处理、传输和应用的一整套技术体系，其核心在于利用计算机和其他智能设备将各种数据转化为可处理的数字信号。数字技术涵盖了从基础的计算与通信技术，到高阶的人工智能、大数据、区块链、物联网等前沿科技。数字技术不仅限于信息处理，还是一种通过技术手段实现智能决策、资源优化和价值创造的革命性力量。在其发展的早期阶段，数字技术主要解决信息存储和传输问题，通过计算机、互联网和通信网络的结合，打破了时间与空间的限制，使信息可以快速、准确地流动。随着技术的不断进步，数字技术的内涵逐渐深化，演变为推动社会各领域变革的核心动力。大数据技术通过收集与分析海量数据，为决策提供了强有力的支持。人工智能赋予了机器学习与自我优化的能力，使其能够替代人类完成复杂的任务。区块链通过去中心化技术，提供了更安全、更透明的交易方式。物联网通过将物理设备与数字世界连接，实现了数据与物理

世界的无缝互动，进一步拓展了数字技术的应用边界。所以，数字技术的内涵不仅体现在效率和精度的提升上，还体现在它的智能化和创新性上，使得各行业能够进行流程再造和模式革新。数字技术不仅是推动全球经济与社会发展的重要引擎，还是引领未来创新的关键力量，其所带来的变革将不断改变人类的生活方式与生产结构。

二、数字技术的演进：从信息处理工具到智能化决策引擎的跃升

数据技术的演变经历了从早期的简单信息处理工具到如今智能化决策引擎的飞跃。最初，数据技术的核心是解决数据的存储与传输问题。随着计算机和通信技术的发展，数据可以以数字化形式快速传递，打破了传统物理限制，提升了信息处理的效率与精度。在这一阶段，数据技术主要用于企业的后台系统管理，提供数据存储和查询功能。进入大数据时代后，数据的价值进一步凸显。庞大的数据量不仅为业务优化提供了支持，还成为决策的关键依据。通过数据挖掘和分析技术，企业和机构可以从海量数据中提取出有价值的信息，识别隐藏的趋势和规律，从而做出更加精准的战略决策。随后，人工智能的加入使数据技术进入了智能化阶段，机器学习和深度学习技术使得系统能够从数据中自我学习和优化，逐渐具备预测和决策的能力。如今，数据技术已然成为各行各业的核心动力，推动着精准化、个性化、智能化的发展。物联网的兴起进一步扩大了数据的应用场景，通过设备间的互联互通，实时数据的采集和处理成为可能，使得数据技术的触角延伸至人类生活的方方面面。从单纯的数据信息处理到如今智能化的决策，数据技术的演变不仅是技术的进步，也是人类社会运行方式的深刻变革。

三、数字技术的特征：高效处理、智能驱动、无缝连接、灵活性与扩展性等

数字技术具备高效处理、智能驱动、无缝连接、灵活性与扩展性等特征，这些特征赋予了其无穷的潜力，正深刻改变着人类的生活方式和经济运行模式。

高效处理是数字技术的基础能力。它通过强大的计算力，能够在极短的时间内处理大量数据，并实现实时决策。这一能力满足了现代社会对快速反应和精准执行的需求。在金融领域，算法交易利用数字技术在瞬息万变的市场中快速分析价格波动并做出买卖决策，提高了资金的使用效率。在医疗领

域，基因测序技术通过高效的数据处理，能够在短时间内完成海量基因数据的解码与分析，极大地缩短了个性化治疗方案的制定时间。与传统的信息处理方法相比，数字技术的高效性不仅体现在速度上，还表现在它处理复杂和多维度数据的能力上，这使得其成为现代企业管理、科学研究中不可或缺的工具。

智能驱动是数字技术的最大亮点。传统的数据处理方式依赖于固定规则，而数字技术借助人工智能和机器学习，能够自我学习并不断优化决策过程。这种智能化赋予了系统自主判断的能力，特别是在不确定性较高的环境下表现出色。例如，自动驾驶技术通过融合大数据和人工智能，实时分析道路环境、交通状况和驾驶者行为，实现车辆自主控制与导航。在智能制造中，机器能够根据生产线数据和市场反馈，自主调整生产计划和工艺流程，显著提高生产效率与质量。这种智能驱动能力使得企业可以更加灵活地应对市场变化，从而保持竞争优势，并逐步朝着高度智能化、精准化的方向发展。

无缝连接使数字技术能够彻底融入物理世界。物联网技术将大量的设备、传感器和系统连接在一起，形成一个高度集成的信息网络，使得物理世界和数字系统之间的界限变得模糊。例如，智能家居系统可以根据用户的行为模式和偏好，自动调节室温、照明等家庭环境，实现生活的智能化管理。在工业领域，通过连接传感器与机械设备，可以对整个生产流程进行实时监控与调控，从而减少了人为干预，提高了生产效率。无缝连接的优势还体现在数据的共享和整合上，各类系统之间的数据可以实时流动，极大地增强了系统的协同效率和整体效能，推动了生产力的全面提升。

灵活性与扩展性是数字技术最具动态特质的表现。数字技术不仅适用于各类传统行业，还能根据新兴产业的发展需求进行迅速调整与创新。在农业领域，数字技术为精准农业提供了支持，通过卫星数据、气象预报和土壤传感器，实现作物的精细化管理；在教育领域，在线学习平台通过数字化手段打破了时间和地域的限制，为全球学生提供了平等的学习机会。数字技术不仅具备跨行业的适应能力，还能根据各领域的特殊需求进行定制化开发，其扩展性就体现在随着计算能力和数据储存技术的提升，数字技术可以处理的业务范围越来越广，功能越来越强大。

四、数字技术全景：从基础、应用到创新、融合

（一）基础数字技术：数字化世界的技术支撑

基础数字技术是所有数字应用和创新的基石，涵盖了计算、存储、网络

通信、操作系统与软件架构等核心技术。这些技术为数字世界的高效运行提供了支撑。计算技术是其中的关键，计算设备如 CPU 和 GPU 为数据处理提供了必要的硬件支持。它们驱动着复杂算法的执行，并实现了海量数据的快速运算，特别是在深度学习和人工智能应用中，强大的计算能力是推动技术进步的核心动力。存储技术在数字世界中扮演着至关重要的角色，现在的数据量增长迅速，传统的存储方式已不能满足需求，云存储等新兴存储技术因其高效、低成本和可扩展性逐渐成为主流。分布式存储架构保证了数据的安全性和可靠性，即使某些节点出现问题，数据也能迅速恢复。网络通信技术确保了信息可以在全球范围内快速传输。随着 5G 技术的普及，数据传输速度和可靠性得到了极大的提升，为各类实时性强的应用场景提供了技术支持。操作系统与软件架构是控制计算资源和运行软件的重要技术，操作系统的不断升级和软件架构的优化，使得数字技术能够在不同平台上稳定运行。基础数字技术不仅是支撑各类应用的底层技术框架，也是推动数字经济发展的核心引擎。

（二）应用层数字技术：驱动产业数字化转型的核心技术

应用层数字技术直接面向产业需求，推动了各行各业的数字化转型，涵盖人工智能、大数据、云计算、物联网和区块链等技术。这些技术不仅带来了高效的生产方式，还创造了新的商业模式。人工智能技术是应用层的核心，通过模拟人类智能来处理复杂任务，在图像识别、自然语言处理和自动驾驶等领域发挥着重要作用。机器学习是人工智能的子集，通过从大量数据中自我学习，自动改进预测和决策能力。大数据技术改变了传统数据分析的方式，利用分布式存储和并行处理技术，能够高效处理超大规模的数据集，帮助企业掌握市场趋势、消费者行为等重要信息。云计算技术为企业提供了灵活的资源管理方式，用户可以按需使用计算资源，无须投入大量资金建设本地数据中心。云计算的可扩展性和高性价比，使得它成为数字化转型的主要推动力量。物联网技术通过传感器、智能设备等，实现了物理世界和数字世界的连接，从智能家居到智慧城市，物联网应用正在不断扩展。区块链技术提供了去中心化的分布式账本，增强了数据的透明度和安全性。区块链广泛应用于金融服务、供应链管理等领域，特别适合需要高安全性和不可篡改的数据场景。

（三）创新数字技术：引领未来的变革力量

创新数字技术是未来数字化发展的新动力，涵盖量子计算、虚拟现实和增强现实、元宇宙、边缘计算、5G 和 6G 通信、数字孪生等技术，尽管目前仍处于早期阶段，但这些技术展现出了巨大的潜力，将深刻影响未来的经济和社会结构。量子计算技术是其中最具革命性的一项，利用量子力学原理，量子计算机能够在极短的时间内处理远超传统计算机能力的任务，特别是在密码破解、药物研发和材料科学等领域将展现超强计算能力。尽管量子计算还处于实验阶段，但其潜在应用已被广泛看好。虚拟现实和增强现实技术通过创造沉浸式体验，融合虚拟与现实。虚拟现实构建完全虚拟的环境，广泛应用于游戏和培训；增强现实在现实世界中叠加数字信息，适用于零售和医疗。元宇宙技术进一步扩展了虚拟现实和增强现实的应用，构建了一个虚实结合的数字空间，使人们能够进行社交、娱乐和商业互动，开辟了全新的生活方式和商业机会。边缘计算技术旨在靠近数据源处理数据，减少了传统云计算的延迟问题，特别适合对实时性要求高的应用场景，如无人驾驶、智能工厂等。5G 通信技术提供了高速、低延迟的网络，支持物联网、自动驾驶等应用。6G 通信技术是未来通信的核心，将比 5G 速度快百倍，支持超高清全息通信和智能网络优化。6G 将推动智能社会和元宇宙的发展，彻底改变通信和信息交互的方式。数字孪生技术通过创建物理对象的数字副本，实现了虚拟与现实的同步管理，在制造业、城市规划和航空航天等领域具有广泛的应用前景，能够帮助企业和政府优化运营效率，预测潜在问题并及时应对。

（四）交叉数字技术：推动多领域融合的力量

交叉数字技术在现代科技生态中扮演着融合的角色，推动多个领域的技术整合，催生出全新的应用场景和商业模式，涵盖了 5G 与物联网的融合、人工智能与区块链的结合、大数据与云计算的结合等交叉技术。5G 与物联网的融合使得智慧城市、智慧农业、智能交通等场景得以实现。5G 的高速率、低延迟、大连接特性为物联网设备提供了强有力的支持，使得大量传感器和设备能够实时通信与协作。例如，在智慧农业中，农民可以通过物联网设备监控作物的生长情况，5G 网络确保了这些数据的实时传输与反馈。人工智能与区块链的结合给数据处理和安全性带来了新的突破。人工智能能够优化区块链系统的效率，实现智能合约的自动化执行，区块链为人工智能系统提供了更高的数据安全性和透明性。这种结合在金融科技和供应链管理中有广阔前景。大数据与云计算的结合推动了数据处理能力的跨越式提升。大数据技术依赖云计算的弹性资源来进行超大规模数据的存储和处理，而云计算通过大数据分析优化资源分配和运营效率。例如，零售行业的电商平台可以通过大数据技术分析用户行为，利用云计算的扩展性实时调整库存和营销策略。交叉数字技术不仅丰富了数字技术的应用场景，还创造了更多的创新机会，它们通过技术间的协同，推动了行业边界的融合与拓展。

五、数字技术的实现：数字化的全流程图

（一）数据的采集与获取：从物理世界到数字信号的转换

数据的采集与获取是数字技术运作的基础，也是整个数据处理链条的起点。随着物联网、传感器技术和移动设备的普及，数据来源变得日益广泛和多样化。采集的数据不仅包括传统的结构化数据，如交易记录、用户信息，还涵盖了大量的非结构化数据，如图像、视频、声音等。现代技术能够将这些来自物理世界的各种信号转化为可供计算机处理的数字形式，实现了信息从现实向虚拟的无缝转换。例如，在智能交通领域，智能交通系统通过传感器采集路况数据，实时监控车辆流量；在农业领域，无人机可以收集作物的生长情况和气象信息，帮助农民实现精准耕作。数据采集的技术不断进步，不仅使数据收集更加自动化和智能化，也大幅提高了数据的精度和及时性。可以说，数据采集的广度和深度决定了后续分析的质量和价值。通过多元化的数据源和先进的采集工具，数字技术能够为各行业提供更全面的基础数据，推动智能化和数字化转型。

（二）数据的存储与传输：信息保存与无缝流动的保障

数据的存储与传输是数字技术确保信息得以长期保存和广泛应用的重要环节。随着数据规模的爆炸式增长，传统的存储方式已无法满足现代社会的需求。因此，云存储技术应运而生，它提供了低成本、高效率的数据存储解决方案，使得数据可以安全、长期地保存，并随时进行调取和使用。云存储的分布式架构保证了数据的可靠性，即使某个节点出现故障，系统也能迅速进行数据备份和恢复，确保数据安全性。数据传输作为数字技术的一大核心，通过高速宽带、5G 等通信技术，实现了信息在全球范围内的快速传递。无论

是远程医疗中的实时病历传输，还是跨国企业的业务协同，数据的高效传输都是确保工作流程顺畅的重要因素。先进的加密技术与网络安全措施，也为数据的跨区域传输提供了坚实的保障。在数据存储与传输技术的支持下，信息流动变得更为高效、便捷，各类组织可以随时访问、分享和应用数据，为下一步的数据处理与分析奠定了坚实基础。

（三）数据的处理与分析：从信息整理到决策支持的升华

数据的处理与分析是数字技术实现数据价值的核心环节。数据处理是指通过清洗、格式化和整合，将原始数据转化为可分析的高质量信息。这一过程对原始数据进行噪声过滤、重复项剔除以及缺失值填补等操作，确保数据的准确性和完整性。数据分析则是通过一系列的算法、模型和工具，从海量数据中挖掘出潜在的模式、趋势和规律，帮助决策者做出更明智的判断。分析的方式多种多样，包括描述性分析、预测性分析和诊断性分析等。在商业领域，企业通过分析客户行为数据，可以优化产品设计和营销策略；在医疗领域，医生通过对患者历史数据的分析，可以提供更精准的诊疗方案。数据的智能化分析不仅限于提供静态的报告，更多的是通过人工智能和机器学习等技术，实现对未来趋势的预测和风险预警，甚至可以在不断变化的环境中实时调整。总之，数据处理与分析使得复杂的数据得以转化为清晰的洞察，为各类组织提供重要的决策支持，并推动社会各领域的创新和变革。

六、数字技术的冲击：推动生产、生活与思维的深层次转变

（一）信息获取与传播方式变革：从单向到多元化的流动

数字技术彻底颠覆了传统的信息传播模式。过去信息传播往往是单向的，来自权威机构或媒体的信息通过有限的渠道流向公众。如今，社交媒体、搜索引擎等工具的广泛应用，赋予了每个人获取、发布和传播信息的能力。信息流动不再受限于地域或时间，全球范围内的事件可以在几秒内传播到世界的每个角落。这种多元化的信息传播模式促进了知识的普及，打破了信息不对称，使得公众能够接触到前所未有的信息资源。然而，这种信息洪流也带来了新的挑战，信息过载、虚假信息的泛滥以及用户注意力的碎片化都对信息甄别和处理能力提出了更高的要求。信息传播的多元化让个体的声音变得更有力量，但也增加了社会分裂的风险，形成了信息茧房现象。如何在海量

信息中保持独立的判断能力，已经成为数字经济时代的一个重要议题。

（二）思维方式的转变：从线性推理到数据驱动决策

数字技术不仅改变了信息获取的方式，还深刻地影响了人类的思维模式。传统思维往往依赖线性推理和因果关系，而在数字技术的支持下，数据驱动的决策方式逐渐占据主导地位。大数据分析、人工智能算法使得人们可以基于海量数据进行更为精确的预测和判断。这一变化体现在多个领域：商业管理者通过数据分析优化市场策略，政府决策者利用数据制定公共政策，科学家通过算法分析解决复杂问题。这种数据驱动的思维方式超越了个人经验和直觉，带来了更具前瞻性和可靠性的决策能力。随着数据量的指数级增长，如何正确理解和使用数据，避免过度依赖算法，防止数据幻象误导决策，也是现代社会必须面对的挑战。总之，数据驱动的决策方式不仅提升了判断的精准度，也促使人类从静态的线性思维向动态的多维思维转变。

（三）劳动力市场重组：从体力劳动到认知任务

数字技术的发展，特别是人工智能和机器人技术的崛起，正在迅速改变劳动力市场的结构。自动化系统不仅取代了大量重复性、机械性的体力劳动，还开始承担起某些复杂的认知任务。例如，制造业中的自动化生产线、服务业中的智能客服系统，以及交通领域中的自动驾驶技术，都在逐渐减少对人力的依赖。此类技术提高了生产效率，降低了运营成本，使得企业能够以更少的资源创造更多的价值。然而，这种转型也带来了深远的社会影响：传统工人，尤其是从事低技能劳动的人群，面临着职业被取代的风险，而高技能、技术型岗位的需求日益增长。自动化和智能化正在推动劳动力市场的重组，要求工人不断提高技能水平，适应新的工作环境。这也引发了关于人类劳动未来的广泛讨论：在技术高度发展的社会中，人类劳动的意义和形式将发生怎样的变化？人类与机器的关系又该如何协调？这些问题将持续影响未来的社会结构。

（四）人与物交互方式的重构：从单向控制到智能协同

物联网技术的飞速发展，使得人与物之间的互动方式发生了根本性变化。过去，人类通过手动操作对物品进行单向控制；现在，通过传感器、智能芯片和网络连接，物品可以自主感知环境变化，彼此之间进行信息交换。例如，智能家居系统可以根据用户的行为习惯自动调节室内温度和照明；工业生产设备可以通过物联网技术进行实时数据传输，实现自主调节和远程控制；自动驾驶系统可以实现车与车之间的相互提醒、预警与互动。这种智能化的物物协同，不仅提高了物品的使用效率，还大幅提升了生产的灵活性和精准度。物联网的广泛应用还推动了智能城市、智能交通和智能医疗等新兴领域的发展，将整个社会带入了一个万物互联的时代。虽然物联网技术给人们带来了便利，但也引发了关于隐私、安全等方面的新挑战。例如，如何确保个人数据不被滥用，如何保护物联网设备免受黑客攻击，都是需要深入思考的问题。

（五）知识更新加速和教育模式革新：从传统课堂到个性化学习

数字技术对教育模式的影响是革命性的，它打破了传统的课堂教学模式，赋予了学习者更大的自主性和灵活性。在线教育平台、虚拟现实技术和智能化学习系统，使得学生可以不受地域和时间的限制，随时随地获取优质的教育资源。这种个性化学习方式，根据学生的兴趣和学习进度进行课程内容的调整，提升了学习的效果和体验。数字技术还使得跨学科知识的融合成为可能，学生能够通过多样化的资源探索新的知识领域，从而成为更具创新性和跨领域思维的人才。教育模式的变革也推动了教育公平的实现，更多边远地区的学生能够通过数字化手段获得优质的教育资源。然而，数字技术的快速发展也带来了新的问题。例如，教育资源的过度数字化可能削弱师生之间的互动，以及技术设备的普及可能加剧数字鸿沟。因此，在享受技术带来的便利时，我们也需要思考如何平衡技术与传统教育之间的关系，确保教育的多样性与包容性。

（六）文化消费与艺术创作的转型：从个体创作到大众智能参与

数字技术为文化与艺术的创作和传播开辟了新的路径。数字音乐、在线影视、虚拟现实游戏等新兴文化形式丰富了大众的文化消费体验，也使得创作不再仅是艺术家的专属领域。今天的数字工具如视频编辑软件、3D 建模工具以及人工智能绘画程序，让普通人也能轻松参与艺术创作，表达自己的创意和想法。这种创作的去中心化赋予了个体更多的表现机会，传统的艺术市场和创作形式也因此发生了深刻的变化。数字技术还推动了文化内容的全球化传播，消除了地理和文化的壁垒，使得世界各地的艺术作品能够快速传播和共享。然而，随着人工智能技术的进步，自动生成的艺术作品也引发了关于艺术真实性与创造力的新讨论。机器能否拥有真正的创造力？艺术的定义是否会因技术的发展而改变？这些问题为文化艺术的未来发展提供了新的思考方向。

（七）数据安全与隐私保护：从技术进步到安全挑战

数字技术的发展带来了信息的便利性，同时带来了数据安全与隐私保护问题。随着数字化生活的普及，个人数据被广泛采集、存储和分析，用于各种商业和社会活动。从个人的消费习惯到生物特征信息，几乎所有的数据都成为数字经济中的重要资产。然而，数据的广泛应用也带来了隐私泄露、数据滥用和网络安全问题。近年来，多起数据泄露事件和黑客攻击事件引发了公众对数据安全的广泛关注，数据安全问题不仅关系个人隐私，也涉及国家安全和企业运营的稳定性。因此，各国政府和企业纷纷制定相关政策和技术规范，力图通过法律手段和技术手段来保障数据的安全性与隐私保护。然而，随着技术的不断进步，黑客攻击手段和数据滥用方式也在不断升级，如何在技术创新与隐私保护之间找到平衡已成为全球关注的重点。面对这一问题，我们需要不断提升安全技术水平，加强数据治理与立法，确保数字技术能够在安全、可靠的框架下发展。

第二节　数据的采集与获取：让世界变得“可读”

一、数据采集与获取技术：为世界装上实时洞察的智慧双眸

（一）实时数据采集：从传感器到大数据的无缝连接

在数字技术的驱动下，实时数据采集已经成为推动各个行业进步的关键力量。通过传感器、智能设备、遥感技术等，数据能够以毫秒级的速度被捕捉和传输，实现对环境、设备和人类行为的无缝监控。这种实时数据采集的广泛应用不仅局限于工业或商业领域，还深入了人们的日常生活中。在智能交通领域，路面摄像头、车辆 GPS 和交通信号灯的传感器可以实时采集车流量和道路状况数据，并将其传输到中央控制系统，以便优化交通信号的设置，减少交通拥堵。在医疗领域，实时数据采集也为疾病的诊断和健康管理带来了变革。可穿戴设备如智能手环和智能手表能够实时监测心率、血压和步数

等生理数据，这些数据可用于分析个体的健康状况，甚至帮助医生做出及时的诊疗决策。通过实时数据采集，世界变得更加可读且可控，数据不仅是静态的历史记录，还成为动态的、随时更新的信息流，为各类场景中的优化和创新提供了坚实的基础。

（二）多源数据融合：整合不同领域数据，实现全景感知

多源数据融合技术整合来自不同领域、不同设备的数据，提供更加全面和准确的环境认知。这一技术在数字经济时代得到了广泛应用，其优势在于能够对不同来源的数据进行综合分析，从而揭示单一数据源难以捕捉的趋势和模式。例如，在精准农业中，农场主可以对卫星图像、土壤湿度传感器和气象站的数据进行融合分析，从而更好地管理农作物生长。卫星图像提供的宏观视角能够显示大面积农田的水分和营养状况，土壤湿度传感器提供了微观层面的细节信息，同时结合气象站数据，农场主可以优化灌溉计划，确保农作物在最适宜的条件下生长。智慧城市也需要多源数据融合，交通数据、环境监测数据和能源消耗数据的整合能够帮助城市管理者做出全面的资源调度决策，提高城市的运行效率。多源数据融合通过消除数据孤岛，使得不同维度的信息相互作用，为做出更加精准和全面的决策提供了可能。

（三）数据的可视化：让复杂信息变得一目了然

数据可视化是数据采集与获取技术的重要组成部分，它将复杂的数据转化为直观的图形、图表或交互式地图，帮助用户更好地理解信息。面对现代社会中海量的数据，直接通过数字或表格进行分析已经变得非常困难，而数据可视化通过生动形象的方式揭示了数据背后隐藏的模式、趋势和关系。在金融分析领域，股票市场的波动、交易量的变化可以通过图形清晰展现，帮助投资者快速做出决策。在公共卫生领域，疫情传播的路径和感染率的变化可以通过可视化地图直观呈现，帮助政府快速了解疫情走势并采取相应措施。在航空航天领域，飞行器的运行数据通过可视化仪表盘显示，工程师能够一目了然地监控飞行状态、燃料使用情况和航线安全，确保飞行的安全性和高效性。数据可视化不仅使复杂信息变得易于理解，还极大地提高了决策效率，特别是在需要快速响应的场景中，为用户提供了宝贵的直观洞察。

（四）数据的完整性与精度：确保可靠的数据采集

数据采集的一个关键挑战是如何确保所收集数据的完整性与精度。在数据采集过程中，可能因为传感器故障、网络中断、外部干扰等因素造成数据的缺失、不准确或扭曲，从而影响后续分析和决策的质量。因此，在数据采集过程中，数字技术的应用必须确保设备能够持续准确地捕捉信息，并在数据出现异常时及时纠正。例如，医疗领域的可穿戴设备通过采集用户的心率、血压等生理数据为健康管理提供参考，但若设备出现故障或存在感应器偏差，这些数据就可能误导医生的诊断。因此，设备通常会配备多重校准机制，确保数据采集的稳定性。还有一种常见的方法是冗余数据采集，当关键数据无法获取时，备用传感器能够替代采集，确保数据链不中断。数据采集的完整性与精度不仅提高了数据的可信度，也为后续的自动化决策和智能系统的优化提供了稳固的基础。

（五）数据采集的环境适应性：应对复杂多变的采集条件

在不同的环境中，数据采集的条件各不相同，设备需要具备强大的环境适应性，以确保数据的准确采集。无论是在极端的自然环境、恶劣的工业条件，还是在人流密集的城市区域，数据采集设备必须应对各种挑战。例如，在无人驾驶汽车中，传感器不仅需要在高速运动中实时捕捉道路信息，还必须应对雨雪、夜晚、强光等复杂环境变化。工业领域的机器传感器往往需要在高温、高压、强振动等条件下工作，而设备必须具备高度的耐用性和环境适应性，才能保障数据的可靠采集。为了应对这些挑战，许多现代数据采集设备采用了防水、防尘、耐高温等技术，确保设备在恶劣条件下依然能够高效运作。设备的智能自适应功能可以根据环境变化自动调整工作模式，从而保证数据的采集质量。环境适应性是数据采集成功的关键，它确保了数据能够在复杂多变的条件下保持高精度和连续性，为各行业的智能应用提供稳定的数据支持。

（六）数据采集工具：连接物理世界与数据世界

数据采集工具涵盖了从传感器技术、遥感技术、射频识别（RFID）与条码扫描技术到可穿戴设备的多种手段，为现代信息社会提供了基础支持。传感器技术捕捉物理世界的信息并将其转化为电子信号，广泛应用于制造、医疗和交通领域，如温度传感器帮助工业设备监控过热情况、湿度传感器优化农业灌溉。随着技术进步，激光传感器和激光雷达（LiDAR）等高精度工具已在无人驾驶和无人机中大显身手，推动了智能化的应用。遥感技术利用卫星、无人机等远程设备，提供了气象监测、农业管理和城市规划的实时数据支持，尤其在灾害救援中表现突出，能迅速采集受灾区域的信息。RFID 与条码扫描技术在物流和零售领域极具效率，它们自动化追踪物品流动，减少人为错误，提升供应链管理的准确性与效率。可穿戴设备是个性化健康管理的重要工具，能实时监控个人健康数据，如心率、步数和睡眠质量，为用户提供个性化的健康建议，并支持远程医疗。这些数据采集工具的结合推动了数据的实时化、智能化管理，为各行业提供了强大的技术支持。

二、物联网：全方位数据采集的智能网络

（一）物联网的内涵：从设备互联到智能化生态

物联网是通过网络连接物理设备，使它们能够相互通信和协同工作的技术生态系统。它的核心在于让传统设备具备“智能”属性，使其不仅能感知环境，还能做出反应和决策。这种设备之间的互联，不仅限于智能家电和手机，还扩展到工业设备、城市基础设施，甚至日常用品。通过物联网，智能音箱可以与恒温器、灯光、安防系统联动，工厂的设备可以自行调整生产流程以提高效率，汽车能够通过互联网络实时更新道路信息，避免交通拥堵。物联网打破了以往人与设备之间的单向控制关系，实现了物与物之间的自主交互和决策，从而创建了更加智能化的生活和工作环境。物联网的出现标志着从设备到系统的整体智能化发展，使信息流动更加高效和精准，不仅大幅提升了设备的使用体验，还为未来的智慧城市、智慧工业和智能化生活提供了强大的技术支持。

（二）物联网的技术基础：传感器、通信网络与云计算的协同

物联网的运作依赖于多个技术的紧密协同，尤其是传感器技术、通信网络和云计算的深度集成。传感器技术是物联网的“感知层”，它通过测量设备的物理状态或环境因素，生成大量实时数据。例如，温度传感器可以监测环境温度，压力传感器可以感知设备的运行状态，光学传感器则能跟踪周围的光线变化。这些传感器收集的数据是物联网智能决策的基础。通信网络是数据传输的关键桥梁，Wi-Fi、蓝牙、蜂窝网络，尤其是 5G 技术，确保了设备

之间的数据传输快速、可靠，并且不受地域限制。5G 的高速、低延时特性使物联网设备能够实现近乎实时的反应和控制，这对于自动驾驶汽车、智能交通系统等需要极快反应的应用尤为重要。云计算为物联网提供了强大的计算能力和数据存储能力。物联网设备生成的大量数据可以被传输到云端，并利用强大的计算资源和算法进行处理、分析与决策。通过这种传感、通信、计算三者的协同作用，物联网实现了从数据感知到智能反馈的全链条运行，为未来更智能、更自动化的应用场景打下了坚实的技术基础。

（三）物联网的应用场景：从智能家居到智慧城市的全方位覆盖

物联网技术的应用场景极为丰富，从个人生活到城市治理、从生产制造到医疗健康，物联网正逐步渗透到社会的方方面面。在智能家居中，物联网设备如智能灯泡、智能门锁、智能音箱等，使得用户可以通过手机远程控制家中设备，实现照明、安防、温控等系统的自动化和智能化管理。例如，智能恒温器可以根据家庭成员的作息习惯自动调节室温，从而实现更节能舒适的生活体验。在智慧城市建设中，物联网被广泛应用于交通管理、能源分配和废物处理等领域。通过智能交通系统，交通信号灯能够根据实时路况优化红绿灯的切换，减少交通拥堵；智能电网能够实时监控电力需求，优化能源分配，减少能源浪费。物联网在工业领域的应用同样具有巨大潜力，智能制造通过物联网技术实现了工厂设备的远程监控和自动化生产，提高了生产效率，降低了运营成本。物联网的广泛应用不仅提升了管理的精度和效率，还为未来更加智能的社会形态铺平了道路。

（四）物联网的优势：从效率提高到资源优化的多维价值

物联网带来的优势是多维度的，最显著的是它能够大幅提高效率，并优化资源的使用。物联网设备通过实时数据的采集与分析，可以自主调整工作状态，避免人工干预的延迟，提高整个系统的响应速度。例如，智能照明系统可以根据房间的自然光亮度自动调节灯光强度，从而减少电力消耗；在工厂中，物联网设备通过监测机器的运行状况，能够预测故障并在问题发生之前进行维护，大幅减少了设备的停机时间。物联网还能在资源优化方面发挥重要作用。通过对数据的智能分析，物联网系统能够实现精确的资源配置，从而最大限度地减少浪费。例如，智能农业系统能够根据土壤湿度和气象数据自动调节灌溉量，确保作物得到适当的水分供应，既节约了水资源，又提高了农作物产量。这种智能化、自动化的系统大幅减少了传统模式下资源浪费和效率低下的问题。总之，物联网通过高效的资源管理和实时优化，不仅降低了运营成本，提高了企业和个人的生产效率，还为可持续发展提供了有力的技术支持。

（五）物联网的未来趋势：智能化、广泛化和深度融合

物联网的未来发展将朝着更加智能化、广泛化和深度融合的方向迈进。随着5G、人工智能和边缘计算等技术的进一步成熟，物联网将从局部智能进化到全域智能，不仅实现家庭、工厂等局部系统的智能化，还会延展到城市、国家乃至全球的智能协同。例如，未来的智慧城市将全面依托物联网技术，通过智能交通、智能电网、智能医疗等系统的无缝协作，为城市居民提供更加高效、便捷的生活体验。智能交通系统将不仅是单个道路或区域的优化，还是全市范围内的动态交通管理，智能车辆与基础设施将实时互动，确保道路畅通无阻。边缘计算的应用将减少数据传输到云端的时间，设备之间能够在本地进行数据处理，实现更快的响应和更高的安全性。物联网与人工智能的深度融合将推动设备的自主学习能力，未来的物联网设备将不仅是被动响应外部环境变化，还是能够通过数据积累进行自我优化和提升。

三、物联网的特征：从感知到智能决策的全程自动化

（一）全面感知能力：物联网的实时环境监测

物联网的特征之一是它的全面感知能力，即通过各种传感器实时监测和感知周围环境的变化。传感器是物联网的“眼睛”和“耳朵”，能够采集大量物理世界中的信息，如温度、湿度、光线、压力、位移、噪声等。这些传感器可以安装在任何物体上，从智能手机、家用电器到工厂设备、城市基础设施，传感器无处不在，使物联网设备具备了感知外界环境变化的能力。这种实时感知能力是物联网智能化的基础，它使得物联网设备能够随时获取精确的环境数据，为后续的分析和决策提供依据。例如，智能农业中的土壤传感器可以检测土壤的湿度和养分含量，帮助农民判断是否需要灌溉或施肥，极大地提升了农业管理的精度。物联网的全面感知能力不仅使设备变得“有知觉”，也使我们对环境的理解和控制更加精细化和智能化。通过这种感知能力，物联网能够更好地协调设备之间的联动，实现从信息采集到数据决策的

无缝衔接。

（二）广泛互联性：物联网设备的全球连接

物联网的另一个特征是广泛互联性，它通过通信技术将设备、系统和人连接在一起，形成一个庞大的网络系统。先进的通信技术，包括 Wi-Fi、蓝牙、蜂窝网络，尤其是5G 技术的飞速发展，确保了设备之间能够进行高速、稳定的数据传输。这意味着不同类型的设备可以相互通信，共享数据，从而实现更加智能的协同工作。例如，在智能交通系统中，汽车、交通信号灯和监控系统通过物联网互相连接，能够实时共享路况信息，动态调整交通信号，减少交通拥堵。智能家居中的不同设备也能够通过网络连接实现一体化的家庭管理，如智能灯泡可以根据智能音箱的指令进行亮度调节。这种广泛的互联性打破了物理设备之间的孤立状态，使得物联网设备能够实现全方位的智能化管理。通过全球范围内的设备互联，物联网创造了一个高度协调和自动化的网络生态系统，推动了智能社会的进一步发展。

（三）大规模数据处理：物联网的数据挖掘与分析

物联网设备的运行离不开大规模的数据处理能力，这是其智能化决策的基础。物联网设备通过感知层不断生成大量数据，这些数据需要进行快速的处理、分析。云计算和边缘计算的广泛应用为物联网提供了强大的计算能力，能够对分散的数据进行集中处理，从中提取有价值的信息。例如，智能电网系统能够通过实时监测和分析用电数据，预测未来的电力需求，从而优化电力供应，减少不必要的能源浪费。在智慧城市中，物联网设备每天都会产生海量的交通、环境和安防数据，城市管理者可以通过数据分析来制定更有效的资源分配策略，提高城市运行的效率。物联网的大规模数据处理能力不仅帮助设备实现了智能化操作，还推动了数据驱动的管理模式。从制造业到零售业，物联网通过数据挖掘和分析帮助企业提高运营效率、优化供应链管理，并做出更具前瞻性的市场决策。这种数据驱动的特性是物联网区别于传统设备的重要特征之一，为智能社会的发展奠定了基础。

（四）智能决策与自动控制：物联网的自主应对能力

智能决策与自动控制是物联网的重要特征。物联网设备不仅可以感知环境，还能够根据预设的算法自主做出决策并执行相应操作。这一特性通过大量实时数据的处理和分析得以实现，并依赖于云计算和边缘计算的支持。例如，智能家居中的恒温器可以根据室内外温度的变化自动调节室温，确保居住环境的舒适性。工业领域的智能机器可以通过监测自身运行状态自动安排维护，避免出现故障停机。这种自动控制的能力大幅减少了对人工操作的依赖，提高了系统的反应速度和工作效率。物联网的智能决策功能不仅局限于简单的控制，还能通过数据积累和机器学习不断优化自身的操作模式。例如，智能交通系统可以通过大量历史数据分析，预测高峰期的交通状况，并提前优化交通信号。物联网设备的这种自主应对能力，为各行各业带来了前所未有的智能化提升，推动了从人工控制到自动化管理的转型。

四、物联网的作用：智能化生活与高效管理的核心动力

（一）提高生产效率：物联网的自动化管理与智能优化

物联网在提高生产效率方面的作用至关重要，它通过设备的互联和自动化管理，使得工厂、企业等单位能够在更短的时间内完成更多的工作。物联网设备能够实时监控生产线上的各个环节，收集大量数据，发现潜在问题并快速进行调整。这种自动化监控和智能调度减少了人力干预的需求，确保了生产的稳定性和连续性。例如，在制造业中，传感器可以监控机器设备的温度、振动和运行状态，一旦出现异常数据，系统能够立即做出反应，调整生产参数或提醒维护人员，防止生产线停机或产品质量问题的出现。物联网还可以通过数据分析和历史数据的积累优化生产流程。智能设备能够根据订单需求、库存情况以及设备负载自动调整生产计划，从而提高资源利用率，减少浪费。无论是节省能源、提高设备运行效率，还是优化生产排程，物联网都在推动各行各业迈向更加高效的生产模式。通过持续的优化与自动化管理，物联网为企业提供了前所未有的效率提升空间，使其在竞争激烈的市场环境中保持优势。

（二）提升生活质量：物联网的智能家居与个人健康管理

物联网在改善个人生活质量方面的作用日益显著，尤其是在智能家居和健康管理领域的广泛应用，使得人们的生活变得更加便捷和智能。智能家居系统将家中的各种设备互联，用户可以通过手机、平板等终端远程控制家中的灯光、门锁、安防系统，甚至可以调节空调的温度或开启家电设

备。例如，智能恒温器能够根据用户的日常作息习惯自动调节室内温度，不仅提升了居住的舒适性，还降低了能源消耗。物联网在个人健康管理方面的应用也越来越广泛。通过智能手环等可穿戴设备，用户可以实时监测自己的健康数据，如心率、睡眠质量等。这些数据可以通过物联网设备自动上传到云端，供用户或医生进行分析，从而更好地掌握个人健康状况，制订更加科学的健康管理计划。物联网通过对生活中的设备与系统进行智能化的整合与控制，不仅让人们的生活更加便捷、高效，还提升了生活的安全性与健康管理水平。

（三）优化资源利用：物联网的资源管理与环境监测

物联网在资源管理与环境监测中的作用日益凸显，尤其是在优化能源利用和减少资源浪费方面。物联网通过实时监控能源的使用情况，帮助企业和个人更合理地分配和使用资源，从而大幅降低能源消耗。例如，智能电网是物联网在能源领域的典型应用，它能够根据实时用电数据和预测模型自动调节电力的供需平衡，避免过度的电力消耗。物联网还可以监测建筑物内的用电设备，自动调整照明和空调等设备的运行状态，减少不必要的能源浪费。物联网在环境监测中的应用也具有重要意义。通过安装在城市各处的环境传感器，物联网可以实时监测空气质量、水质、噪声水平等环境数据，帮助城市管理者更好地掌握环境状况，做出及时应对。物联网的这种精确监测与自动调控使得能源和环境管理更加智能化和高效化，不仅节约了宝贵的资源，还为可持续发展提供了技术支持。

（四）增强安全性：物联网的智能监控与风险防控

物联网在增强安全性方面发挥着至关重要的作用，特别是在智能监控与风险防控领域，通过设备的互联和数据分析，物联网极大地提高了安全防护的水平。在智能安防领域，物联网设备可以通过传感器实时监测家庭、办公室或公共场所的安防状态。通过将智能门锁、摄像头和传感器等设备网络互联，用户可以远程查看家中或公司周边的安全状况，一旦出现异常情况，如非法入侵或火灾，系统会立即发出警报并通知用户。这种实时监控和远程管理的功能使得用户能够在第一时间做出反应，避免潜在的风险和损失。在工业和公共基础设施领域，物联网的应用同样显著提升了安全防护能力。例如，智能工厂中的物联网设备可以监控机器的运行状态，预防设备故障和安全事故的发生；在桥梁、隧道等大型基础设施中，物联网传感器能够检测结构变化、压力和振动，帮助管理者及时发现隐患并采取相应的措施。物联网通过持续的监控和数据分析，为各类场景的安全管理提供了高效的技术支持，显著增强了安全防护的智能化水平。

（五）推动智慧城市建设：物联网的城市治理与公共服务创新

物联网是推动智慧城市建设的核心技术之一，它在城市治理与公共服务创新方面起到了重要的作用。智慧城市通过物联网技术的广泛应用实现了城市资源的智能化调配与高效管理。例如，智能交通系统能够通过物联网设备实时监测道路上的车流量，并根据交通状况自动调节交通信号灯的切换频率，减少交通拥堵，提高交通效率。智慧城市中的智能停车系统可以帮助司机实时查询空余停车位，减少寻找停车位的时间和燃油消耗。在公共服务领域，物联网同样展现了强大的创新能力。通过物联网设备，城市的水、电、燃气等公共设施能够实现远程监控与维护，确保稳定运行并及时预防故障。例如，智能水表可以实时监测家庭用水量，帮助用户优化用水习惯，并提前预警管道漏水等问题。物联网的广泛应用不仅提高了城市治理的精度和响应速度，还为居民提供了更加便捷和高效的公共服务。随着物联网技术的不断发展，智慧城市的未来将更加智能化和人性化，为城市居民创造更加宜居、绿色和高效的生活环境。

第三节　数据的存储与传输：安全高效地保存和分享信息

一、数据存储与传输技术：连接数据世界的枢纽

（一）数据存储：多样化存储方式与优化的容量管理

数据存储是数字经济时代的核心基础设施之一，其复杂性随着数据量的指数级增长不断提升。从传统的磁盘和硬盘驱动器到如今的云存储、分布式存储和区块链存储技术，数据存储方式逐渐演变。磁盘存储适合长期、大量的数据存储，但受到存储容量和物理磨损的限制；云存储凭借其灵活性和高可扩展性，适合分布式存储需求，然而其数据隐私和安全问题仍有待进一步解决；区块链存储因其去中心化和不可篡改性，在部分领域如金融和合规存

储中得到了广泛应用。现代存储方式不仅追求容量的无限扩展，还强调存储效率和成本控制。新兴的去重复数据技术、压缩算法以及冷存储技术，极大地降低了非活跃数据的存储成本。随着数据种类和规模的不断变化，如何有效整合结构化数据和非结构化数据的存储成为一大挑战。例如，图像、视频等非结构化数据的存储需求往往较传统文本数据复杂，这使得优化不同数据类型的存储解决方案成为重点。未来，随着量子存储等新型技术的突破，存储介质和方式将进一步迎来革命性的变革，而如何在多样化存储方式之间找到平衡点，以优化性能、成本和安全性，将成为数据存储领域持续探索的方向。

（二）数据存储的要求：安全性、可扩展性与可持续性

数据存储不仅关乎容量和速度，还需要满足安全性、可扩展性与可持续性的要求。安全性是数据存储的首要考虑。无论是个人信息、商业数据，还是国家机密，数据泄露的风险都会带来巨大的损失。因此，存储系统必须具备多层次的安全防护机制，包括数据加密、身份验证、访问控制以及备份与恢复策略。随着全球网络安全威胁的升级，数据存储系统面临的挑战愈加严峻，尤其在面对恶意攻击、数据篡改和勒索软件等威胁时。可扩展性是数据存储的核心要求之一。在大数据时代，数据的增长速度极其迅猛，传统的物理存储方式已经无法满足现代社会的需求。云存储和分布式存储的兴起正是应对这一挑战的解决方案，它们可以灵活扩展存储容量，无须用户为额外硬件投资。自动化的存储管理技术能够根据需求动态调整存储资源，提高了效率和灵活性。可持续性也成为数据存储的重要考虑。随着数据中心的迅速扩张，能源消耗和环境影响日益凸显。高效的存储管理和新型存储介质（如固态硬盘、冷存储等）可以减少能耗，并降低数据存储的碳足迹，实现绿色可持续发展。未来，存储技术需要在提高安全性和可扩展性的同时，朝着更环保、更高效的方向发展，以应对数据爆炸带来的复杂挑战。

（三）数据传输：快速、可靠与安全的平衡艺术

数据传输是数字经济运转的核心，贯穿所有的数字化应用场景。从最基础的互联网通信协议到当今高速 5G 网络和即将到来的 6G 网络，数据传输技术的进步直接影响着经济、社会和生活方式的变革。在传统的数据传输中，可靠性和速度往往难以兼顾。在光纤网络兴起之前，数据传输速率受到带宽

狭窄和物理介质的限制，造成了数据传输的时延与瓶颈。现代通信技术的发展，特别是5G网络的广泛应用，极大地提高了数据的传输速率和可靠性。5G凭借其低延迟、高带宽的特点，推动了自动驾驶、物联网和智能城市等应用场景的落地。然而，随着数据传输速率的提升，数据传输中的安全性问题日益凸显。信息泄露、网络攻击等潜在威胁不断增加，如何在高效传输数据的同时确保数据的安全性，成为数据传输技术发展的重要课题。加密传输技术、虚拟专用网络（VPN）和区块链等技术的应用有效提升了数据传输过程中的安全性。未来的6G网络将进一步推动传输技术的革新，带来更高的速率、更大的连接容量以及更低的延迟，最终实现真正的全连接社会。在传输技术高速发展的背景下，如何在速度、可靠与安全之间找到最佳平衡，是数据传输技术的未来发展方向。

（四）数据传输的要求：速度、稳定性与低延迟

数据传输的要求随着技术进步和应用需求的变化而不断升级，其中速度、稳定性和低延迟是三个关键要素。速度是数据传输的基础要求，尤其在实时应用场景中，如视频会议、在线游戏和远程手术等，数据传输的速度直接决定了用户体验和应用效果。现代高速网络，如光纤、5G网络，提供了超高速的数据传输，使得大量数据能够瞬时传输。但单纯的速度并不足以满足复杂场景下的数据传输需求，稳定性同样至关重要，尤其是在远程办公、智能制造和金融交易等领域，任何数据传输中断都可能带来巨大的损失。因此，传输系统必须具备高可靠性，通过冗余设计、容错机制和数据包校验技术，确保数据在传输过程中不丢失、不损坏。低延迟也是现代数据传输的重要要求，特别是在物联网、智能交通和虚拟现实等需要即时响应的领域。5G技术的推广使得延迟大幅降低，未来的6G将进一步缩短网络传输延迟，甚至实现毫秒级响应，将为无人驾驶、智能医疗和工业自动化等领域带来革命性变化。

二、云计算与分布式数据库：高效存储和管理海量数据

（一）技术基础：云计算与分布式数据库构建高效存储与管理体系

云计算与分布式数据库的结合为高效存储和管理海量数据提供了坚实的技术基础。云计算通过虚拟化和容器化技术，按需提供计算资源；分布式数据库通过将数据分散存储在多个节点上来提高系统的扩展性和容错能力。传

统的集中式数据库在应对海量数据时，常常面临性能瓶颈，而分布式数据库通过数据分片与复制等机制实现了数据的高效存储与访问。结合云计算的自动化管理与动态资源分配功能，整个系统能够根据需求灵活扩展。按需付费的模式大幅降低了运维成本，尤其适用于需要管理和存储大量数据的企业，使其能够更加高效地处理业务需求。

（二）存储优势：云计算与分布式数据库的弹性与扩展性

云计算与分布式数据库的结合在海量数据存储上具有明显的优势，特别是在灵活扩展和高可用性方面。云计算提供了弹性扩展的能力，用户可以根据需求动态调整存储容量，避免了物理设备的局限性。分布式数据库通过数据分片和多副本机制，将数据分布在多个地理位置的节点上，确保了高可用性和容错能力。通过并行访问，分布式数据库能够大幅提升数据读写性能，满足大数据环境下的高并发需求。云计算还支持灵活的按需资源分配，用户可以在需要时随时扩展或缩减存储资源，从而有效控制成本，确保数据存储的高效性和经济性。

（三）数据管理优化：云计算与分布式数据库的协同效应

在数据管理领域，云计算与分布式数据库通过优化资源分配和数据处理机制，显著提升了管理海量数据的能力。云计算提供了灵活的资源管理平台，能够根据实时业务需求自动调配计算和存储资源，避免资源浪费。分布式数据库采用水平扩展的方式，通过增加节点来应对海量数据和高并发访问的需求，从而确保系统性能的稳定性。为了确保数据的一致性，分布式数据库利用 Paxos 或 Raft 等一致性算法，保证各节点之间的数据同步和容错能力。结合云计算的自动化监控和日志分析工具，可以迅速发现并处理数据管理过程中的问题，极大地提高了管理效率。

（四）未来发展：云计算与分布式数据库的挑战与机遇

尽管云计算与分布式数据库的结合在处理海量数据方面具有明显优势，但在实际应用中仍面临诸多挑战。首先，数据一致性与系统可用性之间的权衡是分布式系统中的核心问题，尤其在高并发场景下，如何保证数据的正确性而不影响性能，仍是技术发展的重点。其次，随着数据量的急剧增加，如何有效进行数据分区、负载均衡以及资源优化成为一大难题。最后，数据隐私与安全问题也越来越受到关注，尤其是在跨境数据存储和处理的场景下，如何确保数据合规、加密存储以及访问控制，将成为未来的技术发展方向。随着物联网和大数据的进一步发展，云计算与分布式数据库将继续朝着智能化、自动化和安全化的方向迈进。未来的新技术，如边缘计算、混合云架构和无服务器计算，将为这一领域带来更多创新和突破。

三、区块链技术：保障数据的透明、安全与不可篡改

（一）区块链技术的核心：去中心化的信任机制

区块链技术的核心在于去中心化的信任机制，它通过分布式账本技术消除传统系统对中心化机构的依赖。在传统的金融体系中，信任通常依赖于第三方中介，如银行或支付平台，而区块链技术通过共识算法确保各个节点对交易的真实性达成共识，从而无须中介。这个过程不仅增强了系统的透明度，还提高了安全性，因为每个节点都保存一份完整的账本副本，篡改某个节点的数据不会改变整个网络的记录。此外，区块链技术利用密码学方法保证了数据的不可篡改性，为构建一个可信的数字经济生态系统提供了坚实的技术基础。在未来，去中心化的信任机制有望扩展至更多领域，如供应链管理、身份验证和版权保护等，彻底改变传统的信任体系。

（二）智能合约：自动化与透明化的商业协议

智能合约是区块链技术的另一个革命性应用，它通过自动化与透明化的方式来执行商业协议。智能合约本质上是一段代码，当预定的条件被触发时，合约便会自动执行，避免了人为干预或延迟。这一特性大幅提高了交易的效率，降低了合约执行中的不确定性和操作风险。例如，在房地产交易中，智能合约可以在买卖双方达成协议后自动转移资金和所有权，无须经过复杂的法律程序或中介机构。智能合约还具备透明化的优势，所有的操作都记录在区块链上，任何人都可以查看合约的执行过程和结果，增加了系统的可信度和透明度。随着智能合约的广泛应用，它将在金融、法律和供应链等多个领域发挥巨大作用。

（三）区块链安全性：不可篡改与抗攻击能力

区块链的安全性源自其不可篡改性和抗攻击能力。每一笔交易都会被打

包成一个区块，并通过复杂的加密算法连接到前一个区块，形成一条链条。这使得修改某个区块中的信息几乎不可能，因为这需要同时修改后续所有区块的数据，且需要网络中多数节点的同意。这种设计极大地提高了系统的安全性。此外，区块链采用分布式架构，没有单一的控制点，意味着即使某个节点受到攻击，系统整体仍然能够正常运行。这种去中心化的防御机制使得区块链比传统的集中式系统更具抗攻击能力，尤其是在面对黑客攻击或内部操控时。未来，随着量子计算和密码学技术的发展，区块链的安全性将进一步提升，为金融系统、供应链、物联网等领域提供更坚固的技术保障。

（四）共识机制：区块链网络的核心运作模式

共识机制是区块链网络的核心，它决定了如何在没有中心化权威的情况下，确保网络中所有参与者对数据达成一致。常见的共识机制包括工作量证明（PoW）、权益证明（PoS）以及更高效的委托权益证明（DPoS）等。工作量证明通过消耗计算资源来确保网络的安全性，但其高能耗问题备受诟病；权益证明通过持有代币的数量来分配记账权，能耗显著降低；委托权益证明进一步优化了共识效率，允许代币持有者选举代表进行区块验证，从而减少了参与者数量，提升了系统的扩展性。共识机制不仅影响区块链网络的性能和安全，还关系其去中心化程度的平衡。未来，共识机制的发展将继续朝着高效、低能耗和公平的方向演进，为区块链技术的广泛应用铺平道路。

（五）应用前景：跨行业的创新与变革

区块链技术在多个行业展现出广阔的前景，正在引发深刻的变革。在金融科技（FinTech）领域，去中心化金融（DeFi）使得无须中介的借贷、保险等服务成为可能，彻底颠覆了传统银行业。央行数字货币（CBDC）的推出依赖区块链的透明性和安全性，大幅提高了货币系统的效率。在供应链管理中，区块链可以通过分布式账本实时追踪产品流通环节，确保商品的真实性与透明度，尤其是在食品安全和奢侈品防伪领域表现出巨大潜力。在医疗领域，区块链能够确保病历、基因数据等敏感信息的安全性与隐私性，同时促进医疗机构之间的数据共享，优化患者的医疗服务。在智能制造和物联网领域，区块链用于设备间的自动交易和数据交换，增强设备的自主性与安全性，形成高效协作的智能工厂。在能源交易领域，区块链实现了点对点的能源交易网络，使家庭或小型企业能够直接交易太阳能等可再生能源，推动了能源市场的去中心化转型。区块链还在数字身份管理中得到应用，为用户提供自主掌控的身份验证系统，彻底改变了依赖第三方认证的模式。在版权和数字艺术领域，非同质化代币（NFT）利用区块链技术为艺术品、音乐、游戏道具等数字资产提供了唯一且可追溯的所有权证明，重新定义了数字资产的价值。这些前沿应用正在推动区块链技术的普及，塑造未来的数字经济生态。

四、5G 与 6G 技术：推动数据快速传输

（一）5G：增强连接与超低延迟

5G 技术标志着无线通信的重大飞跃，以其更高的数据传输速率、低延迟和大规模连接的能力彻底改变了通信生态系统。相较于前几代技术，5G 能够提供更快的下载和上传速度，支持更高密度的设备连接，如智能家居、智能城市中的传感器等。其关键特性是超低的延迟，通常低于 1 毫秒，这使得 5G 特别适用于需要实时响应的应用场景，如远程医疗手术和无人驾驶汽车。这一技术还通过网络切片来实现灵活的网络资源管理，能够根据不同的业务需求提供定制化的网络服务。例如，在工业 4.0 的背景下，5G 支持智能制造工厂中设备的互联与数据的即时处理，减少了生产停滞并提高了生产效率。总体来说，5G 技术的核心价值在于连接性与速度上的提升，使得虚拟现实、增强现实等技术的商业应用更加广泛并富有实际意义。

（二）5G 应用场景：智能城市和物联网的全面发展

5G 不仅是提升个人通信体验，也是推动各类新兴应用落地的关键技术。智能城市是 5G 应用的一个重要场景，通过大量部署传感器和网络节点，5G 可以实时采集和传输海量城市数据，从而帮助城市管理者进行高效的资源分配与公共服务调度。在交通系统中，5G 能支持自动驾驶车队实时交换数据，确保车辆间的无缝沟通与协调，从而减少交通事故和拥堵。在能源管理上，5G 使得智能电网的运行更加高效，能够动态调整电力分配，降低能源损耗。5G 的强大连接能力也催生了物联网的爆发式增长，智能家居设备如恒温器、安防摄像头和灯具通过 5G 网络实现无缝互联，进一步提高了用户的生活质量与安全保障。5G 的实际应用涵盖了从智慧城市到家庭生活的各个方面，展现了全面互联的美好前景。

（三）6G：峰值速率与更加智能

虽然5G才刚刚步入大规模商用阶段，但6G技术的研究已在全球范围内展开，目标是创造一个比5G更具智能性和全局覆盖的网络体系。6G预计将实现高达1Tbps的峰值速率，延迟则可低至微秒级，几乎接近实时的无缝数据传输。这将极大地提升未来应用场景的可能性，如脑机接口、全息通信等。6G不仅是技术上的提升，还在于其内嵌了人工智能功能，可以动态调整网络资源分配，以最佳的效率为用户提供服务。与5G相比，6G的频谱将延展至太赫兹（THz）频段，能够提供更广的带宽和更高的数据速率，支持远程医疗、工业自动化、无人驾驶等对网络质量要求极高的领域。未来，6G有望引入智能超表面技术（RIS）来控制无线信号的传播路径，从而优化信号覆盖范围和强度，这对提升偏远地区的网络服务质量将有显著意义。

（四）6G应用前景：元宇宙与人机共生的未来

6G技术的发展为元宇宙和人机共生提供了技术基础，推动了数字世界与物理世界的深度融合。在元宇宙的愿景中，用户将能够通过高带宽、低延迟的6G网络进入完全沉浸的虚拟环境，实现工作、娱乐和社交的无缝切换。例如，全息视频会议和虚拟现实互动将不再受到设备性能和网络限制，用户可以在全球任何角落进行高质量的实时交互。6G的高可靠性和智能化网络管理还将使得脑机接口技术成为现实，用户可以通过脑电波控制虚拟世界中的对象，甚至进行跨越物理界限的远程操作。未来的人机共生系统将得益于6G的高效数据传输和人工智能能力，实现自动驾驶汽车、无人机群和智能机器人之间的高度协作与互操作。6G赋予了未来社会无限可能，推动了社会形态的变革。

第四节　数据的处理与分析：如何从信息中发现价值

一、数据处理与分析的核心：驱动智能化决策

（一）数据处理与分析：从数据价值提取到决策优化

数据处理与分析是数据生命周期中至关重要的环节，其核心在于从大量

原始数据中提取出有价值的信息，进而为决策提供支持。处理与分析不仅是技术手段的组合，还涉及数据的筛选、转化、挖掘与解读。数据处理通常分为多个阶段，包括数据清洗、特征工程、数据转换等步骤，这些步骤旨在确保数据质量并使其适用于分析。数据分析则包括描述性分析、预测性分析和因果推断等，利用统计模型、机器学习或深度学习算法，从多维角度解读数据模式与趋势。数据处理与分析不仅是一个技术性过程，还包括策略的制定、问题的定义，以及对结果的诠释。每一个环节都需要在特定场景下与实际业务需求相结合，因此，数据处理与分析不仅是为数据建模做准备，还是数据驱动决策的基石。

（二）数据的多维度解析：结构化数据与非结构化数据

数据处理与分析的复杂性不仅来源于数据本身的规模，还在于数据类型的多样性。传统的结构化数据，如数据库表格，具有明确的行列关系，易于通过标准化方法进行分析。随着大数据时代的到来，非结构化数据（如文本、图像、视频）成为信息处理的重要来源。非结构化数据的处理面临更大挑战，需要自然语言处理、图像识别等技术将其转化为可分析的结构化数据形式。对于结构化数据，经典的统计分析方法依然适用，如回归分析、时间序列分析等。但对于非结构化数据，分析更多地依赖深度学习、卷积神经网络等新型算法。因此，数据处理与分析需要根据数据类型的不同制定相应的策略，结合传统统计方法与现代机器学习技术，确保不同形式的数据都能得以有效处理并发挥其潜在价值。

（三）数据分析的价值链：从洞察业务需求到决策支持的全流程

数据分析的最终目标是通过数据的深度挖掘，为业务和决策提供洞察。其价值链通常包括四个核心步骤：问题定义、数据处理、模型构建、结果解读。问题定义是分析者需根据业务需求明确问题，确定数据分析的目标，这是数据分析的方向指引。数据处理是清洗、转换和整合不同来源的数据，确保数据的质量与一致性。模型构建是利用机器学习、统计学或其他算法，针对数据中的模式与趋势进行探索，并根据需要进行预测、分类或聚类等操作。结果解读需要结合业务背景，分析数据结果的实际含义，最终为企业提供决策支持。这一过程中的每一步都至关重要，因为错误的分析目标、数据偏差或不恰当的模型选择都可能导致错误的结论，从而影响决策的有效性。

（四）数据处理的技术前沿：自动化与智能化的趋势

随着数据规模的迅速扩展和处理需求的增加，数据处理与分析的自动化与智能化趋势日益明显。传统的人工处理与手动分析方式，已难以应对海量数据和复杂分析需求。自动化工具与智能化系统不仅能够在数据处理环节实现高效、准确的数据清洗、转换与格式统一，还能够在分析阶段自动选择合适的模型与算法。例如，自动机器学习技术正逐步被广泛应用，它能在较少人工干预下进行数据预处理、特征选择与模型优化。此外，人工智能技术的融合，使得智能化的分析平台能够基于历史数据和实时数据，提供预测和建议，这在金融、零售等行业具有广泛应用前景。这种自动化与智能化的发展，不仅大幅提高了数据处理与分析的效率，也降低了对专业技术人员的依赖，使得更多企业可以利用数据进行智能决策。

二、大数据分析：从海量信息中提取有用内容

（一）大数据分析技术：海量数据中的洞察力

大数据分析是从海量、多源且复杂的数据中提取有价值信息的过程，旨在帮助各类组织实现数据驱动的决策。通过对这些数据进行系统化处理，分析者可以揭示出通常被忽略的模式、趋势和关联，进而为企业运营、政策制定和学术研究等提供数据支持。传统的数据分析通常依赖于结构化数据，规模较小，操作较为简单，而大数据分析处理的是多样化、非结构化且实时更新的大量数据，如社交媒体内容、传感器数据、视频、音频等。为了应对这些复杂数据的处理需求，分布式存储和云计算等技术成为大数据分析的支柱。在这个过程中，不仅需要强大的计算资源，还需要掌握复杂的算法和工具，如机器学习、深度学习等。大数据分析的价值在于其能够超越传统分析手段，揭示出隐藏的关联，为各个领域提供创新性的见解，尤其是在快速变化的市场中，大数据分析已成为制定战略、优化运营不可或缺的工具。

（二）数据收集：从多渠道中获取原始信息的基础

数据收集是大数据分析的第一步，即从多种来源获取大量的原始信息，为后续的分析提供基础。随着数字化转型的深入推进，数据来源的多样性也

日益增加，涵盖了从传统数据库到社交媒体、物联网设备、传感器、政府公开数据等多个领域。每一种数据来源都有其特定的格式和特性，因此在收集时必须综合考虑数据的质量、时效性和完整性，避免在后续分析中因数据缺失或不准确而产生偏差。物联网的普及为实时数据采集提供了可能，但带来了隐私和数据安全方面的挑战。现代技术如自动化数据采集工具、大规模传感网络的应用，极大地提升了数据收集的效率，能够快速、大量地获取数据。数据收集不仅是一个技术过程，还需要遵守伦理规范和法律框架，特别是在涉及个人隐私数据时，必须确保数据的使用符合法律法规，并最大限度地保护个人隐私。

（三）数据预处理：清理和转换数据的关键步骤

数据预处理的核心任务是确保数据的质量和一致性，为后续的分析提供基础。原始数据通常是杂乱无章的，可能包含缺失值、重复项或异常数据，这些问题会影响分析的准确性。因此，数据预处理的第一个步骤是清洗数据，去除无效、错误或噪声数据。接下来是数据转换，通过将不同格式的数据标准化、归一化，确保其可以用于统一的分析模型中。用大数据技术处理海量数据时，还要用到降维技术，以减少数据的冗余，提高分析的效率。现代数据预处理不仅依赖技术手段，也要求分析者对数据的结构和潜在问题有深刻理解，以确保所处理的数据适合模型的输入。优秀的数据预处理可以显著提高分析结果的准确性和可解释性，为复杂的决策过程提供更为可靠的依据。

（四）数据建模：利用算法挖掘数据中的潜在价值

数据建模是大数据分析的核心步骤，它通过使用复杂的数学模型和算法，从数据中挖掘潜在的规律和趋势。建模的目标不仅是解释数据，也是预测未来趋势和提供决策支持。常用的算法包括回归分析、决策树、支持向量机（SVM）、聚类分析等，不同的算法适用于不同的数据类型和分析任务。随着深度学习和神经网络技术的发展，数据建模的能力进一步增强，可以处理更加复杂和高维的数据集，尤其在图像、语音等领域表现出色。数据建模不仅是选择算法的过程，还需要对数据本身的特点有深刻理解，并结合相关领域知识对模型进行调优，以提升其准确性和实用性。通过科学的建模，企业能够有效预测市场变化、识别潜在风险，甚至优化资源配置，提升整体竞争力。

（五）数据可视化：将复杂数据转化为直观信息

数据可视化是通过图形化手段将复杂的数据和分析结果呈现给用户，使其能够直观地理解数据背后的信息。通过柱状图、折线图、饼图、热力图、关系网络等多样化的可视化方式，数据中的趋势、模式和异常值一目了然。尤其在处理大规模数据时，可视化能够帮助决策者迅速抓住重点，识别隐藏的机会或问题，进而优化决策流程。数据可视化不仅在商业报表、市场分析中应用广泛，还在医学、气象、工程等领域发挥重要作用。优秀的数据可视化设计离不开对数据的深刻理解和图表设计能力，既要保证信息的准确传递，又要简洁明了，避免信息过载。随着人工智能和机器学习的进步，数据可视化工具也越来越智能化，能够自动生成最合适的图表，帮助用户更高效地从数据中获得有价值的见解。

三、人工智能：让计算机学会自己“思考”

（一）人工智能：从模仿到创新

人工智能是一门模拟人类认知、推理和决策能力的技术。人工智能最初的目标是通过计算机程序来实现类似人类的行为，完成诸如问题解决、模式识别、自然语言处理等复杂任务。随着技术的进步，人工智能的定义逐渐扩展，不再仅限于模仿人类行为，而是通过采用创新性的算法和模型，具备自我学习和适应环境的能力。传统的人工智能系统依赖于预定义的规则和指令，这种方法在应对特定问题上有效，但在面对复杂、不确定性环境时往往力不从心。如今，人工智能系统通过数据驱动的学习方式，能够从大规模数据中提取信息，自主改进，甚至在一些领域表现出超过人类的能力。例如，AlphaGo 在围棋比赛中击败世界冠军就是人工智能不断演化和超越人类智慧的标志性案例。人工智能不仅是计算的工具，它还在成为一种可以自主学习、探索和发现新规律的技术，广泛应用于从基础科学到前沿产业的各个领域，为科技创新和社会发展带来巨大变革。

（二）人工智能的内涵：认知、学习与适应

人工智能的内涵并非简单的计算和数据处理，而是涉及多层次的认知、学习与适应过程。人工智能通过模拟人类的大脑功能，逐步具备了理解和处

理复杂信息的能力，能够通过多种感知渠道（如视觉、听觉、自然语言）进行数据的收集与分析。在认知层面，人工智能通过数据分析和模型推理，能够做出符合逻辑的决策。这一点在自动驾驶汽车的路径规划中表现得尤为突出，汽车通过感知周围环境，综合考虑路况、行人和交通信号等信息，自主完成驾驶任务。学习能力是人工智能的核心优势，它可以通过大量历史数据进行模式识别和经验积累，这种学习能力体现在人工智能可以从过去的错误中改进自己的决策。例如，深度学习算法通过不断调整权重，使得人工智能在图像识别中的准确率大幅提高。适应能力则使得人工智能能够根据环境的变化调整策略。例如，在金融市场中，人工智能系统通过实时监控市场波动，自动调整投资组合，显著提升了风险管理能力。这些综合能力让人工智能成为一种超越传统技术的智能系统，推动了从消费品到工业制造的广泛变革。

（三）人工智能的演变：从规则驱动到数据驱动

人工智能的发展经历了从规则驱动到数据驱动的深刻转变。早期的人工智能系统依赖预设的逻辑规则来完成特定任务，最具代表性的例子就是 20 世纪的专家系统。这类系统通过专家预设的大量规则来进行推理，尽管在特定领域取得了一定成功，但其局限性十分明显，尤其在面对复杂、多变的环境时难以胜任。随着互联网和物联网的普及，数据量呈现爆炸式增长，人工智能的研究方向逐渐从规则驱动转向数据驱动。机器学习和深度学习等技术的崛起开启了人工智能发展的新篇章。这些技术通过分析海量数据，从中识别规律和模式，帮助人工智能系统自主学习，并不断提高处理复杂任务的能力。一个突出的应用是图像识别领域，深度学习算法如卷积神经网络使得人工智能能够在图像分类、面部识别等任务中表现出前所未有的准确性。数据驱动的人工智能不仅提升了系统的性能，也扩展了其应用场景，如语音识别、自然语言处理和自动驾驶等。这种从规则到数据的演变，不仅标志着人工智能技术的进步，也代表了思维方式的变革。

（四）人工智能的核心特征：智能性、自主性与适应性

人工智能的核心特征可以归纳为智能性、自主性与适应性，这三者共同塑造了人工智能在现代社会中的重要角色。智能性体现为人工智能能够执行复杂的认知任务，如语音识别、自然语言理解、图像处理等，这使得人工智能不仅能像人类一样处理复杂的信息，还能在某些领域表现出超越人类的能

力。例如，人工智能已经广泛应用于医学影像分析中，通过深度学习算法，人工智能可以高效且精准地识别早期癌症迹象，帮助医生提升诊断的准确性。自主性是指人工智能系统能够在没有人为干预的情况下，自主做出决策并执行任务。一个显著的例子是无人机技术，人工智能控制的无人机可以根据实时数据进行飞行路径调整，完成任务而无须人工操作。适应性是人工智能区别于传统自动化系统的重要特征，它意味着人工智能能够在面对不同场景或问题时，通过调整自身策略保持高效运作。例如，在金融市场，人工智能可以根据市场波动实时调整投资策略，适应瞬息万变的经济环境。总体来说，人工智能的这些特征让它在诸多领域展现出广阔的应用前景，也使得它成为推动社会转型的重要力量。

（五）人工智能的应用：从日常生活到产业革命

人工智能已经渗透到人们生活的方方面面，从最普通的个人助手到最复杂的工业生产，无不彰显人工智能带来的深度变革。在日常生活中，智能助手如 Siri 和 Alexa 利用自然语言处理技术，可以与用户进行对话，提供从天气查询到复杂路线规划的服务。智能家居系统通过人工智能集成，实现了家电的自动化控制，如自动调节灯光、温度等，提升了生活的便捷性。在工业领域，人工智能正在引领第四次工业革命。制造业中的智能工厂通过人工智能进行实时监控和自动化生产，不仅提高了生产效率，还降低了人力成本和减少了资源浪费。例如，特斯拉工厂的生产线大量应用了人工智能技术，实现了高度自动化的生产流程。在医疗领域，人工智能被用于辅助医生进行疾病诊断、手术规划和个性化治疗方案设计。IBM 的 Watson Health 就是一个典型的人工智能医疗系统，它能够快速分析大量医学数据，帮助医生制定最佳的治疗方案。此外，人工智能还在自动驾驶、农业、金融等领域展现出巨大的潜力，推动了从服务业到制造业的全面数字化转型。

（六）人工智能的影响：技术突破与社会结构的重塑

人工智能不仅是一个技术革命，也在逐步重塑社会的基本结构。在经济层面，人工智能提高了生产效率，改变了企业的运作方式。自动化系统替代了大量重复性劳动，提高了工作效率，降低了运营成本。例如，在物流行业，亚马逊的仓库机器人系统使用人工智能技术优化物品存储和运输，大幅提升了物流效率和准确性。然而，人工智能对经济的影响并非单一的正面推动，也带来了就业市场的结构性变革。由于自动化系统的广泛应用，许多低技能的工作岗位逐渐消失，取而代之的是对人工智能相关人才的需求。社会结构的变化也延伸至隐私保护和伦理问题。随着人工智能在医疗、金融等敏感领域的应用，人们对个人数据隐私的担忧日益加剧。例如，自动驾驶汽车在面对紧急情况时，如何在保护乘客的同时不危害行人，成为亟待解决的伦理问题。总体来说，人工智能技术虽然带来了巨大的效率提高和创新机会，但其对社会结构的冲击也值得深思。

（七）人工智能的挑战：技术壁垒与伦理难题的双重考验

人工智能技术在应用中正面临技术与伦理的双重挑战。首先，技术上的壁垒仍然是人工智能发展的难题。当前的人工智能系统依赖于大量的数据进行训练和优化，但在许多领域，获取高质量的数据面临困难。例如，在医疗领域，人工智能系统需要通过大量的病历和医学影像数据进行训练，才能准确识别疾病。然而，医疗数据的获取受到隐私保护和法律法规的限制，如何在确保患者隐私的前提下收集足够多且高质量的数据，仍是一个未解的难题。此外，人工智能算法的透明性和可解释性也是一个关键挑战。现有的人工智能系统，尤其是基于深度学习的模型，往往被称为“黑箱”，因为它们的决策过程复杂且难以解释，这在自动驾驶等领域尤其令人担忧。当自动驾驶汽车发生事故时，人们很难解释人工智能系统为何做出特定决策，进而影响责任判定。伦理层面的挑战同样严峻，随着人工智能在决策中的广泛应用，其对公平、隐私和安全的影响日益引发关注。例如，面部识别技术在执法中的应用引发了关于种族偏见和隐私侵犯的广泛讨论。人工智能系统中的偏见问题可能会导致对特定群体的歧视。人工智能在招聘、面部识别和金融信用评分等领域出现了性别和种族偏见，导致对女性、少数族裔和低收入群体的歧视，反映了人工智能系统中数据偏见带来的公平性挑战。因此，人工智能技术的发展不仅需要技术的突破，还必须在法律和伦理框架下进行监管和约束，确保其在社会中负责任地应用。

（八）人工智能的未来：自我进化、与人类合作

随着技术的不断发展，人工智能的未来将展现出更强的自我进化能力和与人类合作的新模式。未来的人工智能将不再限于当前的任务执行者角色，而是逐渐演变为拥有自我学习能力的智能体，能够在没有人类干预的情况下

进行优化。例如，在自动驾驶领域，未来的人工智能系统可能并非仅依赖预设的规则或模式，而是通过与其他车辆、基础设施和环境的实时互动，不断学习和调整驾驶策略，从而提升整体交通的安全性和效率。在医疗领域，人工智能的未来发展也充满潜力。基于基因数据、生活习惯和环境因素的综合分析，人工智能将能够为个体患者提供更加精准的个性化治疗方案，从而实现真正的精准医疗。在教育领域，人工智能将推动定制化学习，学生可以根据自己的学习进度和兴趣，通过人工智能生成的学习路径和内容，最大化学习效果。然而，人工智能的自主进化能力也带来了新的挑战，比如如何确保人工智能在自我优化过程中遵循伦理和法律规范，避免发生不可控的后果。因此，未来的人工智能发展需要一个更加完善的监管体系，以确保技术的安全性、可靠性和公平性。在人机协作层面，人工智能将不再仅是工具，而是与人类共同合作的“伙伴”，通过分工合作，人工智能负责执行重复性和复杂的数据分析工作，人类聚焦于创新、情感和策略性思考。这种合作模式将在未来的各行各业中普及，推动社会效率和生产力的全面提升，开启人类与人工智能共生的新纪元。

四、机器学习：从模式识别到智能决策

（一）机器学习的本质和内涵：从数据中获取洞察的智能方法

机器学习是一种利用算法和统计模型，使计算机系统能够在没有明确编程指令的情况下，从数据中自动学习和改进的技术。其核心在于通过识别数据中的模式，利用这些模式对新数据进行预测或决策。机器学习的原理是让计算机通过反复的训练和迭代，从大规模数据中发现隐含的规律，从而不断优化模型。这一技术与传统的编程方法不同，后者需要明确的指令来完成任务，而机器学习则依赖数据驱动的学习方式。机器学习通常包括三个主要过程：首先，系统通过输入数据进行训练，形成对数据的理解；其次，利用训练好的模型对新数据进行推理或预测；最后，随着新数据的不断涌入，模型进行自我优化以提高准确性。机器学习的应用范围广泛，涵盖图像识别、自然语言处理、推荐系统、医疗诊断等多个领域，其背后的技术包括监督学习、无监督学习、强化学习等多种不同的学习方式。随着大数据的普及和计算能力的提升，机器学习逐渐成为推动人工智能发展的核心技术之一。其作用不仅在于提高生产力，还在于能为复杂问题提供智能化、自动化的解决方案，

助力各行各业实现数字化转型和智能化升级。

（二）机器学习的演变：从简单算法到深度智能

机器学习的发展历程伴随计算机科学、数学和统计学的进步，从最初的简单算法逐渐演变为如今高度复杂的深度智能。其起源可以追溯到 20 世纪 50 年代，当时科学家开始探索如何让机器像人类一样学习，早期的感知器模型为机器学习奠定了基础。随着计算能力的提升和数据量的增加，20 世纪 80 年代，支持向量机、决策树等经典算法逐渐兴起，推动了机器学习的初步应用。然而，这些早期方法大多依赖特征工程，即需要人为设计特征并输入模型，限制了其在复杂任务中的表现。进入 21 世纪，随着计算资源的丰富和大数据的爆发，深度学习的出现标志着机器学习进入了一个全新阶段。深度学习利用多层神经网络自动提取数据特征，摆脱了对人为干预的依赖，大幅提升了模型的性能，尤其是在图像、语音等感知任务上取得了突破性进展。与此同时，无监督学习和强化学习的研究也取得了长足进步，使得机器能够在缺乏标签或反馈的情况下通过自我探索来学习和适应环境。近年来，生成式对抗网络（GAN）、变分自编码器（VAE）等新型模型进一步扩展了机器学习的应用领域，使其在内容生成、自动驾驶、药物研发等方面展现出巨大的潜力。可以预见，随着量子计算、联邦学习等前沿技术的引入，机器学习将在未来继续演变，推动人工智能迈向更深层次的智能化和自动化，彻底改变我们的生活和工作方式。

（三）机器学习的分类：多样化学习方式驱动智能化进步

根据学习方式的不同，机器学习主要分为监督学习、无监督学习、半监督学习和强化学习，这些不同的学习方式为解决各类问题提供了多样化的智能手段。监督学习是最常见的一种形式，它用带有标注的数据进行训练，模型从输入数据与已知的输出之间学习映射关系。典型的应用包括图像分类、语音识别和股票价格预测等，在这些任务中，系统依赖大规模的标注数据来提高预测准确性。无监督学习不需要标注数据，而是通过分析数据内部的结构和关系来揭示潜在的模式和规律。聚类分析、降维和异常检测是无监督学习的代表性应用，其主要用于处理难以标注的大数据集。半监督学习结合了监督和无监督的优势，适用于标注数据稀缺但大量无标注数据可用的场景。它利用少量标注数据引导无标注数据学习，大幅降低了对数据标注的依赖，在医学影像分析、文本分类等领域具有重要价值。强化学习是一种基于试错和奖励反馈的学习方式，模型通过与环境互动来不断优化其行为策略，以最大化累积奖励。强化学习广泛应用于游戏人工智能、机器人控制和自动驾驶等领域，尤其在处理动态决策问题中展现了极大的潜力。每一种机器学习的分类都对应着不同的应用场景和技术挑战，随着算法的演进和计算资源的提升，各类学习方式之间的界限也在不断模糊和融合，共同推动着人工智能技术的多元化和智能化发展。

（四）机器学习的核心特征：自适应性、数据驱动性和泛化能力

机器学习的核心特征体现了其与传统算法的根本区别，主要表现在自适应性、数据驱动性和泛化能力三个方面。自适应性是机器学习的重要特点，意味着模型能够随着数据的不断输入和反馈，自行调整其参数和结构，从而提升对新情况的适应能力。不同于传统算法的固定规则，机器学习模型通过学习不断优化，能够灵活适应动态和复杂的环境，尤其在处理非线性问题时表现突出。数据驱动性是机器学习的核心特质，模型依赖大量数据进行训练和推理，数据的质量和规模直接决定了模型的性能。通过数据中的模式识别和信息提取，机器学习能从海量数据中获取洞察，并将这些洞察应用于预测、分类和决策等任务。因此，随着数据规模的快速增长，机器学习模型能够不断迭代升级，在应对复杂问题上表现出极大的潜力。泛化能力是机器学习模型成功应用于现实场景的关键，它指的是模型不仅能在训练数据上表现出色，还能在未知数据上保持较高的准确性。泛化能力强的模型能够避免过拟合，即并非仅记住训练数据的细节，而是学会从中提取普遍规律，从而具备解决新问题的能力。综上所述，机器学习的核心特征为其在众多领域的广泛应用奠定了基础，从金融、医疗到自动驾驶和智能制造，机器学习正推动着智能化变革的浪潮。

（五）机器学习的发展趋势：从自监督学习到多模态融合等

机器学习的发展趋势是在自监督学习、多模态融合和因果推断等前沿技术上引领创新。自监督学习作为一种无须大量标注数据的学习方式，未来将通过从未标注数据中学习复杂的结构与特征，大幅降低对人工数据标注的依赖，提高模型的普适性。例如，OpenAI 的 GPT 模型和 Meta 的 SimCLR 技术已经展示了自监督学习在自然语言处理和图像识别中的巨大潜力。多模态融合

是另一个重要趋势，即通过整合视觉、听觉、文本等多种数据源，构建更丰富的认知模型。在智能家居、自动驾驶等领域，利用多模态数据的交互，未来的机器学习系统将实现更加准确的感知与决策。因果推断进一步提升了机器学习在决策中的科学性，帮助算法理解因果关系，而不仅仅是关联，解决复杂场景下的决策问题，特别是在金融风险评估和医疗个性化治疗中有着广泛应用。此外，联邦学习技术的兴起，使得不同机构能够在不共享数据的情况下共同训练模型，有效解决了数据隐私问题，推动了医疗、金融等高敏感数据领域的合作。未来，随着量子计算的进步，机器学习将进一步突破计算能力的瓶颈，推动从算法优化到新型应用场景的全面技术革新。

（六）预训练大模型：从大规模数据中提取通用知识的突破性技术

预训练大模型是近年来人工智能领域的重大突破，其核心在于通过大规模无监督数据的预训练，构建具备广泛知识的通用模型，再通过小规模的任务特定数据进行微调，完成特定任务。预训练大模型如 OpenAI 的 GPT 系列、谷歌的 BERT、Meta 的 LLaMA、阿里的通义、百度的文心一言、DeepSeek 等，已经在自然语言处理、图像识别和生成任务中展现了强大的性能。它们通过在海量文本或多模态数据上进行预训练，学习到通用的语言或视觉特征，然后通过微调适应具体任务需求，这种技术大幅提高了模型在广泛应用场景中的适应性和效率。以 GPT-4 为例，该模型通过数以千亿计的参数和广泛的数据训练，能够生成高质量、上下文连贯的自然语言文本，甚至能够进行复杂的推理和对话。在医疗领域，预训练大模型通过吸收医学文献、病历数据，可以辅助医生进行诊断和药物推荐。在金融领域，预训练大模型通过分析历史数据、新闻和市场趋势，可以提供投资建议和风险评估。在图像生成领域，如 DALL · E 等，通过大规模图像—文本数据的预训练，实现了从文字描述生成图像的功能。Sora 则可以根据文本生成视频。预训练大模型的优势在于其通用性、可扩展性和跨领域应用潜力，未来随着计算能力的提升和数据规模的扩大，预训练大模型将进一步推动人工智能的智能化和多样化发展。

五、监督机器学习：从模型训练到精准预测

（一）线性回归：连续变量预测的基本方法

线性回归是一种经典且广泛应用的监督学习算法，专门用于预测连续变

量。其核心思想是通过建立自变量和因变量之间的线性关系，拟合出一条最能反映这种关系的最佳直线。线性回归假设因变量的变化可以通过自变量的线性组合来解释，其数学模型可以表示为 $y=\beta_0+\beta_1x_1+\beta_2x_2+\cdots+\beta_nx_n+\varepsilon$，其中 y 是预测值，β_0 是截距，β_n 是特征 x_n 的系数，ε 是误差项。通过最小化预测值与真实值之间的差异（通常使用均方误差），模型可以找到最佳的系数组合。线性回归的优势在于简单性和解释性，系数的大小和符号能够帮助理解每个特征对预测结果的贡献。然而，它的假设条件较为严格，如特征与输出之间必须是线性关系，并且特征之间不能有多重共线性，这限制了它在处理复杂数据时的表现。在高维数据或非线性问题中，线性回归的效果可能较差，难以捕捉复杂的模式。因此，尽管线性回归在一些简单的预测问题上仍然有效，但随着数据复杂度的提升，更复杂的模型如决策树或神经网络可能更为适用。

（二）决策树：基于规则划分的直观预测方法

决策树是一种基于树状结构的监督学习算法，广泛应用于分类和回归任务。它将数据集划分为更小的子集，直到每个子集只包含一个类别或具有足够的纯度。决策树的核心思想是通过选择最佳特征来进行数据划分，通常使用熵或基尼系数等指标来评估划分的质量。树的每个节点表示一个特征，每个分支表示该特征的不同取值，最终的叶节点对应预测结果。决策树的优势在于可解释性强，结果可以用简单的规则集形式展现，方便人们理解模型的决策过程。此外，决策树能够处理分类和回归任务，并能自然处理混合类型的数据（如数值型数据和类别型数据）。然而，决策树容易过拟合，尤其是在树的深度较大时，模型可能对训练数据的噪声过于敏感，导致泛化能力不足。为了解决这个问题，通常使用剪枝技术或设置树的最大深度来防止模型过于复杂。尽管单一的决策树模型在面对复杂问题时表现有限，但通过集成学习方法如随机森林和梯度提升决策树，可以显著提升模型的性能。

（三）随机森林：基于多棵决策树的集成学习方法

随机森林是一种集成学习算法，通过构建多个决策树并将它们的预测结果进行综合来提升分类或回归任务的性能。其工作原理是对每棵决策树进行独立训练，并在训练过程中引入随机性：在每次构建树时，随机选择数据集的子集（通过自助采样法）和特征的子集。这种随机性使得每棵树之间具有差异性，从而减少了单棵决策树容易过拟合的缺点。最终，随机森林通过集成多棵树的预测结果来提高模型的稳定性和准确性，在分类任务中通过多数投票决定最终结果，在回归任务中则通过取均值进行预测。随机森林的优势在于它对噪声数据具有较强的鲁棒性，能够有效防止过拟合，并且适用于处理高维数据和复杂的非线性问题。随机森林还可以提供特征重要性排序，帮助理解哪些特征对预测结果贡献最大。然而，随机森林的计算成本较高，尤其当树的数量较多或数据量较大时，训练和预测时间可能会显著增加。总体而言，随机森林因其强大的泛化能力和良好的稳定性成为许多分类和回归任务中的首选算法。

（四）支持向量机（SVM）：高维空间中最大化分类间隔

SVM 是一种非常强大的监督学习算法，主要用于分类任务，在高维数据和复杂分类问题上表现尤为出色。其核心原理是通过一个能够最大化两类数据间隔的超平面，实现对数据的有效分类。在低维空间中，SVM 尝试找到一个线性分类器，通过核函数，将数据映射到高维空间中，解决线性不可分问题。常见的核函数包括线性核、多项式核和径向基函数，它们能够将复杂的非线性数据转换为线性问题，从而提升分类精度。SVM 的优势在于其对高维数据的处理能力以及对噪声数据的鲁棒性，因为它关注的是离决策边界最近的样本（支持向量），而不是所有样本。这使得 SVM 在一些复杂的分类任务中能够保持较高的泛化能力。然而，SVM 的计算复杂度较高，尤其是在处理大规模数据集时，训练时间可能较长。此外，模型参数的选择（如正则化参数和核函数参数）对模型性能的影响较大，因此需要通过交叉验证等方法仔细调整。总体而言，SVM 在小数据集和高维分类任务中表现优异，是一种非常强大的工具。

（五）K 最近邻分类算法（KNN）：基于邻近样本的简单分类方法

KNN 是一种基于实例的监督学习方法，既可以用于分类，也可以用于回归任务。它的核心思想是根据新样本与已知样本的距离，选择距离最近的 K 个邻居，然后通过这些邻居的标签来预测新样本的类别或数值。KNN 的实现非常直观，算法不需要训练过程，直接对每一个新样本计算其与训练数据中每个样本的距离，常用的距离度量包括欧氏距离和曼哈顿距离。在分类任务中，KNN 通常采用多数投票机制，即选取邻近样本中最多的类别作为预测结果；在回归任务中，KNN 通过邻近样本的平均值进行预测。KNN 的优势在于简单易实现，且适用于不需要复杂模型的场景。然而，由于其在预测时需要遍历训练数据，因此在大规模数据集上，计算效率较低。此外，KNN 对数据的标准化和归一化要求较高，因为不同特征的度量尺度可能导致距离计算产生偏差。KNN 还容易受到噪声数据和异常点的影响，因此选择适当的 K 值和距离度量方式对于模型的性能至关重要。总体而言，KNN 虽然简单，但在小规模数据集和某些特定场景中仍然具有实用价值。

（六）朴素贝叶斯：基于概率推理的简单分类模型

朴素贝叶斯是一种基于贝叶斯定理的监督学习方法，常用于文本分类、垃圾邮件过滤和情感分析等任务。其核心思想是通过计算每个特征在不同类别下的条件概率，利用贝叶斯定理将这些概率组合起来，预测新数据的类别。朴素贝叶斯假设特征之间是相互独立的，即每个特征对类别的贡献是独立的，不受其他特征的影响，尽管这一假设在现实中往往不成立，但该模型在实践中依然表现良好。朴素贝叶斯的优势在于计算效率高，能够快速处理大量数据，尤其在高维数据集上具有较好的表现。它对少量训练数据也较为鲁棒，能够在训练数据有限的情况下做出较为准确的预测。然而，朴素贝叶斯的独立假设影响了它处理某些复杂问题的表现，尤其是在特征高度相关的情况下，模型的性能可能会受到影响。尽管如此，朴素贝叶斯依然因其速度快、实现简单且在某些任务中效果显著，被广泛应用于各种分类任务，特别是在文本处理领域。

（七）逻辑回归：用于二元分类的概率模型

逻辑回归是一种经典的监督学习算法，尽管名字中带有“回归”二字，但是用于二元分类任务的。其核心思想是通过构建一个概率模型，预测某事件发生的可能性，尤其适合判断事件是否属于某一类别，如预测疾病发生、邮件分类等。逻辑回归根据输入特征输出一个介于 0 到 1 之间的概率值，表示事件的发生概率，并通过设定的阈值（通常为 0.5）将样本归为某一类别。其主要优势在于具有较强的解释性，能够清晰地揭示每个特征对分类结果的影响，同时可以输出结果的置信度，这使得它在金融风险分析、医疗诊断等需要明确概率预测的应用中非常适用。此外，逻辑回归基于线性模型，适合处理高维数据，计算成本较低，通过正则化技术可以防止过拟合，提高模型的泛化能力。然而，逻辑回归主要处理线性可分数据，在面对复杂非线性问题时表现较为受限，这时可能需要引入更多特征交互项或采用更复杂的非线性模型来提高准确性。即使如此，逻辑回归凭借其简洁、易于实现且具备良好的解释性的优势，仍然是许多二元分类问题中的首选方法，特别是在金融、医疗、市场预测等领域有广泛应用，成为解决分类问题的一种有效工具。

六、无监督学习：从自我发现到模式识别

（一）K 均值聚类：基于质心的高效分组方法

K 均值聚类是一种无监督学习算法，广泛用于将数据集分为 K 个预定义的簇，其基本原理是通过最小化每个簇内数据点与质心之间的距离，找到数据中的聚集模式。算法首先随机选取 K 个初始质心，然后通过迭代更新质心位置，使得每个数据点归类到最近的质心所在簇。这个过程反复进行，直到质心位置不再发生显著变化。K 均值聚类的最大优势在于其计算效率高，尤其在处理大规模数据集时表现优异，因此在图像压缩、客户细分和市场分析等领域应用广泛。K 均值聚类通过快速划分数据集，使得簇内样本相似性高，而簇间差异大，帮助发现数据的内在结构。然而，K 均值聚类也存在局限性。首先，K 值需要用户预先定义，这在数据结构不清晰时较为困难。其次，算法对初始质心敏感，不同的初始值可能导致不同的结果，往往需要多次运行以取最优解。最后，K 均值聚类假设簇为球形且大小相近，面对形状复杂或密度不均的数据时表现不佳。尽管存在这些局限，K 均值聚类因其实现简单、易于操作，仍然是无监督学习中最常用的方法之一，适用于许多结构较为简单的数据集。

（二）主成分分析（PCA）：基于降维的无监督特征提取方法

PCA 是一种常用于数据降维和特征提取的无监督学习算法。其核心思想是通过线性变换，将高维数据投影到一个低维空间中，尽量保留原始数据的方差，从而减少数据维度。在这一过程中，PCA 找到一组新的正交坐标系，即主成分，其中每个主成分代表数据中方差最大的方向。最重要的主成分保留了大部分数据的信息，而次要的主成分可以舍弃，因此在降维过程中数据的主要信息得以保留，冗余信息被削减。PCA 的优势在于它能有效减少数据维度，从而降低模型的计算复杂度，并且在消除特征多重共线性问题方面表现出色，这使得 PCA 在图像处理、基因数据分析和金融数据建模等高维数据

场景中应用广泛。此外，通过降维，PCA 还能够提升模型的性能，特别是当数据集包含许多相关性较高的特征时。尽管 PCA 假设主成分为线性对处理非线性数据可能有限，且结果的可解释性较差，主成分的物理意义不容易理解，但它依然是高维数据分析中的重要工具，特别是在数据预处理和特征提取方面发挥着重要作用。

（三）高斯混合模型（GMM）：基于概率分布的灵活聚类方法

GMM 是一种用于聚类分析的无监督学习算法，其核心思想是将数据看作由多个高斯分布生成，每个簇对应一个高斯分布。与 K 均值聚类不同，GMM 为每个数据点计算其属于每个簇的概率，而不是简单地将每个数据点硬性归类到某一个簇。GMM 利用最大期望算法（EM 算法）来估计模型参数，通过最大化似然函数，找到最能解释数据的高斯分布。该方法特别适合处理复杂形状的簇，尤其适合那些簇的形状并非简单球形且簇间存在重叠的情况。GMM 的另一个显著优势是其“软聚类”特性，即每个数据点并不绝对地归属于某一个簇，而是以一定的概率分布于不同的簇中，从而提供了更灵活的聚类方式。由于其灵活性和准确性，GMM 在信号处理、图像处理和市场细分等领域得到了广泛应用。然而，GMM 假设数据遵循高斯分布，这一假设在一些复杂的数据集中可能不成立，从而影响模型的聚类效果。此外，GMM 对初始参数较为敏感，初始估计不准确可能导致模型收敛到局部最优解，因此常需多次运行并选择最佳结果。尽管如此，GMM 因其在处理非线性和复杂簇数据方面的卓越性能，仍是聚类分析中一种非常有力的工具。

（四）隐马尔可夫模型（HMM）：基于状态转移的序列数据分析模型

HMM 是一种用于分析时间序列数据的无监督学习算法，其核心思想是将序列数据看作由一系列隐藏状态生成的观测值。每个隐藏状态根据一定的转移概率决定下一个状态，而观测值依赖于当前的隐藏状态，从而形成观测数据与隐藏状态之间的关联关系。HMM 包括两个主要过程：隐藏状态之间的转移过程和观测值的发射过程。通过这两个过程，HMM 能够有效捕捉数据中的时序依赖性，广泛应用于语音识别、自然语言处理和生物序列分析等领域。例如，在语音识别中，HMM 分析语音信号的频谱特征，并利用状态转移规律识别语音内容。HMM 的优势在于其能够处理具有时序特征的数据，能够识别出序列中的隐含模式，在数据存在噪声或部分缺失的情况下表现尤为优异。

然而，HMM 也存在一些局限性。第一，HMM 假设状态转移过程是马尔可夫过程，即当前状态仅依赖于前一个状态，忽略了长时间的历史信息，这使得它在处理长时依赖关系的数据时表现不佳。第二，HMM 对观测值的分布假设较为严格，通常假设观测值服从高斯分布，在处理复杂、非高斯分布的数据时可能效果较差。尽管如此，HMM 在处理具有时序依赖结构的序列数据分析任务中，仍然是一种非常有力的工具，在那些具有明确状态转移结构的场景中表现尤为突出。

七、深度学习：从神经网络到生成模型

（一）自编码器：数据压缩与特征学习

自编码器是一种无监督学习算法，旨在通过编码器—解码器结构实现数据的自我重建与特征压缩。编码器将输入数据映射到低维潜在空间，从而提取出数据的核心特征，而解码器则根据这一低维表示重建原始数据。通过最小化输入与重建输出之间的差异，自编码器能够自动学习数据的关键特征并实现数据降维。这种结构广泛用于数据去噪、异常检测、图像生成等任务。标准自编码器可能会面临过拟合问题，为此，变分自编码器引入了概率建模，将潜在空间的表示视为某种分布的采样结果，增强了模型的生成能力和泛化能力。自编码器的另一重要变体是稀疏自编码器，通过加入稀疏约束，迫使网络仅激活少数神经元，以提取更具判别力的特征。尽管自编码器在特征学习上表现优异，但在生成高质量数据上仍不及生成对抗网络，后者通过引入生成器与判别器的对抗训练，实现了更为逼真的数据生成效果。

（二）前馈神经网络：层级结构和梯度下降优化

前馈神经网络是深度学习最基础的结构，其本质是通过多层神经元连接，实现从输入到输出的非线性映射。网络的层级结构由输入层、隐含层和输出层组成，信息在网络中单向流动，不存在反馈回路。这种网络通过权重矩阵和激活函数来捕捉复杂的数据模式，在处理静态数据时表现尤为出色。其训练过程基于反向传播算法，通过计算损失函数的梯度，将误差逐层反传，更新权重矩阵，使网络能够逐步优化。常用的优化方法是梯度下降及其变体，如动量法、自适应学习率算法，以加快收敛速度并避免陷入局部极值。虽然前馈网络结构简单，但随着层数的增加，网络的表达能力大幅增强，能够有

效捕捉数据中的高维特征。然而，过多的层数也可能导致梯度消失或爆炸问题，因此，正则化技术和批量归一化等手段常被引入，以提高训练的稳定性和泛化能力。

（三）卷积神经网络：局部感受野和权值共享

卷积神经网络是专为处理图像数据设计的深度学习模型，核心特点在于通过局部感受野、权值共享和池化操作，有效降低参数数量，同时捕捉空间层次的特征。卷积层通过滤波器（也称卷积核）在输入数据上滑动，提取局部区域的特征，每个滤波器负责不同尺度或方向的特征提取。权值共享的机制使得同一滤波器在不同位置重复使用，极大地减少了参数量，提高了模型的训练效率。池化层通过取局部最大值（最大池化）或平均值（平均池化）实现数据降维，同时保留重要的空间信息。这种结构尤其适合处理具有空间一致性的任务，如图像分类、目标检测和图像生成等。在实际应用中，卷积神经网络通过叠加多个卷积层和池化层，逐步从低级特征（如边缘、角点）到高级语义信息进行提取，并在全连接层实现最终分类。然而，卷积神经网络在处理需要捕捉长程依赖关系或全局信息的任务上存在一定局限，促使了其他网络结构如 Transformer 的兴起。

（四）循环神经网络：时间序列建模与长时间依赖捕捉

循环神经网络擅长处理序列数据，能够捕捉时间序列中的动态变化和依赖关系。与前馈神经网络不同，循环神经网络通过引入时间步长间的隐状态传递，使得当前输出不仅依赖于当前输入，还依赖于先前时间步的隐含信息。这一特性使得其在自然语言处理、语音识别、时间序列预测等任务中表现出色。然而，传统循环神经网络结构由于梯度消失和爆炸问题，在处理长时间依赖时存在明显不足。为了解决这一问题，长短期记忆网络（Long Short-Term Memory，LSTM）和门控循环单元（Gated Recurrent Unit，GRU）应运而生。LSTM 通过引入输入门、遗忘门和输出门机制，有效地调控信息在时间步长间的传递，保留长时间依赖的有效信息。GRU 在 LSTM 的基础上简化了门控机制，计算效率更高。尽管循环神经网络在时间序列建模上具备优势，但在处理长序列时，计算成本较高且并行能力不足，近年来逐渐被自注意力机制（如 Transformer）取代。

（五）图神经网络：结构化数据上的节点和边关系学习

图神经网络是一类专门用于处理图结构数据的深度学习模型，其本质在于学习图中节点、边及其关系的特征表示。图结构广泛存在于现实世界中，如社交网络、分子结构、交通网络等，图神经网络通过捕捉这些数据中的复杂拓扑结构和节点之间的依赖关系，能够有效处理传统神经网络无法胜任的任务。图神经网络的核心是通过消息传递机制，让节点从邻居节点及其连接关系中获取信息，并逐层更新节点的特征表示。在这一过程中，图卷积操作起到了关键作用，通过加权聚合邻居节点的信息，实现节点嵌入的更新。此外，图注意力网络进一步引入了自注意力机制，使得节点能够根据邻居节点的重要性进行加权聚合，增强了模型的灵活性与表达能力。图神经网络广泛应用于节点分类、图分类、边预测等任务，尤其在社交推荐、分子属性预测和知识图谱等领域取得了卓越的成果。然而，图神经网络在处理大规模图时，计算复杂度较高，因此图采样技术（如 GraphSAGE）应运而生，通过采样局部子图来提高效率。尽管图神经网络在图结构数据上表现优异，但其训练过程中依然存在节点邻居信息的过度聚合问题，导致不同节点的嵌入趋于一致，未来的研究方向将集中于改进网络的深度和拓扑信息的有效利用。

第五章

数据驱动科技创新范式转变

第四次科技革命和产业变革正推动全球进入数据驱动的全面转型阶段。科技革命的驱动力和内容不断演进，数据成为当前创新的核心要素，塑造了新型科技创新模式。与过去不同，本次科技革命依赖大数据、人工智能和自动化技术，推动产业升级和经济模式变革。在科学研究领域，数据驱动的新范式正在重塑自然科学的研究方法，拓展学科边界，并促进不同学科间的深度融合。大数据也为人文社科研究提供了全新的方法论，助力理解复杂社会问题，拓宽研究视角。国家科技创新体系建设需适应这一趋势，通过优化体制机制，强化战略科技支撑，突破关键技术瓶颈，并加快推进大模型的建设与应用，打造自主智能中枢与创新引擎，全面提升国家创新体系的整体效能，以数据驱动实现科技与社会的深度变革。

第一节　第四次科技革命和产业变革：数据驱动的全面转型

一、科技革命与产业变革演进：驱动力和内容的变迁

（一）第一次科技革命：蒸汽机驱动的机械化工业革命

第一次科技革命始于18世纪下半叶，核心驱动力是蒸汽机的发明与广泛应用，标志着人类从手工业向机械化生产的转变。詹姆斯·瓦特改良的蒸汽机成为这场革命的引擎，为纺织、采矿和冶金等多个行业注入了全新的动力。蒸汽机使生产过程脱离了对人力和自然资源的依赖，机械化生产大幅提高了生产效率，推动了工业的规模化和集中化，特别是在纺织业，机械纺纱机、织布机的使用使得布料生产的速度和质量大幅提升，满足了市场对产品的需求扩张。与此同时，工厂制度取代家庭手工业成为主流生产方式，工人集中

在工厂中进行劳动，工厂主通过资本积累迅速扩大生产规模，推动了资本主义经济模式的发展。第一次科技革命不仅推动了生产方式的根本转型，还带来了城市化进程的加速，农村人口大量涌入城市，寻找工厂带来的就业机会，城市逐渐成为经济中心。这场革命也带来了阶级结构的变化，资本家和工人阶级的分化逐渐加剧，社会矛盾在工业化进程中不断显现。第一次科技革命为现代工业文明奠定了基础，标志着世界经济进入了全新的发展阶段。

（二）第二次科技革命：电力、石油和内燃机驱动的工业扩张

第二次科技革命始于19世纪末至20世纪初，以电力、石油和内燃机的广泛应用为技术基础。与第一次工业革命依赖蒸汽动力不同，电力作为一种高效、清洁的能源，在推动工业扩张中起到了至关重要的作用。电力的普及使得工业生产不再受限于自然条件，电灯、发电机等发明使得工厂生产可以全天候进行，大幅提高了生产效率，扩大了生产规模。同时，石油的广泛应用，特别是内燃机技术的发明和推广，推动了交通运输业的革命性变革，汽车、火车、轮船等交通工具的出现极大地缩短了物资运输和人员流动的时间，为全球贸易和产业扩展提供了支持。此外，钢铁、化学工业的发展带来了材料科学的突破，合成材料、塑料等新材料的发明进一步推动了制造业的进步。第二次科技革命不仅在技术层面带来了重大突破，还推动了生产方式的变革。亨利·福特在汽车制造中引入了流水线生产方式，大幅降低了生产成本，使汽车等工业产品更加普及。这场革命也带来了社会结构的变化，城市化进程加速，中产阶级逐渐形成并崛起，成为推动社会进步的重要力量。第二次科技革命奠定了现代工业社会的基础，使得全球经济进入了大规模工业生产的时代。

（三）第三次科技革命：自动化和信息技术推动的产业现代化

第三次科技革命始于20世纪中叶，其核心驱动力是自动化和信息技术的飞速发展，尤其是计算机技术、微电子技术和自动化系统的广泛应用。半导体和集成电路的发明推动了电子设备取代机械设备，极大地提高了生产效率。计算机技术的普及使得企业能够对生产过程进行更精准的控制和管理，信息处理的能力得到了前所未有的提升。自动化技术的进步促使制造业进入了自动化生产时代，工厂流水线开始采用数控设备和工业机器人，大幅降低了对人力的依赖，生产效率和产品质量得到了极大提高。与此同时，互联网的兴起彻底改变了信息传输的速度和范围，企业可以通过全球信息网络实现实时

通信、资源整合和市场拓展，推动了全球化进程。全球化生产网络的构建使得企业能够通过信息技术将生产环节分散在全球不同地区，实现资源的最优配置，从而增强了全球产业的联动性和竞争力。这一革命不仅改变了工业生产的方式，也促进了商业和服务业的信息化管理与全球化发展。知识经济逐渐崛起，技术创新和信息流动成为经济增长的核心动力，高技能劳动力和技术人才在这一过程中扮演了重要角色。尽管全球化带来了新的不平等和地区差异的挑战，但第三次科技革命无疑推动了全球经济的一体化，为后续的技术进步和产业变革奠定了坚实的基础。

（四）第四次科技革命：人工智能、大数据等驱动的产业变革

第四次科技革命，也被称为智能革命，始于21世纪初，以人工智能、大数据、物联网、5G等新兴技术的深度融合为特征。这场革命不仅延续了第三次科技革命的信息技术进步，还在此基础上实现了质的飞跃。人工智能技术的发展使得机器具备了自主学习和决策的能力，能够在复杂的生产环境中进行智能化的操作。大数据技术通过对海量数据的收集、分析和挖掘，帮助企业做出更精准的市场预测和决策，推动了智能制造的实现。物联网技术通过将设备、机器和系统连接起来，构建了智能化的生产和管理体系，使得各个行业实现了信息物理系统的融合，生产流程的智能化控制成为可能。5G技术的普及进一步推动了万物互联，智能交通、智慧城市、自动驾驶等新兴领域快速发展。第四次科技革命不仅改变了生产方式，还推动了商业模式的创新，个性化定制、共享经济、平台经济等新商业模式逐渐成为主流。这场革命对社会结构也产生了深远的影响，数字经济、智能技术和数据资源成为推动全球经济增长的核心力量，知识型劳动力和高科技人才成为社会的主导阶层。尽管第四次科技革命带来了新的挑战，如隐私保护、数据安全和就业结构的变化，但总体上，这场革命正在推动人类社会向智能化、数字化和全球化的方向不断前进，为未来的经济和社会发展开辟了新的可能性。

二、第四次科技革命与产业变革的特征：数字经济时代的发展路径

（一）技术基础：从单一技术突破到多技术融合的转型

第四次科技革命与前三次科技革命的最大区别在于技术基础的多元化和深度融合。前三次科技革命都由一项或几项关键技术引领：第一次由蒸汽机

带动，第二次由电力和内燃机推动，第三次以信息技术和自动化为核心。第四次科技革命是多个前沿技术的深度融合，包括人工智能、大数据、物联网、5G 通信、区块链等。这些技术相互作用，形成了一个高度集成的技术生态系统。例如，人工智能通过大数据分析获取智能化决策能力，物联网通过 5G 实现万物互联，而区块链则提供了安全可靠的数据存储和传输机制。这种技术融合意味着第四次科技革命并非单一技术的进步和应用，而是技术跨界整合带来的全面创新。这种多元化的技术基础使得第四次科技革命能够在多个领域产生深远影响，从制造业到农业、医疗、交通和服务业，各行各业都在这一过程中发生了颠覆性的变革。

（二）生产要素：数据与智能成为核心资源

与前三次科技革命依赖物质资源和人力资本不同，第四次科技革命将数据与智能作为核心生产要素。第一次科技革命依赖机械设备和蒸汽动力，第二次科技革命依赖电力和石油等能源资源，第三次科技革命则通过信息技术实现了信息和知识的获取与应用。在第四次科技革命中，数据成为驱动产业创新的关键资源，人工智能和大数据分析能力是释放数据价值的核心手段。企业通过数据的收集、存储和分析，能够更好地理解市场趋势、优化生产流程和提供个性化服务。智能技术的广泛应用使得生产过程实现了高度自动化和智能化，不再依赖大量劳动力，而是依靠智能系统进行自主调节和优化。数据作为第四次科技革命的核心要素，不仅改变了生产资源的配置方式，还推动了新的商业模式和经济形态的出现，如个性化定制、共享经济和平台经济等。智能技术的应用使得企业在市场竞争中能够更灵活地应对变化，提高了生产效率和创新能力。

（三）生产方式：从自动化到智能化和个性化的全面升级

第四次科技革命的生产方式实现了从自动化到智能化和个性化的全面升级。第三次科技革命实现了工业生产的自动化，通过计算机和数控技术提高了生产效率，降低了对人工的依赖。在第四次科技革命中，智能制造成为生产方式的核心特点。智能制造通过人工智能、大数据和物联网技术，使得生产设备能够自主学习、预测和调整生产过程，从而实现了高度灵活和自主的生产体系。个性化生产模式的兴起也是第四次科技革命的重要特征。通过大数据分析，企业能够根据市场需求进行小批量、多样化的生产，满足消费者个性化和定制化的需求。这一模式与传统的流水线大规模生产形成鲜明对比，打破了生产与消费之间的传统界限，使得供应链更加柔性化和敏捷化。生产方式的智能化和个性化升级不仅提高了产品的质量和附加值，还增强了企业的市场竞争力，使其能够在全球化市场中快速响应需求的变化。

（四）技术应用：从物理世界到虚拟和物理世界的深度融合

第四次科技革命的技术应用范围从物理世界扩展到了虚拟和物理世界的深度融合，而前三次科技革命的技术应用主要集中在物理世界的变革。第一次科技革命通过蒸汽机推动了机械化生产，第二次科技革命通过电力和内燃机推动了工业规模化，第三次科技革命通过信息技术和自动化带来了信息处理和生产管理的变革。在第四次科技革命中，虚拟和物理世界的界限逐渐模糊。虚拟现实、增强现实、数字孪生等技术的应用，使得虚拟世界和现实世界能够无缝衔接。以数字孪生技术为例，通过虚拟世界中的仿真系统，可以实时监控和优化物理世界中的生产过程，降低生产中的风险和成本。同时，虚拟经济如数字货币、虚拟资产也逐渐与现实经济体系融合，为经济活动提供了全新的可能性。这种虚实融合的技术应用不仅改变了企业的运营模式，也为全球经济带来了全新的发展方向，推动了生产、消费和生活方式的全面变革。

（五）社会关系：从工业劳动者社会到知识型和智能化社会的转型

第四次科技革命带来了社会关系的深刻变革，标志着从传统工业劳动者社会向知识型和智能化社会的转型。前三次科技革命中，工人阶级在工业生产中占据了核心地位，尽管机械化和自动化技术的应用减少了对体力劳动者的需求，但工业生产仍然依赖大量的技术工人。在第四次科技革命中，知识型和技能型劳动力成为社会的主导力量，特别是掌握数据分析、人工智能和信息技术的高端人才，成为推动社会和经济发展的关键动力。与此同时，智能化技术的普及正在改变传统的劳动关系，自动驾驶、智能客服、智能制造等技术的应用使得大量重复性、劳动密集型的岗位被机器取代，劳动力市场逐渐向高附加值和创造性的领域转型。智能技术和数据驱动的社会结构改变了人与工作、人与技术的关系，催生了远程办公、灵活就业等新型工作模式，也带来了就业结构和社会保障体系的新挑战。这一社会关系的转变意味着未来的社会将更加依赖知识型和创造性劳动，推动人类迈向更高层次的智能化社会。

三、第四次科技革命与产业变革特殊的根源：科技创新模式转变

（一）科学发现范式：从假设驱动到数据驱动的转变

在第四次科技革命中，科学发现的范式正从传统的假设驱动转向数据驱动。传统的科学研究通常依赖假设验证的模式，即科学家首先提出假设，然后通过实验设计和数据收集来验证这一假设。随着大数据技术的迅猛发展，科学研究的逻辑开始发生变化。研究人员现在可以通过海量数据的分析发现潜在的规律和模式，而不是依赖于先验假设。这意味着科学发现的过程变得更加灵活，研究者能够从数据中直接提取出未知的联系和趋势。以生物学领域为例，基因组学研究中的数据分析已经成为发现新基因功能的重要手段，而不再完全依赖假设推导。这一变化大幅加快了科学发现的速度，使得研究人员能够在短时间内处理和分析大量复杂数据，从而提出更具创新性的理论。此外，人工智能和机器学习算法的引入使得数据驱动的科学研究具备了自主发现新知识的能力，进一步推动了科学发现范式的转型。

（二）科技创新路径：从线性创新到跨界融合的创新模式

在第四次科技革命中，科技创新从线性创新转向了跨界融合的创新模式。以往的科技创新通常沿着某一学科或技术领域的路径逐步推进，技术的突破往往是线性的、渐进的。而在数据驱动的时代，科技创新越来越多地依赖不同领域技术的融合，创新不再局限于单一学科或行业，跨界融合成为科技进步的核心动力。大数据、人工智能、物联网、区块链等技术的协同发展，使得不同行业之间的壁垒逐渐消失，创新的边界得以拓宽。例如，在智能医疗中，人工智能与大数据相结合，实现了精准诊断和个性化治疗；在制造业中，物联网和大数据结合，使得生产设备能够实现智能化、自主化运作。这种跨界融合的创新模式打破了传统行业的边界，催生了许多新的产业和商业模式。科技创新的路径从以往的单一学科驱动转向了多领域协同发展的方向，推动了整个社会的技术进步和经济增长。

（三）科学实验方式：从小规模实验到模拟与仿真技术的应用

在第四次科技革命中，科学实验的方式发生了根本性变化，模拟与仿真

技术正在取代传统的小规模实验，成为科学研究的重要工具。传统的实验通常受限于时间、成本和物理条件，科学家需要通过实验室或现场环境进行有限的实验，以验证理论或假设。随着数据技术的发展，科学家可以通过大规模的计算模拟和仿真技术，在虚拟环境中进行复杂的实验，探索现实世界中难以实现的情境。模拟与仿真技术可以模拟物理现象、化学反应、生物过程等各种复杂系统，使得科学家能够在较短时间内进行大规模、多变量的实验，极大地提高了研究的效率。例如，在气候研究领域，科学家通过计算机模拟全球气候变化的各种情境，预测未来气候的可能变化趋势。这种虚拟实验不仅降低了实验成本，还减少了对物理资源的依赖，使得科学研究更加灵活和可扩展。模拟与仿真的应用推动了科学实验方式的转型，为科学发现带来了新的可能性。

（四）科学研究工具：从传统分析工具到人工智能与大数据的深度介入

在第四次科技革命中，科学研究工具已从传统分析工具转向人工智能和大数据的深度介入。传统的科学研究工具，如统计分析、回归分析等，虽然在处理小规模数据和简单的研究问题时表现出色，但在面对海量数据和复杂系统时力不从心。随着数据驱动技术的发展，人工智能和大数据分析工具逐渐成为科学研究中的核心手段。机器学习算法、深度学习模型等人工智能技术能够快速处理海量数据，识别数据中的隐藏模式和复杂关系。大数据技术为科学家提供了强大的数据处理和存储能力，使得研究人员可以分析来自全球的海量数据，进行跨领域的研究。例如，在天文学研究中，人工智能已经被用于分析大量的天体观测数据，帮助科学家发现新的行星或天体现象。人工智能和大数据技术的深度介入，使得科学研究的速度和精度大幅提高，研究成果的获取不再仅依赖于人力和时间的投入，而是借助智能化的分析工具实现了更高效的创新。

（五）科学合作模式：从单一学科、区域合作到跨学科、全球化的合作网络

第四次科技革命带来了科学合作模式的重大变革，合作从传统的单一学科或区域合作，转向了跨学科、全球化的合作网络。过去的科学研究大多局限于某一特定领域或地理范围，研究人员之间的合作往往受限于物理距离、

时间和学科边界。随着数据驱动技术的发展和信息网络的全球化，科学合作的模式发生了深刻变化。全球各地的科学家通过互联网平台和大数据共享系统，可以实时进行跨国界、跨领域的协作，共同攻克复杂的科学问题。例如，在新冠疫情期间，全球范围内的科研机构通过共享病毒数据、临床研究成果，加快了疫苗的研发和推广。同时，跨学科的合作也变得更加普遍，数据科学家与生物学家、物理学家与工程师等不同领域的专家通过协作推动了多学科交叉领域的科学发现。这种全球化的合作网络打破了传统学科和地域的限制，使得科学研究的边界更加广阔，也为全球面临的重大挑战提供了更加高效的解决方案。

四、第四次科技革命与产业变革的驱动力：数据作为主角

（一）数据的基础性作用：推动科学发现的核心要素

在第四次科技革命中，数据已成为推动科学研究的核心要素。传统的科学发现往往基于假设提出和验证的模式，依赖有限的实验数据来支持理论。然而，随着数据的爆炸性增长和大数据技术的发展，科学家不再仅依赖先验假设，而是通过对海量数据的分析发现新的规律。大数据技术使得研究人员能够处理和分析复杂且大量的数据集，发现潜在的模式、趋势和关联，而这些信息可能在传统的研究方法中难以被发现。例如，在基因组学领域，通过对大量基因数据的分析，科学家能够识别与疾病相关的基因变异，进而加快药物研发的速度。这种数据驱动的发现方式不仅提高了科学研究的效率，还推动了跨学科的创新，使得科学发现不再局限于单一领域，而是跨领域协作。

（二）数据处理能力：加速科技创新的关键推动力

在第四次科技革命中，数据处理能力的提升成为加速科技创新的关键推动力。随着人工智能、大数据、云计算等技术的发展，企业和研究机构能够处理海量数据，进行快速分析和决策。这种强大的数据处理能力使得科技创新不再依赖缓慢的手工分析，而是通过自动化算法迅速提取出有价值的信息。人工智能技术，特别是机器学习和深度学习算法，能够从海量数据中识别复杂模式，甚至是人类无法察觉的细微关联。例如，在药物发现和基因编辑技术中，数据驱动已成为关键。通过大数据和人工智能的结合，研究人员能够

快速分析海量生物数据，识别潜在药物靶点，加速药物研发和基因编辑效率，实现精准医疗的突破。这种创新不仅依赖于算法本身的先进性，还依赖于数据处理能力的强大支持，只有通过高效处理和分析海量数据，科技创新才能够真正落地。数据处理能力的提升使得企业和研究机构能够以更快的速度推动创新，从而使得第四次科技革命中的技术进步呈现出指数级增长的趋势。

（三）实时数据反馈：推动快速迭代与精准优化

在第四次科技革命中，数据驱动的另一个重要表现是实时数据反馈系统，它使得科技创新能够快速迭代并进行精准优化。通过物联网、大数据和人工智能等技术，企业和研究机构可以实时获取产品或服务的运行数据，随时监控和调整性能。这种实时的数据反馈机制使得科技创新能够不断完善，推动产品和技术的快速迭代。例如，智能手机的操作系统更新依赖于大量用户的使用数据，通过实时反馈，开发者可以迅速修复漏洞、优化性能、增加新功能，确保用户体验不断提升。自动化软件开发平台也通过实时反馈系统持续优化代码和功能迭代，实现更高效的开发流程。云计算服务提供商通过实时监控数据中心的性能，预测潜在的负载问题并及时扩展资源，保证服务的稳定性和灵活性。实时数据反馈系统不仅帮助企业优化流程，还推动了个性化服务的发展，使得企业能够根据用户行为快速调整产品设计或服务策略。这种系统确保了科技创新是一个持续动态优化的过程，提升了创新的精准性和灵活性，进一步推动了技术和产业的快速变革。

（四）大规模数据共享：推动协作与跨领域创新

在第四次科技革命中，数据驱动仍在于大规模数据共享推动了协作与跨领域的创新。随着互联网和云计算的普及，数据可以在全球范围内快速流动，跨国企业、科研机构和大学能够共享海量数据资源，进行协同研究与开发。这种数据共享的机制大幅降低了研究的重复性，减少了资源浪费，同时促进了跨领域的合作。例如，全球健康领域通过数据共享平台，能够汇集不同地区的临床研究数据，从而加速疫苗的研发和新药的开发。在人工智能领域，开源数据集的共享使得全球的研究人员能够在相同的数据基础上进行创新，推动了算法和技术的快速迭代。数据共享的机制不仅加速了科技创新的进程，还促进了科学发现的多样化和跨学科融合，使得不同领域的专家能够基于共同的数据资源进行合作，从而实现新的突破。

（五）人工智能与大数据融合：加速科技创新与智能系统进化

在第四次科技革命中，人工智能与大数据融合不仅推动了自主创新，也引发了智能系统的不断进化。通过大数据技术，人工智能系统能够在海量数据的驱动下快速进行模型优化，提升自主学习与创新的能力。例如，人工智能辅助的药物发现平台利用大规模化合物数据进行快速筛选和分子建模，极大地加速了药物研发进程，从而推动了医药行业的技术革新。此外，在材料科学领域，人工智能系统通过大数据技术分析数百万种材料的特性，预测出具有更优性能的新材料，加速了创新材料的发掘和应用。在城市规划与建筑设计领域，人工智能通过对历史建筑数据、环境数据和用户需求的分析，能够智能生成、优化设计方案，提升建筑功能和城市规划的效率。这样的智能决策系统通过自主分析和实时反馈，快速解决复杂问题，推动了各个领域的科技创新。人工智能与大数据的融合不仅解决了具体问题，还成为驱动技术迭代、加速产业变革的核心动力，推动技术从被动支持向自主决策和创新跃进，加速各行业的智能化转型与前沿科技的突破。

五、第四次科技革命中的科学发现新范式：数据驱动的科学研究

（一）数据驱动范式的转变：从假设验证到数据挖掘和模式识别

在数据驱动的科学发现新范式中，研究方法已从传统的假设验证模式逐渐转向数据挖掘和模式识别。传统科学研究通常从理论推导开始，科学家提出假设并通过实验验证。然而，随着大数据技术的发展，研究人员不再仅依赖理论框架，而是通过分析大量数据，发现其中隐藏的模式与关联。例如，在天文学领域，科学家通过分析大量的天文观测数据，发现了诸如类星体和系外行星的存在，这些发现往往是在没有明确假设的情况下通过数据分析得出的。在流行病学领域，研究人员通过全球范围内的健康数据挖掘识别出潜在的传染病传播路径，帮助早期预防和控制疫情扩散。这种数据驱动的研究方法不仅拓宽了科学发现的途径，还提升了发现的速度和精准度。通过数据挖掘，科学家可以在庞大的数据集中发现以前未知的现象和规律，从而形成一个更加动态、灵活的研究范式。

（二）实时反馈与动态优化：科学发现的加速迭代与精确调整

数据驱动的新范式强调实时反馈与动态优化，使得科学发现过程更加高效。传统的科学研究通常需要长期的实验和分析，而在数据驱动的模式中，研究者可以通过实时数据反馈及时调整实验方向和方法。例如，在基因编辑领域，研究人员通过实时监控 CRISPR 技术的实验数据，快速调整编辑工具，优化基因修复的准确性和效率。在材料科学领域，自动化实验室通过传感器实时采集实验数据，研究者可以根据数据反馈及时修改实验条件，迅速发现新材料的最佳特性。这种反馈机制使得科学发现不再是一个单一静态的过程，而是一个持续迭代和优化的动态过程。这种动态调整能力大幅提高了科学研究的效率，不仅能够及时修正实验误差，还能够快速推进技术突破，从而使科学发现过程更加精准和高效。

（三）多学科协作：数据驱动下的跨领域融合与创新

数据驱动的科学发现新范式中，多学科协作成为重要特征。通过共享数据资源，来自不同学科的研究人员可以在同一数据平台上合作，打破学科壁垒，带来前所未有的创新。例如，生命科学与物理学结合，实现了全新的分子动力学模拟，揭示了生物分子结构的动态变化。在气候科学和生态学的交叉研究中，海量气候数据与生态系统数据结合，帮助科学家更精确地预测气候变化对生物多样性的影响。在人工智能与神经科学的合作中，科学家通过分析大脑神经数据，借助机器学习算法更好地理解大脑的工作原理，推动了神经网络技术的进步。多学科协作使得科学发现的广度和深度大幅增强，推动了科学探索的新突破。

（四）数据共享与开放：促进全球合作与知识传播

数据驱动的新范式中，数据共享与开放显著推动了全球合作与知识传播。过去，科学研究中的数据往往局限于研究者自己或其所在机构，数据的流动性差，合作较为分散。如今，开放数据平台和全球数据共享机制使得科研人员能够在世界范围内进行协作。例如，在天文学领域，全球科学家共享哈勃望远镜和 ALMA 射电望远镜的观测数据，合力揭示宇宙中深藏的秘密。在基因组学探索领域，全球的研究人员通过共享基因组数据库，加速了疾病的基因研究和个性化治疗的进展。开源技术平台如 GitHub 也使全球科学家和开发者能够合作开发软件工具，共享算法和数据分析方法。这种数据共享与开放机制不仅提升了科研透明度，还减少了重复性劳动，极大地加速了科学发现的速度和广度，推动了全球创新网络的形成。

（五）智能化决策与自主学习：加速科学发现的自动化与创新

智能化决策是数据驱动范式中的核心特征之一，通过人工智能和机器学习，系统可以自主学习和优化，推动科学发现的自动化进程。例如，在药物研发中，人工智能系统通过分析历史实验数据和化合物特性，能够自主生成潜在的新药分子，并模拟其与疾病靶点的结合效果，大幅缩短了研发周期。在天文学中，人工智能系统通过海量观测数据的学习，能够自动识别新的天体，并判断其轨道和物理特性。这种自主学习能力使得科学发现不再完全依赖人类的判断，而是通过数据驱动的智能系统实现更高效的探索。在地球科学中，智能化决策的应用也非常重要，人工智能系统通过卫星数据学习，能够自主判断地质变化并预测自然灾害。这种数据驱动的智能化决策方式加快了科学创新的步伐，为科技发展开辟了新的可能性。

（六）科技创新的主战场转移：数据密集型产业成为前沿创新的核心阵地

数据驱动的新范式使得科技创新的主战场从传统的大学和科研院所逐渐转移到数据生成密集的产业。数据密集型产业，如人工智能、生物技术、金融科技等，凭借海量数据推动了技术的快速迭代和创新。例如，人工智能公司用大规模的用户数据训练其模型，迅速提升了自然语言处理和计算机视觉的能力，而学术界在理论研究上无法赶上这一速度。金融科技公司通过大数据分析，快速发现市场趋势并推出创新金融产品，推动了金融市场的技术变革。生物技术公司利用海量的基因数据进行药物发现和个性化医疗，取得了远超学术界的成果。这一现象表明，数据的获取与处理能力已经成为科技创新的核心竞争力，产业界通过数据优势引领了前沿科技的进展，大学和科研院所正面临技术转型的压力。

第二节 自然科学研究新范式：数据驱动的科学边界拓展与研究方法重构

一、自然科学研究的数字化转型：数据重塑科学研究范式

（一）数据驱动的自然科学研究：数据成为科学探索的新工具

数据的广泛应用正在重塑自然科学研究范式。传统的自然科学研究依赖实验和理论推导，而如今，数据已成为科学发现的新驱动力。科学家利用大量数据进行复杂现象的建模和预测，不仅提高了研究的精确度，也加速了发现的速度。在天文学、生物学、气象学等学科，数据为科学家提供了新的视角，帮助他们揭示隐藏的模式和规律。例如，天文学家可以通过海量的望远镜数据来识别宇宙中的新天体，生物学家可以通过基因组数据探寻生命演化的秘密。数据的作用不只局限于提供研究材料，它还成为科学假设的生成工具。通过机器学习和数据挖掘，科学家能够从复杂数据中找到关联，从而生成新的科学假说。这种基于数据的研究范式转变，正在引发自然科学研究的深刻变革，促使研究者以更系统化的方式理解自然现象。

（二）数据分析技术：助力自然科学研究的革新

数据分析技术的进步是推动自然科学研究革新的关键力量。现代科学家不再仅依赖传统的统计方法，而是开始应用大数据分析、机器学习、人工智能等新技术，处理庞大且复杂的科学数据集。例如，深度学习算法在生物学中的应用，帮助科学家理解基因表达的复杂网络，预测疾病的发生。在气象学中，数据分析技术用于模拟气候变化的趋势和影响，使得科学预测变得更加精准。数据分析技术还使得科学家能够处理过去难以驾驭的数据类型，如非结构化数据、实时数据等。通过这些技术的应用，研究者能够从前所未有的规模和深度上理解自然界的复杂性。数据分析技术的进步还推动了跨学科的合作，物理学家、化学家、生物学家和计算机科学家可以利用相同的技术平台解决复杂的自然科学问题。数据分析技术不仅改变了科学研究范式，也极大地拓展了科学发现的可能性。

（三）数据共享平台：加速自然科学研究的协同效应

数据共享平台的建立正在改变自然科学的研究生态。科学研究往往是协同合作的结果，数据共享平台为不同研究团队之间的合作提供了强大的技术支持。通过这些平台，科学家能够迅速获取他人积累的科研数据，从而节省大量的实验和数据采集时间。例如，在生物医学领域，基因组数据库使全球科学家可以快速获取大量基因组数据，用于疾病的研究和药物开发。在气候学领域，全球气候观测数据的共享使得各国科学家能够共同研究气候变化问题，并提出全球应对策略。数据共享平台不仅是数据的存储仓库，还集成了先进的数据分析工具，使研究者能够在同一平台上进行数据处理和结果验证。这种高效的协同研究模式加速了科学发现的进程，减少了重复性研究，推动了整个科学界的创新发展。

（四）数据驱动的跨学科融合：拓宽自然科学研究的边界

数据驱动的研究不仅促进了自然科学内部的深度探索，还促进了跨学科的融合。随着数据科学的发展，越来越多的学科开始借鉴彼此的方法论，形成新的研究范式。例如，生态学与地理信息系统（GIS）的结合使得科学家能够通过数据分析理解生态系统的空间动态变化，物理学与神经科学的交叉研究利用数据驱动的模型来揭示大脑的工作机制。这种跨学科的融合，得益于数据作为通用语言打破了学科之间的壁垒，使得科学家可以从不同学科的角度来解决复杂的自然科学问题。数据驱动的跨学科研究不仅丰富了每个学科的研究方法，也开辟了新的研究领域，如量子生物学、计算社会科学等。通过数据的驱动，自然科学的研究边界正变得越来越模糊，创新的机会也随之增多。

（五）数据伦理与科学研究：确保数据驱动研究的公平性与透明度

随着数据在自然科学研究中的广泛应用，数据伦理问题也日益引起科学界的重视。数据的获取、使用和分享涉及个人隐私、知识产权以及科学诚信等多个层面的问题。如何在保证科学研究质量的同时维护研究的伦理标准成为一个亟待解决的问题。以生物医学研究为例，基因数据的隐私保护和知情同意问题一直备受关注。科学家在利用数据进行研究时，必须严格遵循伦理规范，确保数据的使用是合法、透明且公平的。数据驱动的科学研究还需要关注算法的公平性，避免因数据偏差或算法设计缺陷而产生不公正的结果。科学家应提倡数据的开放与共享，但在共享的过程中必须确保数据的安全性和隐私保护。通过建立健全的数据伦理规范，科学界可以确保数据驱动的研究既能推动科技进步，又能维护社会的公平与正义。

二、科学数据的潜能：自然科学边界和内容的重新定义

（一）数学中的数据应用：从理论验证到复杂问题的建模

数学作为自然科学的基础学科，数据的应用在其中发挥了越来越重要的作用。通过数据分析和建模，数学家能够解决大量复杂问题，并为其他学科提供理论支持。大数据的兴起使得数学家可以使用统计分析、概率论、拓扑学和其他数学工具来处理和解释大量数据。这种数据驱动的数学应用不仅限于对已有理论的验证，还包括对复杂系统的建模和预测。例如，数学家通过大规模数据分析构建了金融市场的数学模型，预测股票价格的波动，帮助金融机构制定投资策略。此外，数学还在生物学、物理学和计算机科学中扮演着重要角色。通过对数据的精确分析，数学家能够找到隐藏的模式并揭示数据背后的规律，如疫情传播模型、气候变化模型等。数学中的数据应用不仅为理论研究提供了新的工具，也极大地拓展了实际问题的解决方法，推动了科学技术的进步与创新。

（二）天文学中的大数据应用：解锁宇宙的奥秘

天文学是大数据应用最为广泛的领域之一。随着天文观测技术的不断进步，科学家能够收集到大量来自宇宙深处的观测数据。这些数据包含了宇宙中各种天体的信息，包括恒星、星系、行星、黑洞等。通过对这些数据的分析，天文学家得以揭示宇宙的结构、演化过程以及神秘现象的本质。例如，天文学家利用数据分析技术发现了许多类地行星，探索它们是否具有宜居条件。此外，数据还帮助科学家发现了宇宙中的暗物质和暗能量，这些不可见的物质和能量占据了宇宙质量的大部分，但无法通过直接观测来识别。大数据技术不仅提高了天文研究的精度，还扩展了研究的广度。如今，自动化数据处理系统能够实时处理来自望远镜的大量数据，发现新的天体并提供相关的物理特性分析，从而极大地推动了天文学的发展。大数据在天文学中的应用正在使人类对宇宙的理解变得更加深入和全面。

（三）基因组学中的数据应用：揭示生命的密码

基因组学的研究离不开数据的支持。随着基因组测序技术的进步，科学家能够获取海量的基因组数据，这些数据包含了生物体的遗传信息。通过对这些数据的深入分析，科学家能够揭示生物体内的基因功能、遗传变异以及这些基因与疾病的关系。人类基因组计划的完成标志着基因组学进入了大数据时代，基因数据的广泛应用推动了精准医学的发展。精准医学依赖对患者基因信息的详细分析，进而为个体提供量身定制的治疗方案。例如，科学家通过分析癌症患者的基因数据，可以发现驱动癌症发生的关键基因突变，从而设计出针对这些突变的靶向治疗药物。此外，基因组数据还用于人类遗传病的研究，通过对家族基因数据的分析，科学家可以识别出与遗传病相关的基因突变，帮助患者进行早期诊断和预防。基因组学中的数据应用将生命的复杂密码逐渐解锁，推动人类对疾病和健康的理解不断深入。

（四）气象学中的数据应用：预测未来的气候变化趋势

气象学是另一个高度依赖数据的自然科学领域。通过全球范围内的气象观测网络，科学家能够获取大量与气候相关的数据，包括温度、湿度、气压、风速等。这些数据为气候模型的构建提供了基础，使科学家能够预测未来的气候变化趋势。例如，气象学家利用历史气候数据和计算模型预测了全球变暖的趋势以及其对全球生态系统的影响。大气二氧化碳浓度的升高、海平面的上升、极端天气事件的频发等现象在数据的帮助下得以准确捕捉。此外，数据还被广泛应用于短期天气预报中。实时的数据处理系统可以分析全球范围内的气象数据，生成高度精准的天气预报，帮助人们更好地应对极端天气事件。气象学中的数据应用不仅提高了科学预测的精度，还推动了全球气候政策的制定，使人类能够更好地应对气候变化的挑战。

（五）地球科学中的数据应用：揭示地球系统的动态变化

地球科学研究涉及对地球系统各个组成部分的分析，包括岩石圈、水圈、大气圈和生物圈。数据在地球科学中的应用极为广泛，科学家通过卫星遥感、地质勘探和深海探测等手段获取大量数据，研究地球系统的动态变化。例如，地震数据被用于研究地壳运动的模式和机制，帮助科学家预测地震的发生和演化过程；海洋数据被用于研究海洋环流、海洋酸化等现象，揭示全球气候变化对海洋生态系统的影响。此外，遥感技术收集的全球地表数据为科学家提供了地球环境变化的全面视图，帮助他们监测冰川消融、森林覆盖率变化和荒漠化等环境问题。数据应用的广泛性使得地球科学家能够更加精确地理解地球系统的复杂性，并为应对自然灾害、气候变化等全球挑战提供科学依据。

（六）生态学中的数据应用：追踪生物多样性的变化

生态学研究的核心在于理解生物与环境之间的相互作用，而数据为这一研究提供了强有力的工具。通过长期的生态监测，科学家积累了大量关于物种分布、种群动态和生态系统功能的数据。这些数据帮助生态学家追踪生物多样性的变化，评估生态系统的健康状况。例如，物联网技术的应用使得科学家能够通过传感器实时收集野生动物的活动数据，追踪濒危物种的活动范围和繁殖状况，从而制定保护策略。遥感数据则用于监测森林、湿地等生态系统的变化，帮助科学家评估人类活动对生态环境的影响。生态学中的数据应用不只局限于学术研究，它还在自然资源管理、环境保护和可持续发展中发挥了重要作用。通过数据驱动的生态学研究，科学家能够更好地理解生态系统的运作原理，为人类与自然的和谐共存提供科学支持。

（七）化学中的数据应用：揭示物质结构与反应机理

化学作为研究物质及其相互作用的科学，随着数据技术的发展迎来了革命性变化。通过高精度的数据分析，化学家可以深入了解分子结构和化学反应的机理。分子动力学模拟、量子化学计算等方法产生的海量数据使得科学家能够在原子和分子层次上研究物质的性质与反应过程。例如，研究人员通过计算模拟数据可以预测复杂有机化合物的反应路径，从而指导实验，提高实验效率。此外，化学领域的大数据技术还推动了新材料的发现。材料基因组计划通过整合材料数据库、数据挖掘与机器学习技术，大幅加快了新材料的设计与优化过程。通过对大量材料数据的分析，研究人员能够快速筛选出具有特定性能的新材料，应用于能源、环保、医疗等领域。化学中的数据应用使得科学家不仅能够深入理解微观世界的规律，还能够加速新物质的开发，推动各类产业的创新与进步。

（八）物理学中的数据应用：探索宇宙的规律

物理学作为揭示自然界基本规律的学科，正通过数据驱动的方式实现新的突破。高能物理领域的大型粒子加速器，如欧洲核子研究中心（CERN）的大型强子对撞机（LHC），每秒产生数百亿条数据，物理学家通过分析这些数据来寻找基本粒子的存在与性质。例如，2012 年，物理学家通过分析 LHC 产生的大量数据，成功发现了希格斯玻色子，这一发现验证了标准模型的重要组成部分。此外，数据还在凝聚态物理、量子力学等领域发挥着重要作用。研究人员通过对实验数据的精确分析能够揭示物质在极端条件下的行为，如超导体的量子效应和材料的相变现象。数据的应用不仅提高了物理实验的精度，还促进了理论物理的发展，通过模拟和预测物理现象，物理学家能够探索宇宙的深层规律，理解从微观粒子到宏观宇宙的运行机制。

（九）生物学中的数据应用：理解复杂生命系统的运行机制

生物学研究正在从传统的实验方法向数据驱动模式转变。现代生物学涉及大量的多维数据，如基因组、蛋白质组、代谢组等，它们描述了生命体的复杂运行机制。通过整合和分析这些数据，生物学家可以揭示细胞、组织、器官乃至整个生物体的功能机制，特别是在神经科学领域，大脑活动数据的收集与分析为理解神经网络的工作方式提供了新的途径。例如，科学家通过分析脑电波和神经元活动的数据，探索大脑如何处理信息，如何形成记忆与决策。除此之外，生物数据还推动了合成生物学的发展，研究人员可以通过计算模型设计出新的生物系统，如具有特定功能的微生物或人工器官。生物学中的数据应用，使科学家得以从宏观和微观两个层面更为全面地理解生命现象，推动医学、农业和环境保护等领域的创新。

（十）地质学中的数据应用：揭示地球深部的奥秘

地质学的研究对象是地球的内部结构和演化过程，数据的应用在该领域同样具有重要意义。通过地震波数据、地球物理探测数据、卫星遥感数据，地质学家可以探测地球深处的构造活动。例如，通过分析地震波的传播路径，科学家能够推断地壳内部的构造运动，预测可能发生的地震和火山喷发。此外，地质数据还被广泛应用于矿产资源的勘探与开发。科学家通过分析地下地质结构的历史数据，能够确定矿产资源的分布情况，指导矿产的合理开发与利用。在海洋地质学中，海底探测数据揭示了深海地壳的构造和海底火山的分布，这些数据对研究地球板块运动和开发海洋资源具有重要价值。地质学中的数据应用不仅帮助科学家揭示了地球内部的秘密，还在资源管理和自然灾害预测方面发挥了积极作用。

（十一）环境科学中的数据应用：监测与应对全球环境变化

环境科学是研究人类与自然环境之间相互作用的学科，数据在该领域的应用日益重要。通过实时监测数据，科学家可以追踪全球环境变化的动态，包括空气质量、水资源、森林覆盖率等。遥感技术和传感器网络为环境监测提供了大量的数据来源，帮助研究人员分析污染物的扩散路径、气候变化的影响等关键问题。例如，全球二氧化碳浓度的变化数据为气候学家提供了分析全球变暖趋势的重要依据。此外，环境数据还被用于制定政策和规划。例如，科学家通过分析城市空气质量数据，提出减排建议，帮助政府制定更加有效的环保政策。数据驱动的环境科学研究不仅揭示了人类活动对环境的影响，还为应对全球环境挑战提供了科学依据，推动了环境保护与可持续发展的实践。

三、数据驱动的学科融合：自然科学的前沿突破

（一）计算生物学：数据引领生命科学与计算技术融合

计算生物学是生命科学与计算技术的交叉学科，利用数学模型、统计分析和计算机模拟来解决复杂的生物学问题。科学家通过对大规模生物数据的处理和分析，能够模拟生物系统的行为，预测基因的功能、蛋白质的结构，甚至重现生命体的发育过程。例如，计算生物学家利用基因组数据和算法来解析基因调控网络，揭示基因之间复杂的相互作用。随着基因测序技术的进步，计算生物学家可以从海量的基因组数据中挖掘出有关疾病、进化以及个体差异的重要信息。此外，计算生物学还在药物开发中发挥重要作用。通过模拟药物与靶标蛋白之间的相互作用，研究人员可以预测药物的效果和副作用，从而加速新药的开发进程。计算生物学的兴起使得生命科学的研究从实验室逐渐扩展到计算机模拟领域，开辟了全新的研究方法，极大地提高了研究效率和发现的可能性。

（二）生物物理学：数据驱动的生命与物质的交汇

生物物理学是物理学与生物学的交叉学科，利用物理学的理论和方法来研究生物系统的基本物理原理。在这个领域中，数据为科学家提供了揭示生命系统内在机制的重要手段。通过对实验数据的定量分析，生物物理学家可以解释诸如蛋白质折叠、细胞膜的物质运输、分子马达的能量转化等复杂过程。例如，单分子实验技术生成的大量数据，帮助研究人员理解生物大分子（如 DNA 和蛋白质）的力学特性。此外，计算模拟在生物物理学中也扮演了重要角色，研究人员利用分子动力学模拟分析生物分子的运动，预测其功能与相互作用。这些数据驱动的研究方法不仅帮助生物学家解释复杂的生物现象，还推动了纳米技术和生物材料的创新应用。生物物理学中的数据应用正在深化我们对生命现象物理基础的理解，推动着生命科学与物质科学的融合发展。

（三）环境信息学：数据在生态与环境保护中的整合应用

环境信息学是信息科学与环境科学的结合，旨在通过数据整合与分析来解决环境保护中的复杂问题。随着全球环境监测系统的不断完善，科学家能够收集到大量的环境数据，包括空气质量、森林覆盖、海洋污染等。环境信息学利用这些数据进行建模和分析，从而评估生态系统的健康状况、预测气候变化的影响，并制定环境保护政策。例如，科学家通过对遥感数据的处理和分析，可以追踪森林的退化情况，并提出有效的保护措施。此外，环境信息学还在应对气候变化方面发挥着重要作用。通过分析全球气候数据，研究人员能够预测未来的气候变化趋势，并为政府提供应对气候变化的政策建议。环境信息学中的数据应用不仅推动了环境科学研究的进步，也为全球可持续发展提供了科学依据。

（四）计算神经科学：数据揭示大脑与神经网络的奥秘

计算神经科学是神经科学与计算技术的交叉学科，通过数据分析和建模来探索大脑的工作机制。借助先进的成像技术和脑电图技术，科学家能够收集到大量的大脑活动数据，从而揭示神经元之间的相互作用和信息处理过程。例如，计算神经科学家通过分析脑电数据，研究大脑在不同认知任务下的激活模式，揭示记忆、注意力和决策的神经机制。此外，机器学习和人工智能技术也广泛应用于神经科学中，用于建立复杂的神经网络模型，模拟大脑的功能。这些模型不仅可以帮助科学家理解大脑如何处理信息，还可以用于改进神经疾病的治疗方法，如帕金森症和癫痫的脑机接口技术。计算神经科学中的数据应用，不仅推动了我们对大脑的理解，还为开发智能系统和改进神经疾病的诊疗方法提供了新的思路。

（五）行星科学：数据驱动的地外环境与地球的比较研究

行星科学是天文学与地球科学的交叉领域，研究太阳系及其他行星系统的形成和演化。随着空间探测器收集到大量的行星观测数据，行星科学家可以利用这些数据来研究行星表面的地质结构、大气成分和气候条件。例如，科学家通过分析火星探测器传回的地质数据，揭示了火星上曾经存在液态水的证据，这为寻找火星上的生命提供了重要线索。此外，行星科学还通过比较不同行星系统的数据，来研究地球在太阳系中的独特性。例如，通过对木星大气数据的分析，科学家可以研究木星的极端气候现象，并与地球的气候变化进行对比。这种跨行星的比较研究不仅深化了我们对地外环境的理解，还为地球科学提供了新的研究视角。行星科学中的数据应用，正在推动科学家探索太阳系乃至更远宇宙的奥秘。

（六）生物信息学：数据整合助力生物系统的深入理解

生物信息学是生物学与信息科学交叉的学科，通过对大量生物数据的分析与整合来揭示生命系统的规律。基因组学、蛋白质组学等高通量生物技术产生了海量的生物数据，生物信息学家利用数据挖掘技术分析这些数据，从中提取有价值的生物学信息。例如，通过对基因组数据的分析，科学家能够识别出与疾病相关的基因变异，从而推动个性化医疗的发展。此外，生物信息学还用于研究基因与环境之间的相互作用，揭示复杂性状的遗传基础。生物信息学中的数据应用不仅加速了生命科学的研究进程，还为药物开发、农业改良等领域提供了新的技术手段。通过整合生物数据与计算技术，生物信息学正推动生命科学进入一个数据驱动的新时代。

第三节　大数据驱动的人文社科研究新范式：重塑研究方法与理解视角

一、大数据与人文社科研究的交汇：研究方法创新与突破

（一）大数据驱动下的人文社科研究：数据与知识的融合

大数据驱动下的人文社科研究的内涵在于数据与知识的深度融合，推动了学术研究的新范式。首先，大数据为研究者提供了前所未有的研究资源，改变了获取知识的方式。过去依赖小规模调查和定性分析的研究，如今通过海量数据，能够精细地揭示社会行为模式与文化现象。例如，研究者可以通过分析数百万条社交媒体数据，了解不同群体的情感变化和互动模式，使过去难以捕捉的现象得以量化分析。其次，大数据的应用推动了跨学科合作，研究不再局限于传统方法，而是借助计算技术、数据科学等工具，拓宽了研究视野。例如，文化研究者通过自然语言处理分析大量文本，揭示文化叙事的变化与趋势，经济学家通过机器学习优化市场预测。最后，大数据研究的动态性和时效性尤为重要，它能够实时监控社会现象的发展，动态追踪社会行为的变化。例如，选举期间，研究者可以实时分析选民情绪变化，甚至预测选举结果。整体而言，大数据驱动的研究为人文社会科学开辟了新的路径，推动了数据和知识的有机结合，赋予研究更多的前瞻性和深度。

（二）大数据驱动人文社科研究的必要性：应对复杂社会现象与拓展研究维度的必然选择

在人文社会科学领域，大数据的驱动已成为必然。这是因为现代社会日益复杂、信息量急剧增加，传统研究方法难以全面应对这些变化。人们的行为、社交互动、文化消费等几乎全部被数字化记录下来，形成了巨量的数据流。这些数据不仅能够覆盖社会生活的多个方面，还具有更高的时效性与广泛性。例如，通过大数据分析，研究者可以从宏观层面理解全球化对文化的影响，也可以从微观层面洞悉个体的消费行为、社会情绪变化等。因此，大数据驱动的人文社科研究能够超越以往的小规模调查和定性分析，赋予研究更具广度与深度的视角，帮助研究者深入了解人类社会运行的复杂机制。社

会问题还越来越呈现出全球化、跨学科的特征，仅靠传统的定量或定性方法已难以应对复杂的研究需求，因此大数据驱动的研究已成为学术界探索新知、解决现实问题的必然路径。

（三）大数据驱动人文社科研究的可行性：技术发展与数据资源的强大支撑

大数据驱动人文社科研究的可行性在于技术的进步和数据资源的丰富。首先，随着计算技术的快速发展，数据处理、存储和分析的成本大幅降低，处理大规模数据集成为可能。如今，研究者可以轻松地利用云计算平台、大数据处理软件和人工智能技术，从海量数据中提取有意义的模式和洞见。其次，互联网和数字技术的广泛应用为研究者提供了丰富的数据来源。例如，社交媒体、电子商务、政府开放数据等为人文社科研究提供了大量可以分析的实时数据。这些数据可以涵盖个人的行为轨迹、社会互动模式、文化传播路径等，帮助研究者探索从个体到群体、从本地到全球的各类社会现象。最后，数据共享和开放科学的兴起进一步降低了数据获取的门槛，跨学科合作也得到了有力支持。这些技术与资源的双重支持使得大数据驱动的研究具备了充分的可行性，为学术创新和社会应用提供了重要保障。

（四）大数据驱动人文社科研究的核心特征：广泛性、多层次与动态化

大数据驱动的人文社科研究的核心特征体现为广泛性、多层次与动态化。广泛性是指大数据技术能够处理和分析来自多个领域、多个维度的数据，从而提供更加全面的研究视角。例如，研究者可以整合来自社交媒体、人口普查、经济活动等的多种数据源，综合分析社会现象背后的复杂机制。多层次的特点意味着大数据驱动的研究能够在个体、群体、国家等多个层次展开。文化研究者可以通过大数据技术分析个体的消费习惯，并将其与整个社会的文化潮流进行比较。动态化是大数据研究的重要特征之一。大数据能够实时更新，研究者可以通过动态数据监测社会现象的演变过程。例如，实时分析公众舆论的变化趋势，或追踪消费者偏好的快速变化。这种动态分析为应对当代社会的快速变迁提供了重要的理论工具，也使研究结果更加贴近现实，具有高度的时效性和实用性。

（五）大数据驱动人文社科研究的意义：提升学术创新与社会实践的双重价值

大数据驱动的人文社科研究在学术创新和社会实践中具有深远的意义。首先，它为学术界提供了新的研究范式，极大地提升了研究者的分析能力。通过大规模数据的量化分析，研究者能够揭示以往难以捕捉的深层规律。例如，经济学家可以通过大数据更精确地分析全球市场的动态，社会学家可以通过社交媒体数据研究公众舆论的形成过程。其次，大数据驱动的研究使得研究结果具有更高的可验证性和重复性，增强了学术研究的科学性和严谨性。除学术贡献外，大数据在人文社科领域的应用还为公共政策制定、社会治理等实践领域提供了坚实的数据支持。例如，政府可以通过分析社会行为数据，更加精准地制定公共政策，及时解决社会问题。企业也可以通过大数据技术分析消费者行为，优化市场策略。因此，大数据不仅在学术领域推动了理论创新，还在实践中增强了决策的科学性和有效性，具有极其广泛的社会价值。

二、大数据在人文社科研究中的魅力：探索复杂社会问题的新钥匙

（一）数据驱动的社会学研究：揭示社会结构、群体行为模式及其变化趋势

在社会学领域，大数据的广泛应用让研究者能够更深入地分析社会结构、群体行为及其变化趋势。过去，社会学研究主要依赖小规模问卷调查和实地访谈，但这种方法容易受限于样本量和主观偏差。如今，通过社交媒体、智能设备和在线平台等技术，研究者能够获取海量与个体行为、社会互动相关的真实数据。社会学家可以通过分析社交媒体上数百万用户的互动，揭示社交网络的结构，研究群体如何围绕特定话题形成意见领袖或集体行为。这些数据有助于理解舆论的传播路径，识别社会问题的热点，如环保、公共卫生或社会不公等。这些数据不仅提高了社会学研究的精确度，还使得实时监控社会变动成为可能。大数据还为研究长期社会变迁提供了新的工具。利用城市化和人口迁移数据，社会学家可以分析不同时期人口流动的模式，预测城市扩张的趋势或社会结构的变化。数据驱动的社会学研究能够系统化地从微观个体到宏观社会层面进行分析，为公共政策制定提供基于实证的依据，如城市规划、社会福利政策等。

（二）数据驱动的经济学研究：优化资源配置与市场分析

大数据的应用给经济学研究带来了巨大的变革，特别是在资源配置与市场分析方面。传统的经济学研究依赖有限的统计数据，随着数据量的急剧增长，经济学家能够使用更全面、更高频率的数据来构建经济模型并进行预测。通过分析消费者在线购物行为和信用卡消费数据，研究者能够实时了解市场需求的变化，帮助企业调整产品供应，优化库存管理。这种数据精度的提升使得经济预测更为精准，能够提前预警市场波动，避免资源浪费。大数据技术还能推动微观经济学的发展，通过分析个体消费者或企业行为，研究者能够深入理解市场的运作机制。企业可以通过数据分析来优化定价策略、识别新的市场机会。政府则可以利用大数据分析就业市场、消费趋势和投资模式，从而制定精准的经济政策，优化资源配置，促进经济增长。数据驱动的经济学研究还可以推动经济理论与实践的结合，通过对复杂经济现象的实证分析，提升经济学对现实问题的解释能力和解决方案的有效性。

（三）数据驱动的历史学研究：揭示历史规律与人类发展进程

历史学研究通常依赖历史文献、档案和口述记录，而数据的引入为历史学家提供了前所未有的研究工具，拓宽了历史研究的视角。随着历史文献和档案的数字化进程，大量古代文献、贸易记录和人口统计数据得以保存和分析。例如，历史学家通过分析古代文明的贸易网络数据，能够揭示不同地区之间的经济联系，探索文明之间的互动和影响。大数据分析还能帮助还原历史事件的复杂性，历史学家可以利用数据追踪大规模人口迁移、经济繁荣或衰退的时序变化。历史学研究与其他学科数据相结合，还能揭示新的历史规律。例如，气候历史学家通过对古气候数据的分析，研究历史上气候变化如何影响社会稳定与动荡，如探讨气候变冷如何导致农作物歉收、社会动乱甚至王朝更替。通过数据分析，历史学家不仅能更精准地还原历史事件的全貌，还能通过模拟和预测未来的发展路径，揭示人类发展进程的周期性规律。这种跨学科的数据驱动研究方法，为历史学提供了更加系统化、精确化的工具和方法论。

（四）数据驱动的政治学研究：分析社会真实意愿与社会治理模式

大数据为政治学研究提供了全新手段，尤其在理解社会真实意愿和优化社会治理模式方面发挥着重要作用。通过对政府公开数据、社交媒体数据以及各类公众反馈的分析，研究者可以更加全面地掌握民众对政策、社会问题和公共服务的真实态度。社交媒体平台上的讨论和意见表达，能够反映不同群体对公共事务的关切与需求。例如，通过分析公众对环境保护、社会保障、教育医疗、延迟退休等热点话题的讨论，研究者可以识别出民众对政策的期望及其关注的焦点，这些数据帮助政府更精准地了解不同区域、不同行业的民意变化，从而为政策调整提供参考。政府通过对各类公共数据的开放和分析，可以更好地评估社会治理的效果。例如，通过对交通、医疗、教育等公共服务数据的分析，政府能够发现某些政策在具体实施中的不足，优化资源分配，提高治理效率。数据还可以帮助政府在危机管理、社会稳定等方面做出更快速有效的应对决策。例如，在突发公共事件中，数据分析能够及时反映社会舆论的变化，帮助政府掌握民众情绪，快速调整应对策略。总体来说，数据驱动的政治学研究不仅让政府更清晰地了解民众的真实意愿，还推动了更加精准、高效的治理模式，为社会的和谐与稳定提供了强有力的支持。

（五）数据驱动的文化研究：理解文化传播与多样性

大数据的引入极大地拓展了文化研究的广度与深度，使得研究者能够通过客观的量化数据揭示文化传播的路径和文化多样性的特征。互联网平台上用户生成的内容为研究者提供了海量数据，揭示了不同群体的文化消费习惯和价值观念。例如，研究者可以通过分析流媒体平台上的收视数据，了解某部电影或电视剧在全球范围内的传播情况，以及不同地区观众对文化产品的偏好差异。文化产品的传播速度和范围也可以通过数据追踪得以揭示，如流行音乐或艺术展览在全球市场的接受程度如何变化，背后的社交互动又如何塑造了文化产品的流行趋势。此外，数据驱动的文化研究使得跨文化比较变得更加容易。通过分析不同国家的文化数据，研究者可以发现文化间的相似性与差异性，如某些文化元素在全球化背景下的流行路径，从而为文化交流提供科学依据。大数据还能够揭示文化产品在全球化背景下的在地化现象，即文化如何在不同地区经过适应和变化后再度传播。这种分析方法为研究当代文化现象的传播与演化提供了全新的视角，推动了文化多样性研究。

（六）数据驱动的心理学研究：洞察人类行为与心理健康

大数据的应用为心理学研究提供了全新的维度，帮助研究者更为系统地理解复杂的人类行为与心理健康问题。通过对实验数据、行为数据的大规模分析，心理学家可以揭示个体如何处理信息、做出决策，以及情绪对决策过程的影响。例如，研究者可以通过对不同人群的大量实验数据进行建模，揭示焦虑或压力如何影响人们在风险环境下做出决策。这种建模不仅揭示了情绪与认知的关系，还帮助心理学家提出更有效的决策理论。大数据在心理健康领域的应用也极为广泛。通过对患者心理测试数据和生活行为数据的分析，研究者可以预测心理问题的发生风险。例如，通过分析社交媒体上的表达情绪、活动频率等数据，心理学家可以在早期识别抑郁症或焦虑症的高风险个体，进而提供个性化的干预措施。大数据使心理学研究能够从个体层面扩展到群体层面，帮助理解更大范围内的心理健康问题，并推动个性化治疗和心理健康服务的优化。数据驱动的心理学研究不仅提升了对人类行为的科学理解，还促进了心理健康干预手段的创新。

（七）数据驱动的法学研究：提高法律分析的效率与司法决策的科学性

在法学领域，数据驱动的研究极大地提高了法律分析的效率与司法决策的科学性。通过对大量司法判决的文本进行分析，研究者能够发现不同类型案件的判决模式和法律依据。例如，研究者可以通过分析数百万份关于交通事故、合同纠纷和刑事案件的判决文书，揭示其中的判决规律，进而为律师提供优化的辩护策略。大数据分析还可以帮助研究者识别不同地区和法院的判决差异，找出司法判决中的区域性或法官个人倾向。同时，犯罪数据的大规模分析能够揭示再犯率与社会经济背景的关系，帮助刑事政策制定者设计更有效的犯罪预防措施。例如，某些地区的高再犯率可能与当地的教育资源不足或就业机会匮乏相关，通过这些数据的分析，政府可以设计更具针对性的社会干预措施。又如，大数据还可用于分析法庭语言模式，揭示哪些论证在法庭上更具说服力，或帮助法官了解某类案件中的量刑倾向。这些例子表明，大数据不仅能使法律研究更加系统和科学，还能够提高法律体系的透明度和公正性，使司法决策更符合实际情况和社会需求。

（八）数据驱动的教育学研究：优化教学方法与学习成效评估

大数据正在改变教育学研究的方式，使教学方法更加个性化和科学化。通过对学生学习行为的海量数据进行分析，教育者能够更深入地了解不同教学模式的效果。例如，研究者可以通过对成千上万学生的在线学习数据进行分析，发现哪些教学材料能够激发学生的学习兴趣，或通过对课堂参与度数据的研究，识别哪类学生更容易在特定科目上遇到困难。大数据还帮助学校和教育管理者优化资源分配，确保教育公平。例如，通过分析不同社会经济背景的学生表现，可以发现资源缺乏的地区可能会有更高的辍学率，这促使政策制定者将更多资源倾斜到这些地区。大数据还使得教育质量的评估更加精确，例如，通过对比不同学校或教师的学生成绩和表现，管理者能够找到最有效的教学策略并推广应用。数据还能用于追踪学生的长期学习效果，帮助学校调整课程设置，以确保每个学生都能实现最佳学习成果。大数据不仅使教学更加高效和个性化，也为提升整体教育质量提供了坚实的数据支持。

（九）数据驱动的语言学研究：揭示语言模式与语义分析的新路径

大数据为语言学研究提供了全新的视角，极大地增进了对语言结构和使用模式的理解。通过分析来自不同年代的大规模文本数据，语言学家可以发现词汇使用频率和语法结构的变化趋势。例如，通过分析数百万篇新闻报道和文学作品，研究者可以追踪某些词汇在不同社会背景下的流行程度，或揭示新兴词汇如何随着技术的发展而迅速成为日常用语。大数据还能推动跨语言研究的发展，研究者可以比较多种语言的句法和词汇结构，揭示语言之间的共性与差异性。例如，某些语序的变化、动词时态的演变，都可以通过大数据进行跨时代和跨文化的比较。此外，社交媒体的语言数据使得研究者能够实时监测语言的演化，如某些新词的出现如何在不同年龄段和社会阶层中传播。大数据的应用还推动了机器翻译的发展，通过分析不同语言中的大量句法和词汇数据，研究者能够显著提高翻译模型的准确性和流畅性。所以，大数据不仅使语言研究更具系统性和深度，还为语言学的实际应用，特别是语言处理和翻译技术，提供了强大支持。

（十）数据驱动的传播学研究：理解信息传播与社会舆论的机制

数据的广泛应用为传播学研究提供了强大的工具，在理解信息传播过程及其对社会舆论的影响方面尤为重要。例如，传播学者可以通过对社交媒体平台上数百万条用户互动数据的分析，揭示热点话题的扩散路径和速度。这类分析能够展示某些新闻事件在网络上的传播过程，从而了解不同群体如何对信息做出反应。又如，通过分析社交媒体上的评论、转发和点赞数据，研究者能够识别信息在不同用户之间的传播节点，揭示谁是舆论中的意见领袖。此外，新闻网站的数据分析也为理解不同媒体平台的受众反应提供了依据。例如，研究者可以对比不同新闻报道在各种社交媒体上的传播效果，帮助媒体从业者优化新闻选题和传播策略。大数据还能够帮助传播学者研究公众舆论形成的过程，例如通过分析某一社会议题的讨论数据，理解公众对该议题的态度变化。这些数据分析不仅揭示了信息传播的机制，还为评估媒体内容的影响力、提升媒介素养以及优化信息环境提供了宝贵的科学依据。

（十一）数据驱动的人类学研究：分析文化行为与社会结构的变迁

在人类学领域，数据的应用开辟了新的研究方法，特别是在文化行为与社会结构变迁的分析方面具有深远意义。研究者可以通过全球化背景下的文化消费数据分析不同文化如何适应现代化进程。例如，通过对不同地区的音乐、电影等文化产品的消费数据进行分析，研究者可以揭示文化的传播模式和流行趋势。社交媒体和在线社区的数据还为人类学研究提供了新的视角，研究者能够通过这些数据了解虚拟社群的形成、文化认同的构建以及在线文化的互动过程。例如，某些在线游戏社区的数据可以揭示不同文化背景的玩家如何通过游戏互动进行跨文化交流。大数据还推动了历史文化遗产的研究，遥感数据和 3D 建模技术使得考古学家能够重建古代遗址，并深入分析已消失文化的生活方式和社会结构。例如，通过遥感数据，研究者能够发现未被破坏的古遗址，并通过数字建模复原其全貌。这些展示了大数据在人类学研究中的重要性，使得研究者能够从更广阔的时空视角探讨文化的复杂性与多样性。

（十二）数据驱动的地理学研究：揭示空间关系与人地互动的规律

地理学是研究空间分布和人地关系的学科，数据的应用极大地拓展了其研究的深度和广度。遥感数据和地理信息系统技术为地理学家提供了详细的空间数据，使其能够描绘地表的变化和人类活动的分布。例如，研究者通过对城市交通和人口流动数据的分析，可以揭示城市扩张对环境的影响，研究大规模城市化过程中生态系统的变化。气候数据的分析能帮助地理学家预测洪水、干旱等自然灾害的发生概率，并为防灾减灾提供科学依据。例如，通过对气候模型和历史气象数据的分析，研究者能够预测特定地区的洪水风险，并建议采取有效的防洪措施。地质数据也为研究地震活动提供了重要信息，通过对地震前后地质变化的数据分析，地理学家可以更准确地预测未来地震的可能性。大数据在地理学研究中的应用不仅增进了对人类活动与自然环境相互作用的理解，还为城市规划、资源管理、环境保护等领域的决策提供了有力支持。

第四节　构建支持全面创新体制机制：提升国家科技创新体系整体效能

一、构建与科技创新模式转变相适应的国家科技创新体系：打造战略科技支撑的基础

（一）建立创新驱动战略体系：应对全球竞争挑战

科技创新模式的转变正在引发全球范围内的竞争升级，构建创新驱动战略体系不仅是国家科技发展的必然选择，也是应对全球化科技革命的重要举措。科技创新是经济增长的核心驱动力。随着新技术的快速迭代，推动国家经济高质量发展必须依赖创新驱动的长期战略规划。通过创新提升生产力，突破传统经济模式的局限，实现从制造大国向创新强国的转变是大势所趋。科技创新能够为社会带来系统性变革，应对气候变化、能源短缺和老龄化等全球性挑战。通过科技创新驱动，国家不仅在应对内外部风险时具备更强的韧性，还在全球创新链中占据优势地位。建立创新驱动战略体系需要政府顶层设计、企业主动参与和科研机构技术支持的结合。通过制定长期创新战略，提供政策激励，推动全社会资源的优化配置，可以实现多主体的协同创新，提升国家创新能力。在这个过程中，政府不仅应引导资金和人才流向科技前沿领域，还应建立健全的知识产权保护体系，保障创新成果转化为实际经济效益。

（二）优化科技资源配置：构建从分散到协同的创新体系

随着科技创新模式向多主体协同和跨区域协作的方向转变，科技资源的

优化配置变得尤为重要。当前，我国科技资源分布存在明显的不均衡现象，科技资源配置呈现出分散化、碎片化的局面，创新要素难以充分发挥其应有的作用。为解决这一问题，国家需要通过政策引导和资源优化，将创新要素向欠发达地区倾斜，推动区域均衡发展。科技资源的优化不仅是地理分布的调整，还是多主体、多要素之间的协同效应。在现代创新体系中，科技资源不应再局限于某一主体，而应在政府、企业、科研机构之间形成有机联动。通过构建创新联盟、科技园区等形式，实现资源的共享与流动，提高全社会的创新效率。此外，在数字经济时代，数据作为新型生产要素，如何将其与传统资源结合，提高科技资源的利用率，是资源优化的关键。通过大数据、人工智能等技术手段，可以实现对创新资源的智能化管理，进一步提高科技成果的产出效益。总之，科技资源的优化配置，不仅能够推动创新链条的全流程高效运转，还能够为我国在全球科技创新格局中占据更有利的地位。

（三）推动多元主体协同创新：联动机制的创新与优化

科技创新模式的转变需要多元主体之间的协同创新。传统的单一主体创新模式已经难以适应复杂的技术发展环境，政府、企业与科研机构的多方联动将成为构建现代科技创新体系的核心。首先，政府是创新的引领者，通过政策制定和资源调配，在创新生态系统中扮演着至关重要的角色。政府应当通过设立科技基金、推动产学研结合等方式，激励企业、高校和科研机构积极参与创新活动，并为科技成果转化提供政策支持。其次，企业是技术创新的主要实践者。作为市场主体，企业不仅拥有丰富的市场数据和研发需求，还能够迅速地将技术成果转化为商品和服务，直接推动经济增长。企业应加强与科研机构的合作，充分利用学术界的前沿技术与理论，共同开发具有市场前景的创新产品。最后，科研机构是创新的源头，通过基础研究和技术攻关，为企业提供持续的技术支持与理论指导。政府、企业与科研机构的有机联动，可以形成从技术研发到市场化应用的完整创新链条，推动我国科技创新水平的整体跃升。多元主体的协同创新机制将确保创新资源的高效流动，实现更大范围的创新效益。

（四）完善政策和制度保障：为创新奠定坚实基础

科技创新模式的变革离不开完善的政策和制度保障。首先，创新政策的制定应具备前瞻性和战略性。政府应结合国家长期发展目标，制定能够适应科技变革和产业升级需求的政策框架。通过财政补贴、税收优惠和创新基金的支持，政府可以激励企业、高校和科研机构加大科研投入，推动技术创新向纵深发展。其次，创新知识产权保护体系是制度保障的重要内容之一。只有确保创新者的成果不被轻易侵占，才能激发创新主体的活力。因此，政府应加大对侵权行为的打击力度，并优化知识产权转化机制，促进科技成果向产业转化。最后，建立统一的科技标准是保障创新的关键。科技标准的统一不仅能推动各行业、各领域的技术对接，还能确保创新成果在全球范围内的竞争力。通过创新政策和制度的完善，我国将能够为科技创新提供更好的环境和条件，确保创新成果得到有效保护和合理利用，推动科技创新体系的持续完善与升级。

（五）加速科技成果转化：打通基础研究到应用的“最后一公里”

科技创新模式的转变意味着基础研究与产业应用之间的距离需要进一步缩短。加速科技成果从基础研究到产业化的转化是国家科技创新体系的关键环节。首先，基础研究是创新的源头，它为应用技术的开发提供理论支撑。然而，当前基础研究与市场需求之间的衔接仍然存在一定的障碍，科技成果难以迅速实现产业化。因此，打通基础研究到应用的“最后一公里”需要通过政策支持、机制创新与市场引导相结合来实现。政府可以设立科技成果转化基金，鼓励科研机构和企业加强合作，缩短科研成果进入市场的周期。企业作为科技成果的主要使用者和转化主体，需要在创新链条中发挥更积极的作用。企业不仅应关注前沿技术的发展，还应结合市场需求，推动科研成果的应用和商业化。通过构建科技孵化器、创新园区等平台，为初创企业提供技术支持和资金保障，加速科技成果的推广应用。科技成果的转化还需完善创新生态体系，推动科技、资本、市场的深度融合。通过打通创新链条，大幅提升我国科技创新的整体效益。

（六）拓展全球科技合作：构建互利共赢的国际创新网络

随着科技创新模式向全球化和协作化的方向转变，拓展国际科技合作已成为提升国家科技创新体系竞争力的必由之路。首先，全球科技合作能够引进先进技术和管理经验，补齐国内在某些领域的技术短板。通过加强与发达国家和科技强国的合作，我国可以学习借鉴其创新体制、技术标准和政策经验，推动国内科技创新体系的完善与提升。其次，全球科技合作为我国创新主体提供了更广阔的市场和更多的合作机会。企业、高校和科研机构可以通过国际合作参与全球创新网络的建设，获得更多的创新资源和技术支持。全球科技合作还能够推动我国在全球科技治理中的地位提升。通过参与国际科技标准的制定和全球科技项目的合作，我国可以在全球科技创新体系中占据更加主动的地位，提升国际话语权。国家应通过政策支持和外交手段推动企业、高校和科研机构参与全球科技合作，构建开放、共享、互利共赢的国际创新网络，为我国科技创新提供强大的国际助力。

（七）构建区域创新体系：推动区域协调发展与资源优化

科技创新模式转变向区域创新体系的建设提出了新的要求。首先，我国幅员辽阔，各地区的科技创新水平存在较大差异。东部沿海地区作为创新高地，拥有充足的科技资源和市场优势，而中西部地区相对落后。为此，国家应通过政策引导推动创新资源的合理流动，将东部的科技优势辐射到中西部地区，实现区域协调发展。其次，区域创新体系的建设应结合区域特色，因地制宜地发展创新产业。例如，中西部地区可以利用资源优势发展清洁能源、智能制造等符合当地经济结构的科技产业，形成创新与地方经济的深度融合。最后，区域创新体系应注重科技资源的共享与合作，通过建立跨区域的创新联盟和科技合作平台，推动创新要素的跨区域流动，提升全国范围内的科技创新水平。通过构建合理的区域创新体系，我国不仅能够实现区域经济的协调发展，还能够进一步提升科技创新的整体竞争力。

（八）培育科技创新文化：激发全社会参与创新的积极性

科技创新模式的转变不仅体现在技术层面上，而且体现在创新文化的深度培育上。要适应现代科技发展的新需求，必须在全社会范围内树立创新意识，推动科技创新文化的普及。首先，创新文化的核心在于激发全社会的创新精神。政府、学校和企业应通过宣传创新成果、举办创新竞赛和加强科技教育等方式，增强公众的创新意识，让创新成为社会的主流价值观。其次，自主创新能力的提升离不开良好的创新文化环境。企业、高校和科研机构应鼓励员工和学生敢于挑战传统思维，积极尝试新技术和新方法。创新不仅是技术突破，也是思维方式的转变。在此过程中，政府应通过制度设计鼓励开放式创新，推动各类创新主体开展跨领域、跨学科的合作。最后，创新文化的培育需要从教育入手，尤其是在中小学阶段，培养青少年对科学和技术的兴趣，激发他们的好奇心和探索精神。

（九）促进协同创新：跨学科与跨领域的创新模式升级

科技创新模式的变革正在推动跨学科、跨领域的协同创新。随着技术的复杂性增加，单一学科和领域的创新能力已无法满足国家重大科技需求。因此，促进协同创新、推动跨学科和跨领域的创新模式升级，是构建国家科技创新体系的关键。首先，协同创新能够整合不同领域的知识和技术，激发更多的创新火花。例如，人工智能与生物技术的结合已经在医疗、农业等领域产生了颠覆性的创新成果。通过推动跨学科的合作，可以有效打破单一学科面临的技术瓶颈。其次，协同创新需要多主体的参与。企业、高校、科研机构等不同创新主体在协同创新中应发挥各自的优势，形成从基础研究到应用开发的完整创新链条。最后，协同创新需要政府的引导和政策支持。通过设立专项基金、搭建创新平台，政府可以推动各创新主体之间的深度合作，形成高效的创新生态。协同创新的最终目标是通过融合各方资源与能力，提升国家科技创新的整体水平，推动更多具有实际应用价值的技术突破。

（十）推动智能化和可持续发展：未来科技创新的战略规划

科技创新模式正向智能化和可持续发展的方向转变，国家的科技创新战略必须紧扣这两个核心目标。首先，智能化技术正在快速渗透到各个行业和领域，推动生产效率和生活质量的全面提升。人工智能、物联网和大数据等技术的应用，不仅能够帮助企业提高管理和运营效率，还能够为社会带来全新的商业模式和生活方式。国家在制定科技战略时，应当将智能化技术的研发与应用作为重点，通过政策支持和资金投入，推动智能化产业的快速发展。其次，可持续发展是构建科技创新体系时必须考虑的重要因素。在应对气候变化、资源短缺等全球挑战的过程中，科技创新将发挥至关重要的作用。新能源、循环经济、绿色技术等领域的创新，将为未来经济的可持续发展提供重要保障。最后，智能化和可持续发展需要政府、企业和社会的共同努力，构建创新的绿色科技体系，确保科技创新不仅能带来经济效益，还能促进社会的长期可持续发展。

二、我国高水平科技的自立自强："卡脖子"技术问题的解决之道

（一）识别关键领域：面向国家战略需求的技术筛选

解决我国"卡脖子"技术问题的首要任务是识别出国家急需突破的技术领域。这些技术通常涉及高科技产业链的核心环节，是关乎国家安全、经济发展、产业链自主可控的关键。首先，紧密围绕国家战略需求，在信息技术、半导体、航空航天、生物医药、新能源等领域筛选出"卡脖子"问题最突出的技术环节。其次，国家应建立跨部门、跨领域的技术评估体系，汇聚产业、学术界和政府的力量，确保技术筛选的精准性和战略性。科技创新模式的转变要求我们不仅应以市场为导向，还应更多地考虑国家整体安全和产业链独立性。通过识别和筛选这些"卡脖子"技术领域，国家可以集中优势资源，优先攻克制约发展的技术瓶颈，确保战略性技术自主可控。

（二）加强基础研究：夯实技术突破的理论支撑

基础研究是解决"卡脖子"技术问题的根本，尤其是在核心技术和前沿领域的自主研发中，基础研究能够为技术突破提供强有力的理论支撑。首先，国家应加大对基础研究的投入力度，完善基础研究的长期资助机制，特别是在交叉学科和新兴领域。科技创新模式的转变要求基础研究不再仅停留在学术层面，而是要与国家重大技术需求紧密结合，推动"从0到1"的原创性突破。其次，建立起科研机构、高校与产业界的基础研究合作机制，提高科研成果与产业应用的结合度。国家还应积极推动基础研究成果的共享与开放，尤其是在"卡脖子"技术领域，建立知识共享平台，促进科研资源的流动与协同。最后，加强对青年科研人才的培养和支持，确保基础研究具有可持续发展的动力源泉。

（三）构建自主创新生态：打破技术封锁

解决"卡脖子"技术问题的关键在于构建自主创新的生态系统，减少对外部技术的依赖，打破技术封锁。科技创新模式的转变要求我们更加注重自主创新，实现从核心技术到产业链上下游的全面自主化。首先，国家应构建开放、高效的创新生态系统，推动企业、高校、科研机构和政府的协同合作，形成技术研发、成果转化、应用推广的全链条支持机制。其次，国家应大力

支持本土企业加大研发投入，尤其是在“卡脖子”技术领域，建立科技领军企业，形成以企业为核心的创新主导模式。通过政策支持，国家可以鼓励中小企业参与技术创新，特别是在专精特新领域发挥重要作用。最后，完善知识产权保护和技术转移机制，确保自主研发成果能够得到有效保护和转化，推动创新技术的市场化应用。通过构建自主创新生态系统，国家将能够逐步摆脱对外部技术的依赖，实现关键技术的自主可控。

（四）强化人才队伍建设：培育战略性科技人才

解决“卡脖子”技术问题离不开高素质、专业化的科技人才队伍建设。科技创新模式的转变要求国家不仅要依靠现有的人才储备，还要积极培养能够攻克技术难题的战略性人才。首先，国家应大力推动科技教育改革，尤其是在基础学科和交叉学科的教育领域，加快拔尖创新人才的培养。高等院校应根据国家战略需求，调整学科布局，强化基础科学与工程技术的教育，特别是围绕“卡脖子”技术，培养高水平科研人才和工程师队伍。其次，建立国家级的人才引进机制，吸引全球优秀人才为我国的科技创新服务，尤其是在芯片、人工智能、生物医药等关键领域，制定更加积极开放的人才引进政策。最后，优化科技人才的激励机制，完善科研人员的长期激励制度，确保他们能够全身心投入技术攻关，推动科研成果的持续产出。通过强化人才队伍建设，国家将能够确保科技创新的可持续性，为解决“卡脖子”技术问题提供强大的智力支持。

（五）完善政策保障机制：推动自主创新的持续发展

解决“卡脖子”技术问题需要完善的政策保障和制度创新。科技创新模式的转变不仅需要技术突破，还需要政策环境的有效支撑。首先，国家应加大对战略性技术领域的财政支持力度，确保科研资金的稳定性和长期性。通过财政科技经费的“包干制”和“自主权”改革，科研人员可以更灵活地进行技术攻关。此外，国家应加大对中小企业的创新支持力度，提供资金、税收优惠等政策，鼓励企业自主研发核心技术。其次，完善政府与市场的协同创新机制，鼓励政府通过采购、投资等方式支持自主创新技术的应用和推广。建立有效的科技评价体系，确保科研项目的实施能够真正服务于国家的战略需求。同时，国家还应通过外交和国际合作，减轻技术封锁的外部压力，积极拓展国际科技合作渠道。通过完善政策保障机制，国家将为自主创新的持续发展提供更加有利的外部条件，确保“卡脖子”技术问题能够得到有效解决。

（六）推动专精特新企业发展：助力突破技术瓶颈

在解决“卡脖子”技术问题的过程中，专精特新企业的崛起和发展是重要的战略抓手。专精特新企业通常聚焦于细分市场，具备较强的专业化、精细化和创新能力，能够在特定领域中实现技术突破并填补产业链的空白。首先，国家应加大对专精特新企业的扶持力度，尤其是在政策支持、融资渠道和税收优惠等方面，帮助这些企业加大研发投入、提升创新能力。其次，建立国家层面的专精特新企业培育机制，通过设立专项资金和创新支持计划，推动一批具有战略意义的中小企业在核心技术领域实现突破。同时，政府应为这些企业提供更多的市场机会。例如，通过政府采购和技术标准的引导，鼓励专精特新企业的技术在重点领域得到广泛应用。最后，构建创新型企业间的合作平台，推动大企业与中小企业的协同创新，形成以产业链为依托的技术创新体系。通过推动专精特新企业的发展，国家能够在技术攻关的关键节点获得更多创新动力，助力突破技术瓶颈。

（七）加快产学研融合：提升技术转化的效率和深度

“卡脖子”技术的突破不仅依赖科研的创新性，还取决于科研成果的迅速转化。加快产学研深度融合是提升技术转化效率的关键举措。首先，科研机构和高校应进一步加强与企业的合作，在研究方向、项目选择上更多地考虑产业需求，形成从基础研究到应用开发的无缝对接。通过搭建产学研合作平台，国家可以为科研成果的高效转化提供便利条件，并通过政策引导鼓励高校和科研机构参与更多的应用型项目开发。其次，企业应主动与科研机构合作，发挥市场导向的优势，推动科研成果的快速产业化。国家可以建立中试基地和产业化平台，提供从实验室到生产线的技术孵化和加速服务，缩短技术创新的产业化周期。最后，产学研合作应注重技术标准的制定和推广，确保技术创新不仅具有科研价值，还具备市场竞争力。通过加强产学研的深度融合，国家将能够实现技术转化效率的大幅提升，加快“卡脖子”技术问题的解决。

（八）强化供应链管理：保障产业链安全和自主可控

在解决“卡脖子”技术问题的过程中，保障供应链的安全和自主可控是不可或缺的一环。随着全球供应链体系的复杂化和不确定性增加，国家必须通过强化供应链管理，确保关键技术和核心部件的稳定供应。首先，国家应建立供应链安全监测和预警机制，实时监控国际供应链的变化趋势和潜在风险，尤其是对涉及国家安全和核心产业的供应链环节，要确保风险早发现、早处理。其次，国家应推动供应链的多元化和本土化，减少对特定国家或地区的依赖。通过加大对国内产业链上下游企业的支持力度，增强本土企业的供应链自给能力。最后，国家应鼓励企业加强供应链的数字化建设，通过大数据、物联网等技术手段提升供应链管理的智能化水平，确保供应链的透明、可追溯和高效运行。供应链安全是产业链自主可控的基础，国家通过强化供应链管理，可以有效减少外部技术封锁的影响，确保“卡脖子”技术问题的长效解决。

（九）推动关键技术的标准化建设：确保技术的广泛应用

解决“卡脖子”技术问题不仅要实现技术突破，还要推动这些技术的标准化建设，确保其在产业链中的广泛应用和推广。首先，国家应推动核心技术领域的标准制定，尤其是在新兴技术领域，如人工智能、5G 通信、量子计算等，通过标准化的方式确保技术研发与应用的统一性和规范性。其次，国家应积极参与国际技术标准的制定，提升我国在全球技术标准体系中的话语权。通过在国际技术标准化组织中的影响力，推动我国自主研发的技术成为全球技术标准的一部分，从而增强我国技术的全球竞争力。最后，企业应在推动技术标准化方面发挥主导作用。通过加强企业在技术标准制定中的参与，确保创新技术的研发方向与标准制定保持一致，提高技术突破的产业化效率。国家还应通过政策支持推动技术标准的快速推广应用，确保“卡脖子”技术能够广泛应用于产业链的各个环节，从而形成全产业链的自主创新能力。

（十）扩大国际技术合作：借力全球资源解决技术难题

在全球化背景下，解决“卡脖子”技术问题不能仅依靠国内力量，还应积极借助国际资源，扩大国际技术合作。首先，国家应推动与其他科技强国的双边或多边技术合作，尤其是在基础研究和前沿技术领域，通过合作研究和技术共享，加速关键技术的突破。其次，国家应积极引进国际高端人才和先进技术，利用全球顶尖科学家和研发团队的智慧，推动国内“卡脖子”技术的突破，特别是在芯片制造、高端装备等领域，国际技术合作将为我国提供更多技术创新的启发和支持。最后，国家应通过技术转移和合作研发的方式，利用国际市场的广阔平台推动自主创新技术的全球推广。通过参与国际科技项目和技术创新联盟，我国可以借助全球创新资源，提升自身的技术实力，逐步解决技术封锁问题。国际技术合作不仅有助于加快国内技术突破，也能够在全球创新体系中提升我国的科技地位和影响力。

三、加快推进大模型建设和应用：打造我国自主的智能中枢与创新引擎

（一）明确发展目标：构建自主可控、创新驱动的大模型体系

针对大模型技术的发展要求，国家应进一步明确自主可控的战略目标，确保核心技术不受制于人。大模型的研发涉及复杂的算法设计和庞大的计算资源，因此国家必须构建自主的大模型研发体系，推动关键技术的突破。首先，国家应支持基础算法的研究创新，鼓励科研机构、高校和企业共同参与，从算法层面保证大模型体系的自主性和安全性。其次，设立专项基金支持大模型的关键技术攻关，尤其是在模型架构设计、优化算法以及大规模数据训练上的技术突破。最后，推动国家级的人工智能研究中心和大模型技术平台建设，确保各类技术创新的高效落地与推广应用。通过明确发展目标，构建自主可控、创新驱动的大模型体系，国家将为未来的人工智能发展奠定坚实基础。

（二）强化算力和数据基础设施：为大模型训练提供坚实保障

大模型训练对计算资源和数据资源的需求极为庞大，因此必须强化基础设施建设。首先，国家应优先推动超算中心、云计算平台的建设，为大模型训练提供充足的算力支持，尤其是在大规模模型训练和实时推理等关键环节，要确保模型训练过程的高效性和可持续性。其次，针对大模型的数据获取和汇集，国家应推动建立公共数据平台和行业数据共享机制，打破行业和地域间的数据壁垒，实现数据的高效整合与共享。最后，国家应加快绿色算力技术的发展，降低模型训练的能耗，确保算力基础设施的可

持续发展。通过建设高效、智能的数据和算力基础设施，大模型训练和推理的效率将得到大幅提高，确保我国大模型技术在全球范围内的竞争力。

（三）优化数据获取、汇集与整合：构建高效的多源数据体系

大模型的成功依赖大规模、高质量的数据，国家必须优化数据获取、汇集与整合的方式，构建高效的多源数据体系。首先，政府应推动数据立法，确保数据采集、传输和使用的合规性与合法性，特别是在隐私敏感领域，数据使用应遵循严格的保护措施，确保数据隐私与安全。其次，国家应建立多源数据的汇集和整合机制，推动不同行业和部门的数据资源共享，尤其是在医疗、金融、交通等数据密集型行业，通过整合公共数据和行业数据，提升数据的丰富性与质量。最后，国家应鼓励数据标注、清洗技术的发展，推动自动化数据处理技术的应用，提高数据整合效率。通过优化数据获取、汇集与整合，国家能够为大模型的训练提供更加多样化的高质量数据资源，提升大模型的智能化水平和应用能力。

（四）推动跨行业应用：充分释放大模型的产业潜力

未来，大模型的发展不仅在于技术的突破，还在于其跨行业的应用潜力。国家应推动大模型在各行业的深度应用，帮助各领域实现智能化转型。首先，大模型在制造、金融、医疗、交通等多个关键行业中具有广泛的应用潜力，国家应鼓励这些行业通过大模型提高生产效率、优化决策流程。例如，在制造领域，大模型可以用于智能制造、质量检测等环节，帮助企业提高生产效率；在医疗领域，大模型能够支持疾病预测和精准医疗，提升医疗服务质量。其次，国家应大力推动大模型在智慧城市和公共服务领域的应用，如交通管理、能源调度、社会治理等方面，提升公共服务的智能化水平。最后，国家应鼓励企业根据自身需求定制大模型解决方案，推动各行业的数字化升级。通过推动大模型的跨行业应用，可以释放大模型的产业潜力，推动产业智能化与高质量发展。

（五）加强技术安全与伦理监管：确保大模型应用的安全性与可信度

伴随大模型技术广泛应用而来的是技术安全和伦理问题的严峻挑战。国家必须加强技术安全与伦理监管，确保大模型在各领域的安全应用。首先，大模型的训练和应用涉及大量敏感数据，因此国家应加强数据隐私保护，确

保数据的合法使用。推动联邦学习等分布式数据安全技术的应用，确保在数据不出本地的情况下实现大模型的高效训练。其次，国家应建立技术滥用防控机制，防止大模型在网络安全、虚假信息传播等领域的滥用，特别是要加强对算法偏见和歧视问题的防范，确保大模型的公正性和透明性。最后，国家应推动大模型伦理审查机制的完善，确保大模型在实际应用中不会对社会、经济造成负面影响。通过加强技术安全和伦理监管，国家将能够为大模型应用提供可靠的保障，确保其技术可信度和社会接受度。

（六）培养复合型人才：为大模型发展提供智力支撑

大模型的建设与应用需要多学科背景的复合型人才，国家必须大力培养具备技术与行业应用能力的高水平人才。首先，国家应推动教育体制改革，推动高校设置大模型相关课程和学科，培养具有深厚算法功底、数据处理能力和行业知识的人才。高校应注重跨学科融合教育，特别是在计算机科学、数据科学、统计学等领域，培养能够应对复杂模型设计和应用的人才。其次，国家应通过产学研合作，推动企业与高校联合培养应用型人才，确保人才具备理论与实践的双重能力。最后，国家应鼓励国际人才的引进与交流，通过人才引进计划吸引全球顶尖科技人才，提升我国大模型技术的国际竞争力。通过培养复合型人才，国家将为大模型的发展提供智力支撑，确保我国在全球人工智能竞争中的领先地位。

（七）推进标准化建设：加速大模型的产业化推广

标准化是大模型技术从研发走向广泛应用的关键。国家应积极推进大模型技术的标准化建设，确保技术应用的规范性与一致性。首先，国家应组织科研机构、企业和行业协会共同参与大模型技术标准的制定，涵盖模型架构、训练方法、数据处理流程等方面，确保研发的规范化。其次，推动大模型技术在行业中的应用标准化，特别是在医疗、金融等敏感领域，制定应用标准和安全评估机制，确保大模型技术的合规应用。最后，国家应积极推动大模型技术标准的国际化，通过参与国际标准组织和多边合作，提升我国在全球大模型技术标准中的话语权。标准化的推进不仅能提升大模型的研发效率，还能加速其产业化推广，推动大模型技术在国内外的广泛应用。

（八）强化数据获取、汇集与共享：构建大模型的协同数据生态

数据的获取、汇集与共享是大模型建设的核心，国家应构建协同的数据生态，推动多源数据的整合与高效利用。首先，国家应推动公共数据平台的建设，打破数据壁垒，推动政务、金融、医疗等行业数据的开放共享，确保大模型有足够的高质量数据进行训练。其次，应推动行业数据平台的建设，鼓励企业、科研机构共享行业数据，通过数据合作推动大模型技术的发展。再次，国家应加强数据标注和处理技术的研发，通过自动化数据清洗、标注技术提升数据质量，确保数据汇集的准确性和一致性。最后，国家应推动数据交易市场的发展，建立数据交易的合法合规机制，鼓励数据的安全流通与共享。通过构建协同数据生态，国家将为大模型提供更加多样化和高质量的数据资源，推动大模型的全面发展与应用。

第六章

数据驱动制造业革命

数据驱动的制造业革命正在重塑产业格局，推动制造从传统模式向智能化、柔性化、个性化和绿色化方向发展。智能制造依托大数据分析，实现精准需求预测、智能设计、端到端供应链优化、生产资源智能调配、全过程质量监测，以及物流与售后服务的全生命周期管理。个性化生产模式兴起，消费者需求洞察、柔性生产与智能供应链协同优化，使产品更贴近用户需求，并推动品牌价值的提升。未来制造业将向全数字化工厂、智能供应链和人机协作等方向发展，数据成为驱动智能工厂、绿色制造和跨行业协同创新的核心动力。数字孪生、预测性维护和自适应优化等新技术将进一步提升制造业的智能化水平，实现从自动化到自我学习与进化的跃升，为制造业的全球竞争力提升提供强大支撑。

第一节　数据驱动的制造业革命：智能制造时代的到来

一、数据驱动的制造业革命的内涵：从数据采集到智能决策的全面转型

数据驱动的制造业革命是一场彻底的生产体系变革，贯穿了从数据采集、数据处理、数据分析到智能决策的整个过程。其核心不局限于将传统生产流程数字化，而是通过数据赋能，实现制造业的智能化转型。首先，数据成为企业生产环节的核心资源。通过部署物联网传感器、智能设备，企业可以实时采集生产过程中的每一个细节数据，涵盖机器运转、产品质量、原材料消耗等多方面。其次，数据的存储和处理能力随着云计算、边缘计算等技术的发展大幅提升，企业能够通过高效的计算平台，迅速从海量数据中提取关键信息，为生产优化和决策提供依据。这种实时性和精准性使得企业能够在最

短时间内调整生产策略，减少资源浪费，提高生产效率。再次，数据驱动的制造业革命还赋予了企业更强的市场应对能力。通过对市场需求、消费者偏好的深入分析，企业可以预测市场变化，灵活调整产品设计和生产计划，真正实现“按需生产”。这种个性化定制和柔性化生产模式，不仅满足了消费者多样化的需求，还增强了企业的市场竞争力和适应能力。最后，数据的使用大幅提升了企业的协同能力。在供应链的各个环节，数据共享和信息实时交互，使得供应链的管理更加高效和透明，减少了物流、库存的延误问题，优化了上下游企业之间的协作效率。可以说，数据驱动的制造业革命内涵涵盖了从数据采集到决策优化的每一个环节，通过数据的全方位应用，制造业从传统的线性生产模式转型为一个基于数据智能化驱动的全新生态系统。这一革命不仅提高了企业的生产能力和市场反应速度，还重塑了企业的组织结构和管理模式，使制造业更加智能、高效和可持续。

二、制造业的历史演变：从手工劳动到智能化生产的跨越式发展

制造业的历史演变是人类经济活动从低效到高效、从分散到集中的进化历程，展示了技术如何逐步改变生产方式和社会结构。从最早的手工劳动开始，制造业以人力为核心，生产依赖个体手工艺者的技能和经验，产品的产量有限，质量也不稳定。随着人类社会进入农业文明，制造业的规模有所扩大，但依旧局限于个体或小规模作坊式生产，手工劳动效率低下，无法满足日益增长的需求。工业革命的到来是制造业历史上的第一次重大变革。在 18 世纪末，蒸汽机的发明以及机械化设备的应用，使得制造业从手工劳动跃升为机械化生产。机器取代了手工劳动，大规模生产成为可能，制造业不再依赖工匠的手艺，而是采用标准化的流程，产品的一致性和产量得到提高。工业革命不仅提升了制造业的生产能力，还推动了工厂制度的形成，生产集中化的趋势开始显现。这一时期，制造业的变革深刻改变了全球经济，推动了城市化进程和全球市场的形成。

进入 20 世纪，第二次工业革命带来了电力的广泛应用和流水线生产的普及。电力的使用使得生产设备更加灵活，工厂的生产效率得到了大幅提高；流水线生产模式通过将复杂的生产过程拆解为多个简单步骤，实现了更高的生产效率和更低的成本，特别是福特汽车公司通过流水线实现了汽车的大规模生产，使得制造业进入了一个新的高效生产时代。然而，尽管生产效率大幅提高，但制造业仍然依赖大规模生产来实现成本优势，个性化和灵活性相

对不足。到了20世纪后期，信息技术的广泛应用推动了制造业向信息化转型。计算机技术、互联网和信息系统的普及使得企业能够通过信息系统管理生产流程，供应链管理和资源规划逐渐实现了数字化和信息化。此时，企业不仅能够通过数字化工具提高生产效率，还能够通过数据优化资源配置和生产调度，但生产模式依然以流水线和批量生产为主，个性化需求难以实现。

进入21世纪，随着物联网、大数据、云计算和人工智能等技术的飞速发展，制造业正在迈向智能化生产时代。这一阶段的显著特征是数据的广泛应用和自动化程度的显著提升。智能化生产不仅能够实时监控生产过程中的每一个环节，还能够通过数据分析和预测主动调整生产策略，实现柔性化和个性化的生产模式。与此同时，数字孪生技术和工业互联网的发展进一步推动了制造业的智能化和协同化，企业可以通过虚拟环境模拟和优化生产过程提高生产效率并降低成本。这一阶段，制造业的演变不仅体现在技术的进步上，还体现在生产模式的重塑和市场应对能力的提升上。从手工劳动到机械化、信息化再到智能化，制造业的历史演变不仅改变了生产方式，还深刻影响了社会结构和经济模式，推动了全球经济的发展和人类生活水平的提升。

三、数据驱动的制造业特征：智能化、柔性化、个性化、绿色化、自主协同

（一）智能化：生产流程的自主决策

智能化是数据驱动制造业革命的核心特征之一，通过大数据、人工智能和物联网等技术，制造企业实现了生产流程的全面智能化。传感器和智能设备能够实时收集生产过程中的各类数据，并通过云计算平台对这些数据进行分析和处理，形成有价值的洞察。这种智能化赋予了设备和系统自主决策的能力，能够根据数据自动调整生产参数，优化生产流程。例如，智能工厂中的机器可以通过学习历史数据和实时反馈自动优化生产线的运行效率，避免生产过程中的瓶颈和停滞问题。智能化生产不仅提高了生产效率，还减少了人为干预的必要，提升了生产的稳定性和精确性，使得企业能够更快地响应市场需求的变化。这一特征推动了制造业从传统的手工操作向高度自动化、智能化方向发展。

（二）柔性化：快速响应市场变化的灵活生产

柔性化生产体现为企业能够根据市场需求的快速变化进行灵活调整。传

统制造模式下，生产线通常是固定的，难以迅速切换到新产品的生产上，而数据驱动的柔性化生产通过实时分析市场趋势和客户需求，能够快速做出调整。这种灵活性源于数据驱动的生产管理系统，它可以实时优化资源分配，调整产线配置，甚至根据预测结果提前进行准备。柔性化不仅能有效减轻库存压力，还能提升企业的市场竞争力，因为它缩短了产品从设计到市场的周期。通过柔性化生产，企业能够在全球化的市场环境中保持较高的响应速度和适应能力，避免了传统批量生产中市场需求变化导致的滞销和库存积压问题。

（三）个性化：精准满足消费者的定制需求

个性化生产使企业能够根据消费者的个性化需求提供定制化产品。随着市场的多样化和消费者对个性化产品的需求增加，传统的大规模生产模式难以满足这种变化。数据分析技术使得企业能够精准捕捉消费者的偏好和需求，并通过智能制造系统快速调整生产线，实现小批量定制或单件定制。时尚、电子和家居等行业中，个性化产品的生产逐渐成为常态。数据驱动的个性化生产不仅提高了产品的附加值，还增强了客户的忠诚度，满足了消费者对独特产品的需求。这种模式通过利用数据技术，打破了传统生产中“一刀切”的局限，赋予企业更高的市场灵活性和竞争优势。

（四）绿色化：实现可持续发展的节能减排

绿色化是数据驱动制造业革命中不可忽视的特征，推动制造业向环保和可持续发展的方向转型。通过数据分析和智能控制技术，企业能够实时监控能源消耗、碳排放和原材料使用情况，优化生产中的资源利用效率。例如，工厂可以通过实时监测设备的能耗情况，合理安排高耗能设备的运行时间，减少电力高峰期的消耗。数据驱动的生产还能优化供应链管理，减少物流过程中的能源浪费，并推动产品的循环利用。绿色化生产不仅符合全球对碳中和与环境保护的要求，还为企业带来了降低成本和提升品牌形象的双重好处。

（五）自主协同：全产业链的数据协同与优化

自主协同体现为企业与供应链伙伴、上下游企业通过数据实现高度协同。传统制造业中的信息流动较为缓慢，往往依赖手工记录和定期沟通，无法实时响应市场和供应链变化。通过数据平台，制造企业可以实时与供应商、分销商和客户共享信息，及时了解原材料供应、生产进度和市场需求的动态变化。这种高度协同化的模式能够帮助企业更加灵活地调整生产计划，优化资源分配，避免供应链断裂等风险。例如，某些大型制造企业利用工业互联网与全球供应链合作伙伴共享生产数据，确保材料供应和物流安排的精准性。自主协同不仅提升了供应链的响应速度，也降低了生产中断的风险，进一步增强了企业适应复杂市场环境的能力。

四、数据驱动的制造业优势：创新加速与竞争力提升的多维动力

数据驱动的制造业革命带来的优势不仅体现在效率和成本的改进上，其还为企业的创新加速和全球竞争力提升提供了多维动力。首先，数据的深度挖掘和应用使得制造企业能够更加精准地进行市场洞察和产品研发，缩短了从产品设计到市场推广的周期。企业通过大数据分析消费者需求、市场趋势以及竞争态势，能够及时调整产品策略并开发更加符合市场需求的创新产品。这种创新速度的提升使企业能够快速抢占市场先机，占据更有利的竞争位置。其次，数据驱动的智能制造不仅是生产效率的提高，还是企业全面运营效率的提高。通过对生产数据、运营数据、市场数据的全面整合，企业能够实现更为高效的资源调配和决策优化。自动化决策工具和预测分析模型帮助企业在面对不确定的市场环境时，具备更强的预见性和应对能力，从而确保在竞争激烈的市场中保持灵活性和响应速度。再次，数据驱动的协同创新能力显著增强了企业的全球竞争力。通过跨国供应链的数据共享和实时协同，企业能够整合全球资源，快速响应国际市场需求，实现跨区域的生产和分销同步优化，尤其是在全球化制造体系中，数据驱动的供应链管理模式使得企业能够有效减少地域和时间上的差距，提升了全球运营的整体效能。复次，数据为制造企业提供了全新的商业模式探索机会，特别是在服务化和平台化的商业模式中，通过数据的连接，企业可以向客户提供附加服务，实现从单纯的产品提供者到综合服务供应商的转型。最后，数据驱动的制造业革命在全球范围内推动了技术标准和行业规范的形成，通过与产业链上下游伙伴的紧密数据协作，企业可以积极参与国际标准的制定，进而在全球市场中取得更具战略性的竞争优势。数据不仅加速了技术的进化，也通过促进开放式创新，帮助企业在竞争中不断强化自身的技术壁垒与市场领导力。这种多维度的优势使得企业不仅在短期内取得成功，还为长远的可持续发展奠定了坚实的基础。

五、数据驱动的制造业革命对我国的战略意义：产业升级与增强全球竞争力

数据驱动的制造业革命对我国具有深远的战略意义，它不仅为我国经济的高质量发展提供了强大动力，还加速了产业升级和全球竞争力的提升。首先，数据驱动的制造模式能够有效提升我国制造业的智能化水平，解决传统制造业存在的效率低下、资源浪费和创新能力不足等问题。通过大数据、物联网和人工智能技术的应用，我国制造业将实现从劳动密集型向技术密集型的转变，显著提高生产效率和产品质量，从而增强产品的附加值和国际竞争力。这种转型对于我国从“制造大国”向“制造强国”迈进具有至关重要的作用。其次，数据驱动的制造业革命能够提升我国在全球产业链中的地位和话语权。在全球化的竞争环境中，供应链的协同与效率成为决定企业和国家竞争力的关键因素。通过数据共享和智能化管理，我国能够大幅提高供应链的运转效率，实现资源的最优配置，增强我国制造企业在全球市场中的灵活性和应对能力。数据驱动的制造业模式还将推动我国在制定全球技术标准和产业规则中发挥更重要的作用，提升我国在全球制造业格局中的战略主动权。再次，数据驱动的制造业革命为我国的可持续发展提供了强有力的支持。绿色制造和节能减排是全球制造业发展的重要趋势，而通过数据技术，我国能够实现对能源消耗和生产过程的精细化管理，减少环境污染，推动制造业的绿色转型。这不仅有助于我国实现碳达峰和碳中和目标，还将提升我国在国际环保合作中的地位与影响力。最后，数据驱动的制造业革命将极大地增强我国的自主创新能力。随着全球技术竞争日益激烈，掌握核心技术已成为国家安全和经济发展的关键。通过推动数据技术的自主研发，我国能够减少对国外技术的依赖，在人工智能、大数据和5G等领域取得突破，确保国家科技和经济安全。所以，数据驱动的制造业革命不仅是技术创新的驱动力，也是我国在全球经济格局中保持竞争优势的战略支柱，为国家经济、环境保护和科技自主奠定了坚实基础。

第二节　智能制造：数据驱动的全流程优化

一、需求预测与市场分析：数据驱动的精准需求捕捉

在智能制造的生产流程中，需求预测与市场分析是关键的起点。借助大

数据技术，企业能够通过广泛的数据源获取市场变化的实时信息，包括客户偏好、竞争对手动态、经济环境变化等。通过对这些信息的精确分析，企业可以预测未来的市场需求，制订更加精准的生产计划。这不仅可以减少库存积压，还能有效避免市场需求变化带来的生产过剩或不足。在传统制造中，需求预测往往依赖历史数据和市场经验，无法及时应对动态变化的市场。而在智能制造中，数据驱动的需求预测实现了对市场的动态感知，能够实时调整生产策略。企业不仅可以通过社交媒体、消费趋势数据、宏观经济指标等多种数据源形成对未来需求的综合预测，还可以通过机器学习算法不断优化预测模型，提高预测的准确度和响应速度。这样一来，企业的生产决策变得更加科学、敏捷和前瞻，从而在市场竞争中保持优势。此外，数据的应用使得企业能够根据不同地区、不同客户群体的需求特点进行差异化的产品定制，从而实现精细化的市场分割与目标市场定位，进一步提高市场占有率。这种精准的需求预测与市场分析极大地提高了企业的资源配置效率，减少了生产浪费和库存压力，为智能制造的高效运行奠定了坚实的基础。

二、设计与研发：数据支持的创新加速与智能设计

在智能制造的设计与研发环节，数据驱动的智能设计显著加快了创新的速度，极大地提高了研发效率。传统的设计与研发往往依赖设计师和工程师的经验积累，研发周期长且容易受主观判断限制。而借助大数据分析和人工智能技术，企业可以通过海量的历史设计数据、市场反馈数据以及生产过程中积累的性能数据，迅速进行产品的创新设计和优化调整。数据支持的智能设计不仅加快了产品的推陈出新，还极大地提高了产品设计的精度。企业可以通过仿真技术，在虚拟环境中测试新产品的可行性，从而避免大量昂贵且耗时的物理样机制造和测试。通过数据分析，研发团队可以快速识别市场需求的变化，并针对性地调整产品设计以满足用户的个性化需求。同时，机器学习算法在设计过程中也扮演了重要的角色，它们能够自动识别设计中的潜在问题并提出优化建议，进一步提高设计效率。此外，基于数据的智能设计还能够帮助企业在研发早期阶段进行成本评估和资源配置优化，从而有效控制研发成本。通过数字孪生技术，企业能够创建产品的虚拟模型，并在虚拟环境中进行全生命周期的设计、测试和优化，不仅缩短了研发周期，还降低了研发风险。所以，数据支持的智能设计为智能制造注入了强大的创新动力，助力企业在竞争激烈的市场中保持技术领先和创新优势。

三、供应链管理：数据实现的端到端协同与透明化

在智能制造的供应链管理中，数据的应用极大地提升了供应链的协同效率与透明化水平。传统的供应链管理信息不对称、沟通滞后以及各环节之间的脱节，往往导致生产延误、库存过剩或者短缺，甚至影响整个生产计划的执行。而数据驱动的供应链管理通过实时数据共享和智能分析，实现了供应链各个环节的无缝衔接与高效协作。在这种模式下，企业可以通过供应链各节点之间的实时数据传输，掌握原材料的采购情况、库存情况以及物流状态，从而快速响应市场需求的变化。通过数据分析，企业能够对供应链的每个环节进行精确的预测与调整，确保原材料及时送达、生产计划顺利进行、成品按时出货。此外，数据的应用使得供应链管理更加透明，企业能够清晰地了解供应链中各个环节的运作情况，及时发现并解决潜在问题，从而降低供应链风险。通过大数据分析，企业还可以识别供应链中的瓶颈环节，并针对性地采取措施进行优化，进一步提升供应链的效率和灵活性。同时，数据驱动的供应链管理还能提高供应商的协同效率，通过供应商之间的数据共享，实现供应链各方的利益共赢，构建更加稳定、可靠的供应链合作关系。在全球化背景下，数据驱动的供应链管理使得跨国界的供应链协作变得更加高效和灵活，有助于企业在全球市场中保持竞争优势。

四、原材料采购：数据引导的精准采购与成本优化

在智能制造的原材料采购环节，数据的应用使得采购决策更加科学、精准，极大地提升了企业的成本控制能力。传统的采购管理通常依赖采购人员的经验、与供应商的关系，无法及时、全面地掌握市场变化和原材料价格波动，容易导致采购成本过高或供应中断。而通过数据分析，企业可以实时跟踪全球原材料市场的价格波动趋势，预测未来的价格走势，制定最优采购策略。数据驱动的精准采购不仅能帮助企业降低原材料采购成本，还能确保材料的质量和供应链的稳定性。在采购过程中，企业可以通过大数据技术分析供应商的交货准时率、产品质量等指标，快速评估供应商的可靠性和合作潜力，从而选择最优的供应商。此外，企业可以通过数据平台与供应商进行实时沟通与信息共享，确保采购需求与供应能力的精准匹配，减少信息不对称带来的误差与延误。数据的应用还使得企业能够更加灵活地应对市场变化，迅速调整采购计划，避免原材料库存过多或短缺的情况发生，进一步降低库

存管理成本。总之，数据引导的精准采购不仅优化了采购决策流程，提高了企业的成本控制能力，还增强了供应链的灵活性和稳定性，使得智能制造能够在一个更加高效、低成本的基础上运作。

五、生产计划：数据驱动的生产资源优化与智能排程

在智能制造的生产计划环节，数据的应用极大地提升了生产资源的利用效率与生产计划的精准性。传统的生产计划往往依赖经验和静态的生产数据，难以快速应对市场需求的变化和生产过程中出现的突发情况。而通过数据驱动的生产计划，企业可以实时监控生产线的运行状态、设备利用率、原材料库存以及订单变化，动态调整生产排程，确保资源的最大化利用和生产效率的提升。数据分析工具可以根据历史数据和当前生产状况自动生成最优的生产计划，减少设备空转和停工时间，提高产能利用率。在多品种、小批量的定制化生产环境下，数据驱动的智能排程能够帮助企业灵活调整生产计划，快速响应客户的个性化需求，确保产品按时交付。此外，数据的应用还使得企业能够对生产过程中可能出现的瓶颈和风险进行预测和预防，减少生产过程中断和质量问题的发生。通过与供应链管理和库存管理系统的数据互联，企业还可以实现从原材料采购到产品出货的全流程协调与优化，进一步提高生产计划的执行效率。总之，数据驱动的生产计划不仅提升了生产流程的透明度和协调性，还提高了企业应对市场变化的灵活性和生产资源的利用效率，为智能制造的高效运作提供了有力支持。

六、制造执行：数据支撑的自动化生产与精细化管控

制造执行是智能制造的核心环节，通过数据支撑的自动化生产与精细化管控，企业可以实现生产流程的智能化管理。传统制造执行依赖人工监控和调度，生产效率往往受到人力、物力和设备状态的限制，难以充分发挥生产潜力。而在智能制造中，数据的引入使得生产设备、生产线和生产环节实现了高度自动化和互联化。通过传感器、物联网等技术实时采集设备运行数据，企业可以掌握生产全过程中的各项关键参数，从而实现生产过程的精确控制和动态调整。数据驱动的制造执行系统可以自动分析生产中的瓶颈、故障和效率低下的环节，并在问题出现之前进行预警或自动纠正，减少停工和次品率。此外，基于数据的生产执行能够通过人工智能算法优化生产调度，实现多任务、多品种的高效切换，从而适应定制化、柔性化生产的需求。企业还

可以通过数据分析掌握设备的健康状况，提前安排维护和保养，避免设备故障对生产进度产生影响。这种基于数据的精细化管控不仅提高了生产效率，还能有效控制生产成本，提升产品质量的一致性与稳定性。数据驱动的制造执行系统将生产中的每一个环节都纳入了实时监控和优化的范畴，实现了生产全过程的透明化与可视化，为企业提供了强大的生产力保障。

七、质量控制：数据导向的全过程质量监测与改进

在智能制造的质量控制环节，数据导向的全过程质量监测与改进极大地提升了产品的合格率和客户满意度。传统的质量控制通常依赖事后检测和抽样检查，无法全面掌握每个生产环节的质量状况，容易导致产品缺陷无法及时发现，造成大规模的返工和资源浪费。而通过数据驱动的质量控制，企业可以在生产过程中实时采集和分析生产线上的各项关键质量参数，动态监控产品质量。传感器、机器视觉和智能算法等技术的应用，使得企业能够在生产的每个阶段精确检测产品的质量状态，提前识别潜在的质量问题，并进行及时的调整和优化。数据的应用还使得质量控制更加科学和系统，企业可以通过历史质量数据的积累和分析识别质量问题的根源，从而进行有针对性的改进。与此同时，基于数据的质量追溯系统可以实现产品从原材料采购、生产制造到销售交付的全过程追溯，一旦发现质量问题，企业可以快速追踪到问题所在环节，并采取相应的纠正措施，避免问题进一步扩大。此外，数据驱动的质量控制还能够帮助企业不断提升产品质量的标准化和一致性，确保每一批次产品都能达到客户的期望。这种数据导向的全过程质量监测与改进，使得智能制造中的质量管理更加精准、透明、可控，为企业的品牌形象和市场竞争力提供了有力的保障。

八、物流与仓储：数据优化的智能物流与库存管理

物流与仓储在智能制造的供应链管理中起着至关重要的作用，数据优化的智能物流与库存管理极大地提升了物流的效率和库存的精确度。传统的物流与仓储管理往往依赖人工调度和静态库存数据，无法实时响应市场需求的变化，容易出现库存积压、供应短缺或物流延误等问题。而通过数据优化的智能物流系统，企业可以实时掌握仓储和物流的动态信息，确保物流调度的及时性和库存管理的精确性。通过数据分析，企业能够优化物流路线，减少运输时间和成本，同时提高交货的准时率。传感器、物联网和 GPS 技术的应

用使得企业能够对运输过程中的每一辆货车、每一批货物进行实时跟踪，确保物流链条的每个环节都在预期中运行。数据驱动的库存管理系统能够实时监控库存的变化情况，根据市场需求动态调整补货计划，避免库存积压和短缺的发生，提高资金周转效率。此外，企业还可以通过数据分析预测未来的需求变化，提前安排物流和库存的调整，确保供应链的稳定运行。在全球化背景下，智能物流和库存管理使得企业能够更加灵活地应对全球市场的复杂需求，提升供应链的韧性和可靠性。这种基于数据的智能物流与库存管理不仅优化了供应链的运行效率，还为企业在全球市场中的竞争提供了强有力的支持。

九、产品追溯与售后服务：基于数据的全生命周期管理

产品的全生命周期管理是智能制造中的关键环节，数据驱动的产品追溯与售后服务为企业提供了全方位的产品管理能力。传统的产品管理往往在销售后难以继续追踪，售后服务也往往滞后于客户需求，缺乏对产品使用情况的全面了解。而通过数据支持的全生命周期管理，企业可以对产品从设计、制造、销售到使用、维护的全过程进行实时监控和管理。通过数据追溯系统，企业能够清晰地了解每个产品的生产过程、质量状态、销售渠道和客户反馈，一旦出现问题，可以快速追溯到具体的生产环节或批次，从而迅速采取措施进行修正。此外，数据驱动的售后服务系统能够实时获取客户的使用反馈，预测产品的潜在故障，主动提供维护或升级服务，提升客户的使用体验。企业还可以通过数据分析，发现客户的使用偏好和需求变化，针对性地调整产品设计和功能，以更好地满足市场需求。通过数据的应用，产品的全生命周期管理不仅提高了企业对产品质量的控制能力，还提升了客户的满意度和忠诚度，进一步增强了企业的市场竞争力。这种基于数据的产品追溯与售后服务为智能制造中的产品管理提供了强大的支持，确保企业能够在产品的整个生命周期内实现高效的管理与服务。

十、循环与再利用：数据驱动的绿色制造与资源闭环管理

数据驱动的绿色制造与资源闭环管理成为实现可持续发展的关键路径。传统制造业中，资源的利用效率低，生产过程中产生大量废料，环境污染问题严重，企业的可持续发展能力受到限制。而通过数据分析，智能制造企业可以实现对资源的精细化管理和循环利用，减少生产过程中的资源浪费和环

境影响。数据驱动的资源管理系统可以实时监控生产中的能源消耗、废料产生和排放情况，识别生产中的高能耗和高污染环节，并通过智能化调整和优化，实现资源的最优配置。企业还可以通过数据分析，建立废料的回收和再利用机制，将生产过程中产生的废料重新投入生产循环中，减少原材料的浪费，降低生产成本。此外，数据的应用还可以帮助企业优化产品设计，从源头上减少资源的消耗，并提高产品的可回收性和再利用率。在全球可持续发展的趋势下，数据驱动的绿色制造与资源闭环管理为企业提供了实现环境友好型发展的重要手段。这不仅有助于提升企业的社会责任感和品牌形象，还能为企业的长期发展提供强大的竞争优势。在未来，随着数据技术的不断进步，绿色制造与资源闭环管理将在智能制造中扮演越来越重要的角色，为实现经济与环境的双赢奠定坚实的基础。

第三节　个性化生产：数据让产品更贴近需求

一、个性化生产的崛起：从大规模制造到用户主导的转变

个性化生产的崛起源于全球制造业对大规模生产模式的反思与突破。传统大规模制造强调标准化和批量生产，这种模式虽然提高了生产效率并降低了成本，但忽视了消费者的个性化需求。在当今的市场环境中，消费者的选择变得更加多样，他们不再满足于千篇一律的产品，个性化定制成为新的潮流。这种需求的变化推动了制造业向用户主导的模式转变，个性化生产应运而生。通过先进的数字技术和平台化工具，个性化生产能够让消费者直接参与产品设计和定制流程，使产品与消费者的个人需求高度契合。这不仅提升了用户的满意度，还创造了全新的商业价值。与传统制造不同，个性化生产强调柔性和灵活性，企业通过调整生产流程和设备配置，快速响应市场的个性化需求。这一转变不仅为企业带来了更高的利润率，还促进了生产模式的多元化和创新性。因此，个性化生产不仅是制造技术的提升，还代表了消费者和生产者关系的重新定义，在消费者主导的市场中创造了新的竞争优势。

二、消费者需求洞察：数据引导的精确个性化定制

在个性化生产中，消费者需求的精准洞察是定制化成功的关键。传统市场调研方式已经难以满足当今瞬息万变的市场环境，企业需要通过更加动态

和多维的数据收集手段来获取消费者的需求信息。数据分析技术的引入为此提供了强有力的支持。企业能够从社交媒体、线上购物平台等多个渠道实时采集消费者偏好、行为模式和购买历史。这些数据不仅帮助企业了解消费者的个性化需求，还为产品设计和生产提供了精准的指导。借助数据驱动的洞察，企业能够在产品定制之前准确预测不同群体的需求差异，制定出符合消费者期待的产品规格。个性化定制并不是简单的产品定制，而是基于消费者需求的深度挖掘和分析。通过智能算法和机器学习，企业能够进一步优化消费者需求预测的模型，提升需求洞察的精确度与时效性，使产品定制不仅符合当前的市场趋势，还能前瞻性地满足未来需求。因此，数据在个性化生产中的角色不仅是工具，还是驱动整个生产流程的核心要素，为个性化定制提供了科学依据和商业决策支持。

三、个性化设计的自主化：用户与企业协同创新

个性化生产的一个显著特点是消费者在设计过程中的参与度很高，企业与用户之间的协同创新成为产品定制的核心环节。传统的产品设计由企业主导，消费者的意见往往只能通过市场反馈或后期改进体现出来。而个性化生产通过数字化工具和平台，将用户直接引入产品设计的早期阶段。消费者可以通过在线设计平台或虚拟现实技术，参与到产品外观、功能和规格的个性化定制中。这种自主设计不仅让产品更贴合用户的需求，还提升了用户的参与感和品牌忠诚度。企业在这一过程中扮演了设计引导者的角色，通过数据分析和技术支持，帮助用户在定制过程中做出更优化的设计选择。协同创新不仅加快了产品的开发速度，还缩短了企业与用户之间的信息传递链条。个性化设计的自主化并不意味着让消费者承担复杂的设计任务，而是通过智能工具简化设计流程，同时确保产品符合技术和市场的可行性。这种创新模式不仅增强了用户体验，还提高了企业的生产灵活性和市场竞争力。通过企业与消费者的协同创新，个性化生产真正实现了由消费者主导的设计革命。

四、生产灵活性与技术融合：适应个性化需求的动态调整

在个性化生产的背景下，生产系统的灵活性成为关键要求。传统的生产系统以标准化和固定流程为主，难以快速适应个性化需求的变化。如今，企业需要通过引入柔性制造系统，实现生产流程的动态调整，以满足不同客户的定制化需求。柔性制造系统通过先进的自动化设备和智能化软件，使生产

线能够快速切换产品类型，适应多样化和小批量的生产要求。企业不再需要为大规模的标准化生产配置专门的设备，而是通过智能技术实现设备的自动调节和任务分配，从而减少了生产切换的成本和时间。这种灵活性使得企业能够在不牺牲生产效率的前提下，满足消费者个性化定制的需求。通过工业互联网和物联网的结合，生产设备与数据系统实现了互联互通，生产线可以根据实时市场需求和订单变化进行灵活调整。个性化生产中的技术融合不局限于设备层面，还包括设计、物流和供应链的全方位协作。企业通过数据驱动的生产优化实现了生产效率与定制化需求之间的平衡。生产灵活性与技术的深度融合使得个性化生产的实施变得更加高效与可行，赋予企业更大的市场竞争优势。

五、实时响应的供应链生态：支持个性化生产的快速响应能力

个性化生产不仅要求生产系统具备灵活性，还要求供应链能够迅速响应消费者的个性化需求。与传统的供应链相比，个性化生产的供应链需要更加敏捷、协同和透明，以确保各个环节都能及时响应定制化订单的变化。通过数字技术的支持，企业能够实现供应链的实时监控和数据共享，使供应商、制造商和物流企业能够在统一的平台上协同运作。企业通过数据平台实时获取供应商的库存情况、生产进度和交付时间，确保原材料和部件能够按时到位，避免生产延误。此外，智能物流系统通过数据分析优化运输路线，提高物流效率，确保个性化产品能够及时送达消费者手中。供应链的快速响应能力不仅提高了个性化生产的效率，还降低了生产成本和库存压力。企业通过与供应链伙伴的数据共享和协同优化，实现了从原材料采购到成品交付的全流程动态管理。这种高效的供应链生态为个性化生产提供了坚实的支持，确保企业能够在短时间内满足不同消费者的定制需求，同时保持市场竞争力。未来，随着技术的不断发展，供应链的实时响应能力将进一步提升，推动个性化生产向更高效、更精细的方向发展。

六、个性化营销与品牌体验：通过个性化创造独特品牌价值

个性化生产不仅在产品定制方面展示了其优势，在营销与品牌体验方面也起着至关重要的作用。传统的品牌营销往往通过大规模广告投放和标准化的宣传策略吸引消费者，这种方式缺乏针对性，很难与消费者形成深度互动。而个性化营销通过数据的精准分析，能够为每位消费者量身定制产品推广方

案，增强消费者的黏性。在个性化生产背景下，消费者的需求、喜好和行为数据成为企业制定营销策略的核心依据。通过分析消费者的浏览历史、购买偏好和社交媒体互动，企业能够向消费者推送定制化的产品推荐和个性化广告，从而大幅提高转化率。个性化营销不仅提升了消费者的购物体验，还加强了品牌与消费者之间的情感联系，使得消费者在购买过程中感受到品牌的独特关怀与专属感。个性化品牌体验不仅限于购买阶段，售后服务也通过定制化的方式与消费者持续保持互动。消费者在定制产品后，品牌可以通过数据分析提供持续的个性化服务和支持，进一步增强消费者的忠诚度。这种基于数据驱动的个性化营销与品牌体验不仅帮助企业实现了差异化竞争，还提升了品牌在消费者心中的独特地位。未来，随着技术的进步，个性化品牌体验将进一步渗透到整个消费过程中，创造出更多创新的营销模式。

七、个性化服务与售后支持：从产品到服务的全方位定制

个性化生产的优势不仅体现在产品本身，还在于其为消费者提供了全方位定制的服务与售后支持。传统的售后服务通常是标准化的，无法根据个别消费者的需求进行调整，往往导致用户体验的不足。而在个性化生产的框架下，企业通过数据分析和客户反馈为消费者提供定制化的售后支持和增值服务。这种基于数据的全方位服务不仅提升了客户满意度，还增强了品牌的忠诚度。个性化售后服务的关键在于其主动性和精准性。企业通过实时监控产品的使用情况和客户的反馈信息，能够在问题出现之前预测到潜在故障，并为客户提供预防性维护建议，不仅减少了客户因产品故障带来的不便，也大大降低了企业的售后成本。同时，个性化服务还体现在产品的使用升级与功能扩展方面。通过数据分析，企业可以为客户推荐符合其使用习惯的产品升级选项或增值服务，使产品更加符合消费者的需求。此外，定制化的客户支持也使企业能够快速响应个性化的售后问题，提供量身定制的解决方案，提高服务效率。个性化服务与售后支持不仅提高了客户的购买体验，还为企业创造了新的增值机会，进一步推动了个性化生产的商业模式创新。

八、产品生命周期管理：基于数据反馈的迭代式个性化改进

在个性化生产中，产品生命周期管理的复杂性和重要性显著增加。传统的产品生命周期管理往往以大规模生产为基础，关注产品的开发、生产、销

售和报废等固定环节，缺乏个性化调整的灵活性。而个性化生产使得产品的生命周期管理必须与用户需求的变化同步，通过不断的反馈和迭代优化产品性能和功能。企业通过数据收集和分析，能够追踪产品在整个生命周期中的表现，确保产品能够持续满足消费者的个性化需求。产品生命周期管理的一个重要环节在于数据反馈机制。企业通过收集消费者在使用过程中的数据，包括操作习惯、故障记录和用户反馈，能够实时调整产品设计，并根据实际需求进行定制化升级。这种迭代式的产品改进方式，不仅能够延长产品的使用寿命，还能确保产品在市场中的持续竞争力。此外，数据驱动的产品生命周期管理还能够帮助企业预测市场需求的变化，提前制订产品迭代计划，减少库存压力和资源浪费。这种个性化改进方式使得企业能够以更低的成本提供更高质量的产品和服务，增强了客户的满意度和品牌忠诚度。通过这种动态管理，企业不仅实现了对产品生命周期的全面掌控，还能够为消费者提供持续的个性化价值。

九、个性化生产的未来：科技与用户需求共同驱动的全新模式

个性化生产的未来充满了无限可能，其发展不仅受到技术创新的驱动，还与用户需求的不断变化紧密相关。随着人工智能、物联网、5G 技术等新兴技术的不断进步，个性化生产将进入一个全新的发展阶段。未来的个性化生产不再仅是产品的个性化设计和定制，还是全产业链智能化、协同化和个性化的深度融合。新技术的应用将进一步缩短产品的设计周期和生产时间，企业能够在更短的时间内为消费者提供个性化的产品和服务。此外，消费者在未来个性化生产中的角色也将更加主动和多样化。借助虚拟现实、增强现实等技术，消费者将能够在虚拟环境中体验产品的使用效果，并直接参与产品的设计和生产过程。这种全新的互动模式将大幅提升用户体验，消费者的个性化需求也将成为推动生产方式变革的重要力量。同时，个性化生产未来将更加关注可持续发展，通过绿色生产和资源再利用实现经济效益与环境保护的双赢。在这个过程中，企业需要更加灵活地应对市场变化，充分利用技术创新和数据分析，满足用户不断变化的需求。个性化生产的未来不仅代表着技术的进步，也体现了用户需求对生产方式和市场格局的深刻影响，它将继续引领全球制造业的变革与发展。

第四节 数据驱动的制造业革命将走向何方：制造业的未来蓝图

一、未来制造的智能转型：从效率提升到全面智能化

随着数据和智能技术的迅猛发展，未来制造业的转型将远远超越当前以效率提升为目标的优化模式。智能化将成为制造的核心驱动力，并非体现在单一环节的自动化上，而是贯穿整个生产流程和供应链的全面智能化。从生产设备到运营管理，再到客户反馈，所有环节将由智能系统实现自主管控和优化决策。在当前的生产模式中，人类的介入依然是关键因素，但未来，制造业的智能化将逐渐取代这种人为干预。智能制造系统将能够通过深度学习算法从数据中自主学习，并基于实时分析进行动态调整，实现生产的高效性、灵活性和个性化。在未来，这种转变将不局限于生产环节的优化，还将延伸至研发、销售和售后服务等整个产业链条。企业能够通过数据反馈更加精确地了解市场需求，调整生产计划，甚至预测未来的行业趋势。这种全面的智能化将不再局限于某个行业，而是跨行业、跨领域的协同创新，形成新的产业生态系统。智能化转型将使制造业具备高度的灵活性和响应速度，无论市场需求如何波动，都能迅速调整生产线以应对变化。这种智能制造的转型将极大地提高企业的竞争力，带来生产方式的彻底革新，同时将引发传统制造行业的洗牌，推动行业进入一个全新的发展阶段。

二、全数字化工厂：从自动化到自我学习与进化

数字化工厂的未来愿景并非停留在自动化水平上，而是迈向具备自我学习和进化能力的全新高度。相较于当前工厂中的自动化生产设备，未来的数字化工厂将通过对大量数据的收集、分析与应用，实现高度智能的生产决策，并具备自我调整与优化的能力。这种自我进化的特性意味着工厂的生产效率和质量将持续提升，不再依赖人工干预。通过运用人工智能算法和数据分析技术，工厂将能够在生产过程中自主发现并解决潜在问题，如设备磨损、能源浪费等，从而确保生产的高效性和可持续性。未来的数字化工厂不仅是物理空间的生产车间，而且是一个虚拟与现实结合的智能生产网络。通过数字孪生技术，工厂的所有运作将在虚拟空间中进行模拟和预测，确保每一个环节的最佳配置和最小化风险。此外，工厂还将具备高度的柔性化生产能力，

能够根据市场需求的变化，快速调整生产线，实现从大规模生产到个性化定制的无缝过渡。全数字化工厂不仅是生产方式的变革，还是制造业管理模式、组织结构乃至商业模式的深层次变革。未来，工厂将通过数据驱动和智能系统的支持，成为自我学习、自我优化、自我进化的智能体，推动制造业进入一个全新的发展阶段。

三、智能供应链：从反应式调整到预测性和预防性的全链条管理

当前的供应链管理大多依赖反应式调整，即根据市场需求的变化和供应链各环节的反馈进行调整。而未来的智能供应链将借助数据分析和人工智能技术，向预测性和预防性管理模式迈进。通过对供应链各环节数据的实时监控和分析，企业将能够提前识别潜在风险，并采取预防性措施，避免供应链中断或生产延误。例如，通过对原材料库存、运输路径和市场需求的综合分析，企业可以准确预测出供应链中可能出现的瓶颈，并自动进行资源的优化调度。此外，智能供应链还将具备高度的灵活性，能够根据市场需求的变化，快速调整生产和物流安排，确保供应链的高效运作。与当前的供应链相比，未来的供应链将更加依赖数据驱动的智能化系统，企业可以通过供应链各个节点的实时数据进行跨部门、跨企业的协同优化，确保整个供应链的透明度和响应速度。同时，智能供应链还将大幅提升供应链的可持续性，通过对能源消耗、碳排放等数据的实时监控和分析，企业可以优化物流和生产流程，减少对环境的负面影响。这种从反应式调整到预测性和预防性管理的转变，将极大地提升供应链的抗风险能力和竞争力，确保企业在日益复杂和动态的市场环境中立于不败之地。

四、人机协作的新范式：从辅助决策到共同创新

随着人工智能技术的发展，人机协作的模式将发生根本性变化——从当前以人类为主导、机器辅助决策的模式，转向人机共同创新的新范式。未来的制造业中，人工智能不仅是辅助工具，它还将成为创新过程中的重要合作伙伴。在生产流程中，智能系统能够基于海量数据和复杂算法进行分析与优化，从而提出创新性的解决方案，而人类能够利用自己的创造力和判断力进行更具战略性的决策。这种人机协作的方式将极大地提升制造业的创新能力，使得企业能够更快地响应市场变化，推出更具竞争力的产品。相比之下，当前的人工智能应用大多集中在辅助决策层面，机器的作用仍然是执行和优化

预设任务。在未来，人类与机器的角色将更加平等，二者将共同参与从产品设计、生产制造到市场营销的整个创新链条。人工智能可以通过对大量数据的实时分析，识别市场需求的变化趋势，预测行业发展的潜在方向，而人类可以基于这些数据提出新的商业模式或产品策略。这种协作关系不仅提高了生产的效率，而且推动了创新的深度和广度。未来，人机协作的新范式将为制造业带来更多的可能性，使得企业能够在全球竞争中保持领先地位。

五、新一代智能维护：从预防性维护到自适应预测性保障

随着传感器技术和大数据分析能力的提升，制造业的设备维护模式将从预防性维护迈向自适应预测性保障。当前的预防性维护主要依赖定期检测和维护，以避免设备故障。未来的智能维护系统将通过对设备运行状态的实时监测，基于数据分析和预测模型，提前识别设备可能出现的问题，并采取自适应的预防性措施。这种自适应预测性保障不仅能够避免设备故障带来的生产停滞，还能够延长设备的使用寿命，降低维护成本。通过对设备运行数据的持续分析，企业可以精确预测设备的维护需求，避免不必要的停机和过度维护。同时，智能维护系统能够根据生产环境的变化动态调整维护策略，确保设备在最佳状态下运行。相较于当前的预防性维护，未来的智能维护系统将更加灵活、高效，能够实时响应生产过程中的变化，确保生产的连续性和稳定性。此外，智能维护系统还将具备自我学习和进化能力，能够随着时间的推移持续优化维护策略，提升设备的可靠性和生产效率。这种从预防性维护到自适应预测性保障的转变，将极大地提升制造业的生产效率和竞争力，为企业带来更大的经济效益。

六、数据主导的制造生态：从垂直整合到跨行业协同创新

在当下的制造业中，垂直整合是一种常见的模式，企业将供应链上下游的多个环节整合到自身控制范围内，以增强对整个生产流程的控制力。未来数据主导的制造生态将打破这种传统的垂直整合模式，转向跨行业协同创新的新时代。在这种新的生态系统中，数据将成为所有行业协同合作的纽带，推动制造企业与其他领域的公司进行更加紧密的合作。从汽车制造到消费电子，制造企业将与科技公司、物流企业、能源提供商等跨行业合作伙伴共同构建智能生态，通过数据共享和协同优化实现资源的最优配置和价值链的最

大化。在这个过程中，企业将不再孤立地运营，而是通过开放的数据平台，与其他行业的合作伙伴形成一个动态的创新网络。通过数据互联，企业可以实时获取市场需求、技术趋势、供应链状态等关键信息，从而快速调整生产计划、创新产品设计和优化流程。这种基于数据的跨行业协同创新将大幅提升制造业的创新能力和市场适应能力，使得企业能够迅速响应变化的市场环境，甚至引领行业变革。此外，这种协同模式还将推动资源的更高效利用，减少能源浪费和环境影响，促进制造业向可持续发展方向迈进。未来，跨行业协同创新将成为制造生态系统的核心驱动力，企业之间的竞争将逐渐转向生态系统之间的竞争，而数据将成为这一生态系统中最具价值的资产。

七、绿色制造的未来：从节能减排到全生命周期的可持续优化

未来的绿色制造将不再仅停留在当前的节能减排层面，而是通过数据技术实现从产品设计、生产、使用到回收的全生命周期可持续优化。当前，制造业的环保措施主要集中在生产过程中的能耗控制和废物处理上，虽然这些措施在一定程度上减少了对环境的负面影响，但仍然局限于生产环节。未来的数据驱动技术将使得绿色制造的范围扩大到整个产品生命周期。通过大数据分析和人工智能技术，制造企业能够在产品设计阶段就考虑整个生命周期的环境影响，优化材料选择和工艺流程，最大限度地减少资源消耗。同时，企业可以通过数据追踪和反馈系统，实时监控产品的使用状况和能耗水平，并根据实际数据调整维护和使用策略，进一步降低能源消耗。到了产品寿命的末期，数据技术还将帮助企业优化回收和再利用流程，实现产品的循环再生。未来，绿色制造将不再仅是一种合规要求，还成为企业竞争力的重要组成部分。通过全生命周期的可持续优化，企业不仅能够减少对环境的负面影响，还能够降低生产成本，提升产品的市场价值和品牌声誉。数据驱动的绿色制造不仅代表着制造业在技术层面的突破，还体现了企业在社会责任和环境保护方面的深刻变革。未来的制造业将向着绿色、智能、可持续的方向不断前进，构建更加和谐的产业生态。

八、智能工厂的未来：从生产单元到智能集群的演进

未来的智能工厂将不再是孤立的生产单元，而是通过数字化技术的广泛应用演变为跨地域、跨行业的智能集群。当前，智能工厂的概念主要集中在单个生产单位内的自动化和智能化操作上，如机器人生产线、智能仓储等。

然而，随着5G、6G、人工智能、云计算等技术的进一步发展，未来的智能工厂将通过互联网和物联网技术实现高度互联，形成一个庞大的智能生产集群。这个集群不仅包括工厂内的各个生产模块，还将与其他工厂、供应商、物流公司等外部伙伴实时连接，形成一个高效、灵活、互联的生产网络。智能集群将使各个工厂能够根据市场需求和生产计划的变化迅速调整生产任务和资源配置，实现生产能力的最大化利用。通过数据共享和协同优化，不同的工厂可以在全球范围内进行协同生产，降低生产成本，提高供应链的响应速度。此外，智能集群还将具备高度的自我管理和优化能力，能够通过数据分析和人工智能技术实时监控生产状态，预测潜在问题，并自动进行调整。未来的智能工厂集群将不再局限于某个地域或行业，而是成为一个全球化、跨行业的智能生产网络，推动制造业进入一个全新的发展阶段。这种智能集群的演进不仅提升了生产的灵活性和效率，还为制造业带来了更多的创新机会和商业模式的变革，使得企业能够在全球竞争中占据有利位置。

九、虚拟与现实的交织：从数字孪生到动态虚实融合

未来的制造业将实现虚拟与现实的动态交织与融合。当前的数字孪生技术已经在某些领域得到了初步应用，它能够通过虚拟环境模拟现实生产过程中的各个环节，帮助企业优化生产流程、预测设备故障和减少生产成本。而未来的虚拟与现实交织将不再停留在静态的模拟阶段，而是进入动态融合的新时代。通过不断收集和分析实时数据，数字孪生技术将能够随时更新虚拟模型，以反映现实环境中的最新变化，形成一个实时互动的动态系统。这种动态融合将使企业能够在虚拟环境中进行快速的方案测试和优化，无须在现实中进行高成本的实验和调整。更重要的是，虚拟与现实的交织将不仅限于工厂内部的生产流程优化，还将扩展到产品设计、市场营销、供应链管理等多个环节。通过虚拟现实技术，企业可以与客户进行更加直观的互动，展示产品设计的每一个细节，并根据客户反馈快速调整设计方案。此外，虚拟与现实的融合将帮助企业实现更加个性化的定制服务，满足客户的独特需求。未来，虚实融合的制造模式将极大地提升企业的生产效率和市场响应速度，带来前所未有的竞争优势。虚拟与现实的交织不仅是制造技术的升级，还是制造思维和商业模式的深刻变革，推动制造业迈向更加智能化、灵活化和个性化的未来。

第七章

数据驱动农业重塑

数据正重塑农业，推动智慧农业时代到来，实现精准、高效、智能和生态协同的生产模式。智能土壤分析、精准灌溉、作物生长监测和病虫害防控能提高农业生产效率和资源利用率；自动化机械和数据整合优化收割与供应链管理，确保农产品安全可追溯；市场预判与效益评估助力科学决策，推动农业可持续发展。未来，农业机器人、数字平台、生物技术融合和全球数据协作将加速智能农业升级，定制化农业和智能保险优化农业管理，数据驱动的精准化、智能化和绿色化发展将深刻影响产业生态和社会进步。

第一节　数据驱动的农业重塑：智慧农业时代来临

一、数据驱动的农业重塑的内涵：从信息获取到智慧决策的全面升级

数据驱动的农业重塑是指通过数据的全面应用和技术的深度融合，实现农业生产、管理和供应链的全方位升级。其核心在于将分散、传统的农业生产方式与现代数字技术紧密结合，通过大数据、人工智能、物联网等技术手段，从信息采集到决策过程进行深度优化。具体而言，数据驱动的农业重塑体现在精准化、智能化和可持续性三个方面。首先，在精准化方面，借助传感器网络、遥感技术等，农业活动中的各类数据（如土壤湿度、气候条件、作物生长情况等）能够被实时收集、分析并反馈，帮助农民根据实际情况做出精准的播种、施肥、灌溉等操作决策，从而极大地提高生产效率并减少资源浪费。其次，在智能化方面，现代农业机械通过物联网技术和数据算法实现自动化操作，从无人机监控到自动驾驶拖拉机，农业生产不再依赖劳动密集型的模式，而是依托智能设备和系统实现全流程自动化管理。最后，在可

持续性方面，数据驱动使得农业的每一个环节都能实现精细管理，资源的利用效率得以最大化，环境影响则被最小化，进一步推动了生态农业的发展。同时，数据的应用不仅限于田间作业，还贯穿整个供应链，从生产、加工到物流和销售，数据透明度增强了市场信息对称性，提升了农产品的市场竞争力和消费者的信任感。因此，数据驱动的农业重塑不仅代表了一场技术革命，还是农业生产方式、组织模式和市场结构的全面转型，推动了农业向智慧化、生态化、高效化的方向发展。

二、农业的历史演进：从原始采集、狩猎到现代农业的文明进程

农业的历史演进是一部人类文明的发展史，其核心在于人类如何利用自然资源逐步实现从简单采集、狩猎到复杂农业生产的过渡。早期的人类社会依赖自然的直接馈赠，主要以采集和狩猎为生，这种生存方式的随机性和不确定性使得人类的食物来源极不稳定，人口增长受到极大限制。随着气候条件的变化以及人类对自然的逐步认识，农业应运而生。农业的出现标志着人类文明的重大进步，原始的刀耕火种逐渐代替了游牧狩猎，人类开始定居，形成早期的农业社会。这一时期的农业主要依赖简单的工具和劳动力的直接投入，生产力水平低下，粮食的产量较为有限，但农业生产的稳定性为人口的增长和社会结构的复杂化奠定了基础。

随着技术的进步，农业在工具、耕作方式和社会组织形式上都经历了显著的变革。铁制工具的普及、畜力的使用以及灌溉技术的发明，使得农业生产效率逐步提高。中世纪欧洲的三田制以及中国的精耕细作制度，都是农业技术不断进步的体现。与此同时，农业社会逐渐形成了严格的土地制度和社会分工，土地的占有和分配成为社会财富的象征，地主与农民之间的经济关系也逐渐稳固。农业不再是单纯的生存手段，而成为财富积累和权力控制的重要途径。农业文明的稳步发展推动了社会文化、政治制度的成熟，也为后续工业革命的到来奠定了物质基础。

工业革命的到来彻底改变了农业的发展轨迹。蒸汽机和机械设备的引入使得农业逐步从手工劳动过渡到机械化生产。农作物的种植方式、收获效率以及土地利用率都得到了极大的提升。化学肥料和农药的应用大幅提高了作物的产量，现代农业的面貌开始显现。20 世纪后半叶，随着生物技术和信息技术的发展，农业进入了一个全新的阶段。杂交水稻、转基因作物等科学技术的推广使得农业生产能力进一步提升，粮食危机得到了一定程度的缓解。

进入21世纪，农业的历史演进迎来了数字化和智能化的新时代。物联网、无人机、人工智能、大数据等技术的广泛应用推动了精准农业和智慧农业的发展，农业不再依赖传统的经验判断，而是通过数据驱动，实现全方位的优化和管理。全球化的进程使农业供应链变得更加复杂和高效，农产品的生产、加工、运输和销售得到了空前的整合和提升。现代农业不仅是满足人类基本生活需求的行业，还成为全球经济体系中不可或缺的一部分。展望未来，随着可持续发展的理念深入人心，农业将继续在技术创新的推动下朝着更加生态化、高效化、智能化的方向迈进。农业的历史演进不仅是生产方式的变革，还是人类文明不断进步和社会组织形式不断调整的过程，它体现了人类与自然和谐共生的追求，也彰显了人类在科技进步中不断提升生活质量的智慧和勇气。

三、数据驱动农业的特征：精准化、智能化、协同性、生态性、灵活性

（一）精准化：数据驱动的农业决策与资源优化

精准化是数据驱动农业的核心特征之一，旨在通过数据技术的应用，使农业生产的每一个环节都能实现精确的决策和高效的资源利用。这种精准化的实现依赖传感器、无人机、卫星遥感等多种技术手段，用于实时收集土壤、气候、作物生长等方面的数据。通过对这些数据的分析，农民能够获得精确的反馈，并据此调整灌溉、施肥、播种等关键农业操作。例如，精准灌溉技术通过对土壤湿度的实时监测，自动调节水量，不仅保证了作物的正常生长，还避免了水资源的浪费。同样，精准施肥技术通过分析土壤中的养分含量，帮助农民施用适量的肥料，既提高了肥料的利用效率，也减少了过度施肥对环境的影响。精准化的农业不仅使资源利用更加合理，还减少了因经验不足或信息不对称造成的浪费，从而显著提高了生产效率和经济效益。此外，精准化管理通过数据驱动，将农业从传统的“粗放型”生产模式转变为“精细化”生产模式，实现了从宏观到微观的全方位优化，标志着农业生产进入了智能化、科学化的新阶段。

（二）智能化：自动化技术与农业生产效率的提升

智能化是现代农业发展的重要方向，通过自动化技术和人工智能的广泛

应用，农业生产效率得到了极大的提升。在智能化农业中，无人机、自动驾驶拖拉机、智能灌溉系统等设备通过物联网技术进行互联，农民可以远程监控并管理整个农田的生产过程。这种智能化操作减少了对人力的依赖，使得农民能够将更多精力投入战略决策和市场分析中。例如，自动驾驶拖拉机能够根据实时的地理数据和土壤信息自动调整耕作深度和路线，保证农田的耕作均匀，提高了土地的利用效率。智能灌溉系统则通过监测天气预报和土壤湿度自动控制水量供应，确保作物在不同生长阶段得到最适宜的水分支持。同时，智能化技术还延伸到了农产品的收割和分拣环节，自动化收割机能够根据作物的成熟度选择最佳收割时间，确保收割效率和质量。智能化农业不仅提高了农业生产的精度和速度，还通过减少人工干预降低了劳动力成本，使农业生产的效益得以最大化。智能化的全面应用标志着农业生产逐渐从传统的劳动密集型产业转向技术密集型产业。

（三）协同性：农业供应链的数字化与全流程协作

协同性是数据驱动农业中不可忽视的特征，特别是在现代农业供应链中，数据技术使得不同环节的高度协作成为可能。传统农业供应链由于信息不对称和管理分散，往往面临效率低下的问题，而数字化技术的应用，使得从生产到销售的每个环节都可以实现无缝连接。例如，通过物联网技术，农民可以实时监控作物的生长状况，并根据市场需求及时调整种植和收割计划。加工厂可以根据农田的收获进度提前做好生产安排，避免了因信息滞后造成的农产品积压或浪费。物流系统也通过数字化平台实现了高效管理，运输时间和条件都能够得到实时优化，确保农产品以最佳状态运送至市场。协同性不仅提高了供应链的效率，还增强了农业产业链中各方的沟通与合作，避免了信息不对称或缺乏协作导致的资源浪费。最终，这种协同效应使得农业生产、加工、运输和销售形成一个高效、透明的闭环系统，确保农产品能够快速进入市场，提升了农业的整体竞争力。

（四）生态性：数据技术推动的可持续农业与环境保护

在数据驱动的农业中，生态性体现为通过数据技术的应用，农业能够更加科学合理地利用资源，最大限度地减少对环境的负面影响。可持续发展已成为全球农业的一个重要方向，而数据技术为实现这一目标提供了关键的支持。精准农业技术能够通过对农田的实时监测，优化水、肥料和能源的使用，减少资源浪费和对环境的污染。例如，智能施肥系统通过分析土壤养分状况，合理控制化肥施用量，不仅提高了肥料利用率，还有效降低了化学物质对土壤和水源的污染风险。同时，病虫害监测系统可以在病害早期发出警报，帮助农民采取精准的防治措施，减少农药的过度使用，从而降低对生态系统的破坏。数据驱动的农业还促进了循环农业的发展，通过废物再利用和生物多样性的维护实现了农业生态系统的健康平衡。可持续农业不仅要求高效的生产模式，还强调与自然环境的和谐共存，数据技术的应用使得这一目标更加可行，推动了农业从传统的资源消耗型产业向生态友好型产业的转型。

（五）灵活性：数据支持下的市场响应与农业决策优化

灵活性是数据驱动农业的重要特征之一，通过对市场需求、气候变化、作物价格等多种数据的实时监测，农业生产者能够迅速调整生产策略，以适应不断变化的市场环境。传统农业生产往往缺乏对市场需求的快速响应能力，而数据技术的应用使农民能够更加敏捷地调整种植计划和进行作物选择。例如，在气候异常或市场需求波动的情况下，农民可以通过分析历史数据和市场预测迅速做出调整，选择更适合的作物种类或调整播种时间，减少可能的经济损失。智能化的农业管理系统还能够根据实时市场信息，帮助农民预测未来的需求变化，并据此制定长期生产规划，确保生产与市场的无缝对接。这种灵活性使得农业生产在应对气候变化、市场波动等不确定性时具备了更强的适应能力和竞争力。数据驱动的农业不仅提升了农民的市场应变能力，还通过智能化决策系统使得农业决策更加科学、精准，为农业生产带来了前所未有的灵活性与竞争优势。

四、数据驱动农业对我国的重要意义：高效生产、资源优化与可持续发展

（一）提高粮食生产效率：保障国家粮食安全

数据驱动农业对我国的重大意义之一在于能够大幅提高粮食生产效率，进而保障国家粮食安全。我国作为世界人口大国，粮食需求量巨大，且耕地资源相对有限，如何高效利用有限的农业资源已成为关键问题。通过应用大数据、物联网、无人机等技术，农业生产的各个环节得以精细化管理，从而显著提高耕作效率和产量。例如，精准灌溉技术根据作物实际需求进行水分

供应，避免了水资源浪费，同时提高了作物生长的适应性。智能施肥系统通过实时监控土壤养分，精确调整施肥量，减少了肥料的过度施用，降低了环境污染，同时提升了农作物的产量。这种技术推动下的高效农业生产，不仅有助于减轻自然资源短缺带来的压力，也为我国实现粮食自给自足提供了有力保障。在全球粮食供应链脆弱性增加的背景下，数据驱动的农业无疑为我国粮食安全战略提供了新的技术支撑，有助于构建稳定且可持续的粮食生产体系。

（二）优化资源配置：推动农业现代化与可持续发展

数据驱动农业为我国农业资源的高效配置提供了全新的思路和解决方案，对推动农业现代化和可持续发展具有重要意义。传统农业往往存在资源浪费问题，尤其是在水资源使用和肥料施用方面。通过数据技术的介入，农民能够实时掌握农田的环境数据，并根据这些信息制订合理的生产计划，从而最大化资源利用效率。例如，智能灌溉系统可以根据土壤湿度、气候条件和作物需求自动调节灌溉强度，避免了水资源的浪费和不必要的消耗。同时，精准农业技术使得农药的使用、化肥的施用变得更加科学和环保，减少了环境负担，促进了绿色农业的发展。这些优化了农业的资源投入产出比，为我国实现农业的可持续发展目标提供了技术支持。通过数据驱动的精准管理，农业资源配置得以进一步优化，使得农业的环境影响最小化，为生态文明建设做出贡献。

（三）促进农村经济发展：推动农民增收与农村产业转型

数据驱动农业的发展对促进我国农村经济增长和农民收入提升具有重要作用。随着农业科技的发展，数据技术为农民提供了新的增收机会和生产方式。通过智能化设备的应用，农民能够降低劳动力成本、提高生产效率，从而增加农业收入。此外，数据技术还促进了农业与互联网、物流业等其他产业的深度融合，推动了农村产业的多元化发展。例如，农民可以通过数据平台与市场直接对接，缩短中间环节，提高农产品的市场竞争力和收益。电子商务和数字平台的普及使得农民能够将农产品直接销售给消费者，实现了农产品的溯源和品牌化，有效提升了农产品的附加值。数据驱动农业不仅为农民提供了现代化生产工具，还推动了农业向服务业、加工制造业等领域延伸，促进了农村产业结构的优化和升级，推动了乡村振兴战略的实施。

（四）提升农业抗风险能力：有效应对气候变化和市场波动

数据技术的应用提升了我国农业应对气候变化和市场波动的能力。在气候变化日益加剧和极端天气频发的背景下，农业生产面临巨大的不确定性和风险。数据技术通过对气象数据、作物生长信息的实时监测和分析，可以帮助农民提前预警极端天气事件，优化生产安排，减少灾害损失。例如，智能监控系统能够及时预报即将到来的干旱、暴雨等气候变化，农民可以根据预警信息提前采取防范措施，降低损失。此外，数据技术还能帮助农民分析市场需求的变化趋势，精准调整种植结构，避免市场过剩或短缺问题，提升农产品的市场适应性和抗风险能力。数据驱动农业通过提升农民应对自然和市场双重风险的能力，为我国农业的稳定发展提供了安全保障，同时有助于提升我国农业在全球市场中的竞争力。

第二节　数据驱动的农业生产全流程：从种植到收获的智能化变革

一、土壤数据与播种决策：智能化的土壤健康分析与精准播种

农业生产的基础是土壤，而土壤的健康状况直接决定了作物的生长和收成。在传统农业中，农民依靠经验和肉眼判断土壤状况，难以精确掌握土壤的湿度、养分和 pH，导致播种决策的不科学，进而影响作物的生长。随着数据技术的引入，土壤的健康状况得到了全面且精准的监测。通过传感器、无人机和卫星遥感等技术手段，农民能够实时获取土壤的各种关键数据。这些数据为农民提供了科学依据，使他们能够根据不同作物的需求选择最佳的种植地点。例如，某些作物对土壤酸碱度的要求非常严格，基于实时监测的 pH 数据，农民可以避免选择不适宜的地块，从而提高作物的发芽率和有利于后续的生长。土壤数据还可以结合历史气候数据和区域作物适宜性模型，帮助农民选择最合适的播种时间和播种方式。通过对未来气候的预测，农民能够确保作物在适宜的天气条件下进行播种，避免过早或过晚种植导致的生长问题。智能化的土壤健康分析不仅在播种阶段发挥重要作用，还贯穿整个生长季节。农民可以根据土壤养分和水分状况的变化，适时调整施肥和灌溉策略，从而确保作物始终处于最佳生长环境中。智能化的土壤分析系统能够对土地

进行合理分区，根据不同地块的特征选择最合适的作物，从而最大限度地发挥土地的生产潜力。这种数据驱动的播种决策为现代农业生产提供了科学支持，使得农业生产更加精准、高效和可持续。

二、智能灌溉与施肥管理：基于数据的精准资源投入

在农业生产中，水资源和肥料的用量是影响作物产量和品质的关键因素。传统农业依赖农民的经验来进行灌溉和施肥，这种方式虽然简单，但往往存在资源浪费和施用不均的问题，导致水资源的过度消耗、肥料的流失，甚至对环境造成负面影响。智能灌溉与施肥管理通过数据技术实现了精准的资源调控，大幅提高了资源利用率。通过物联网传感器，农民可以实时监测土壤的湿度、温度和养分含量等信息，根据作物的实际需求调整灌溉量和施肥量。例如，当传感器检测到土壤湿度低于设定阈值时，系统会自动开启灌溉设备，精准补充作物所需的水分。施肥系统也可以根据土壤中的养分含量，自动调节施肥量，避免了肥料的过度施用和流失问题。这种精准施肥方式不仅降低了肥料成本，还减少了环境污染，提高了土壤的健康度。智能灌溉系统还能够结合气象数据预测天气变化。例如，当天气预报显示即将有降雨时，系统会自动减少灌溉量，避免浪费水资源。施肥系统同样能够根据天气情况进行调整，确保肥料能够在最佳条件下被作物吸收。这种基于数据的智能管理方式大幅提高了农业生产的效率，降低了农民的劳动强度，同时有效保护了自然资源和环境。在气候异常和水资源短缺的今天，智能灌溉与施肥管理不仅是提高农业生产效益的关键手段，也是实现农业可持续发展的重要途径。

三、作物生长监测与管理：数据赋能的全周期监控

作物的生长过程是一个复杂且多变的过程，传统农业依赖农民的经验进行管理，无法实现对作物生长全过程的精准监控。现代农业通过数据技术的应用，实现了对作物生长的全周期监测与管理，使农民能够及时了解作物的健康状况并做出科学的管理决策。无人机、卫星遥感和物联网传感器等技术使农民能够实时获取作物生长的各类数据。例如，无人机可以定期拍摄农田的高清图像，结合归一化植被指数（NDVI）等技术分析作物的叶片颜色和反射率，判断作物的健康状况。如果系统检测到叶片颜色异常，则可能存在作物缺水、病虫害或养分不足等问题，农民可以根据这些数据及时采取补救措

施。物联网传感器还可以实时监测田间的湿度、温度、光照强度等环境数据，帮助农民根据实际情况调整灌溉量、施肥量和采取防虫措施。在作物的关键生长阶段，天气的变化对产量和品质的影响尤为重要，智能农业系统能够结合天气预报数据为农民提供预警，帮助他们提前做好应对措施。这种基于数据的作物监控和管理方式，不仅提高了农业生产的效率，降低了农民的管理难度，还能够显著提升作物的质量和产量。此外，数据可以帮助农民实现对大规模农场的精细化管理，减少管理过程中的疏漏和不确定性。通过全周期的作物监测，农民能够更加精准地控制生产过程，实现科学种植。

四、病虫害防治的智能预警：数据支持的精准防控

病虫害是影响作物生长的主要因素之一，尤其在气候条件不稳定的情况下，病虫害的发生更加频繁和难以预测。传统农业中，农民通常依赖经验判断病虫害的发生，并通过大量农药进行防治，不仅增加了生产成本，还对环境和食品安全产生了负面影响。现代农业通过数据技术的应用，使病虫害防治变得更加精准和高效。通过对历史病虫害数据、气象数据和作物生长状态的综合分析，智能农业系统可以预测病虫害的暴发，并为农民提供预警。例如，某些病虫害的发生与特定气象条件密切相关，系统通过对气象数据的实时监测，可以在气候符合病虫害暴发条件的前提下，提前通知农民采取防治措施。这种智能预警系统帮助农民及时采取预防措施，减少了病虫害的危害和农药的使用量。无人机和传感器的结合还进一步提升了病虫害的防控效果。无人机可以定期拍摄农田的高清图像，结合图像识别技术，自动识别病虫害的种类和发生范围。农民能够根据这些数据精准定位病虫害的暴发区域，避免盲目用药。物联网传感器可以实时监测作物的生长状态，通过分析作物叶片、茎干等部分的变化，及时发现病虫害的早期迹象，帮助农民在病虫害扩散前采取防治措施。这种数据驱动的病虫害防治方式不仅大大减少了化学农药的使用，降低了生产成本，还提高了作物的产量和质量。智能系统还能够根据病虫害的种类和严重程度推荐最合适的防治方案，实现精准用药，避免浪费和环境污染。

五、自动化机械与数据整合：高效收割与后期处理

在农业生产的最后阶段，收割和后期处理是决定作物产量和品质的关键环节。传统的收割方式通常依赖人工操作或机械设备，虽然可以完成大规模

的收割作业，但往往效率不高，容易出现作物损失或机械操作不当导致的品质下降。现代农业通过自动化机械与数据系统的结合实现了高效、精准的收割与后期处理。通过无人机和卫星遥感技术，农民可以实时监测作物的生长情况，判断作物是否达到最佳收割期。例如，作物的成熟度与叶片颜色、植株高度等参数密切相关，数据系统能够自动分析这些指标，并推荐最佳收割时间，确保作物在最适宜的条件下被收割。同时，自动化收割机械通过数据传感器，可以实时调整作业速度和收割深度，避免作物损伤。例如，收割机械在行进过程中，传感器能够监测地形变化、作物密度等数据，并自动调整收割策略，确保作业顺利进行，减少作物损失。此外，在后期处理阶段，智能分拣系统可以根据作物的大小、重量和品质进行自动分拣。通过数据分析，系统可以识别不同质量的产品，并将其分类到不同的处理区域，提高农产品的加工效率。这种自动化与数据结合的收割与后期处理方式，不仅提高了作业效率，还减少了人工干预带来的不确定性，确保了作物的高质量收获，帮助农民提高了经济收益。

六、农产品质量追溯与供应链透明度：数据驱动的安全保障

现代农业中的农产品质量追溯与供应链透明度是保障食品安全的重要环节。传统的供应链信息记录方式复杂且容易出现人为错误，一旦出现质量问题便难以迅速追溯问题源头。而数据技术的引入使得农产品的生产、加工、运输和销售过程得到了全流程的透明化管理。通过物联网技术，农民可以在种植过程中记录相关操作信息，包括施肥、灌溉、病虫害防治等数据，这些信息会被储存在系统中，并生成每批农产品的“成长档案”。消费者只需扫描产品包装上的二维码或条形码，就能获取农产品的生产信息，确保购买的产品安全可靠。此外，区块链技术的应用使得供应链信息的记录和追溯更加透明和安全。由于区块链数据不可篡改，每一个供应链环节的信息都可以被追溯，包括加工厂、仓储和运输等环节。即使在全球供应链的复杂背景下，区块链技术也能够确保每一批农产品的来源可查、过程可追，使农产品质量问题得到及时发现和解决。这种数据驱动的质量追溯系统不仅提升了消费者对产品的信任度，还帮助农业企业优化了供应链管理，降低了生产和流通过程中的风险，提高了整体运营效率。通过供应链透明度的提升，企业能够更好地应对市场变化，确保农产品在市场中的竞争力。

七、农业生产效益评估与市场预判：数据赋能的科学决策

农业生产的每个环节都涉及资源投入和产出，而如何科学评估生产效益、做出市场预判，直接影响农民的收益。在传统农业中，农民依赖经验判断生产效益和市场趋势，难以准确把握市场需求和价格波动。而通过数据技术的应用，农民能够对每个环节的成本和产出进行精确评估，做出更科学的生产决策。例如，通过大数据分析，农民可以对土地、种子、肥料、劳动力等生产要素的投入成本进行细致分析，了解哪些环节存在改进空间，从而优化资源配置，提高生产效益。此外，数据还可以帮助农民预测市场需求和价格波动。利用历史销售数据和市场供需关系的分析，农民能够预测未来某种作物的市场需求。例如，在市场需求旺盛时，农民可以提前调整种植计划，增加相关作物的种植面积，确保在价格高峰期获得更高收益。反之，当市场预测某类作物供过于求时，农民也可以及时调整生产策略，避免产品滞销。这种基于数据的科学决策大幅减少了生产的盲目性和风险，帮助农民在瞬息万变的市场环境中做出更有利的选择。数据分析还可以结合全球市场的变化，帮助农民更好地了解国际市场的需求，提升农产品在全球市场中的竞争力。通过科学的效益评估和市场预判，农民不仅提高了生产效率，还能够在市场竞争中占据有利位置，确保了农业生产的经济效益最大化。

八、可持续农业与绿色发展：数据驱动的生态农业创新

随着全球环境问题日益严重，农业的可持续发展成为世界各国关注的焦点。传统农业化肥、农药和水资源用量过大，在短期内可以实现高产量，但长期来看对环境和生态系统造成了巨大破坏。数据技术的应用为实现农业的可持续发展提供了全新的解决方案。通过数据驱动的精准农业技术，农民能够减少对化肥和农药的依赖，提高资源利用效率。传感器技术可以实时监测作物的生长状况、土壤的养分含量和湿度情况，帮助农民根据实际需求精准施用肥料和使用农药。例如，当系统检测到作物有病虫害的早期迹象时，农民可以根据数据分析，选择最合适的有机农药进行精准喷洒，减少化学药剂的使用。这不仅降低了生产成本，还减少了对环境的污染。智能灌溉系统可以根据土壤湿度和气象数据合理分配水资源，实现节约用水。在水资源紧张的地区，智能滴灌系统能够最大限度地减少水资源的浪费。数据技术还支持农业生产中的循环经济。通过数据分析，农民可以将作物的废弃物转化为有

机肥料或新能源，减少农业废弃物的堆积问题，促进资源的再利用。这种生态农业模式不仅保护了环境，还提升了农产品的质量，帮助农业实现绿色发展。数据驱动的可持续农业为现代农业带来了新的机遇，使农业生产在满足全球粮食需求的同时减少了对环境的破坏，实现了生态保护与经济增长的双赢局面。

第三节　数据驱动农业的走向：未来图景

一、智能化农业：全局感知与精准决策

智能化农业正处于全球农耕变革的最前沿，它依托先进的感知技术、互联网和大数据分析，为农业生产提供了前所未有的精准决策支持。未来，农田将不再是一个独立的生产单元，而是一个智能生态系统，各类智能传感器会实时监测土壤湿度、气温、作物健康状态以及水资源使用情况等关键变量，并将这些数据传输到中央数据平台，农民或农业管理者可以通过智能手机或电脑终端获取精准的决策建议，如何时浇水、施肥以及进行病虫害防治等。这种全局感知与精准决策的模式不仅大幅提高了农业生产的效率，还能够根据不同地区的自然条件和市场需求灵活调整生产计划，避免了资源浪费。同时，智能化农业能够大规模减少农药、化肥用量，从而减少环境污染，推动绿色农业的可持续发展。未来，智能化农业的普及将重塑农业产业格局，使农业生产从经验驱动转向数据驱动，实现真正的精准农业。

二、农业机器人：从自动化到自主协作的转型

当前的自动化农业设备，如拖拉机、收割机等，虽然显著提高了生产效率，但仍局限于简单的重复性任务。未来，农业机器人将具备更多智能化的功能，能够自主识别并处理作物管理中的复杂问题。通过人工智能算法的进步，这些机器人不仅可以精准执行种植、施肥和收割等任务，还能在田间自主巡逻、检测病虫害，甚至在复杂的地形中完成多项任务的协同工作。这种自主协作的能力使得农业机器人能够实现更高效的多机协作，类似蜂群智能，将整个农场作为一个动态的系统进行智能管理。这一变革不仅减少了对人工的依赖，还使得农业生产的弹性大幅增强，农民能够通过远程控制或完全自主化的方式管理大规模的农田。随着传感技术和人工智能算法的不断进化，

未来农业机器人将成为智能农场的核心角色，彻底颠覆传统农业生产方式，为全球粮食安全和农业可持续发展提供技术保障。

三、数据平台：农业产业链的数字化连接与创新

农业数据平台的出现和广泛应用将使整个农业产业链的数字化水平达到一个新的高度。传统农业是一个分散、各自为战的行业，生产者与供应链、消费者之间的联系相对松散，数据共享匮乏。未来的数据平台将突破这些局限，把农业生产的每一个环节都纳入一个统一的数字化管理体系中。数据平台将汇聚从田间传感器获取的作物生长数据、市场动态数据、消费者偏好数据等，形成一个完整的农业数据生态系统。在这一平台上，农业企业可以根据实时的市场需求调整种植策略，供应链企业可以优化物流调度，消费者则能够追溯产品的种植过程。更重要的是，数据平台的开放性将为农业创新提供丰富的土壤，农业创业公司、科研机构、技术服务商等能够在这一平台上开发新的商业模式和技术应用，如精准农业服务、智慧农场解决方案等。未来的农业数据平台不仅是产业链的连接器，还是创新的催化剂，推动农业全产业链的协同创新与高效运营。

四、可持续性技术：绿色农业的数字驱动力

随着全球对环境保护和可持续发展的重视，未来的农业将以数据驱动的可持续技术为核心，推动农业生产从资源消耗型向绿色低碳型转变。在数据的支持下，农业可持续技术将实现对水、土壤、空气等自然资源的精确管理。例如，通过大数据技术分析土壤中的营养成分变化，农业生产者能够精准施肥，避免化肥的过度施用，从而保护土壤健康。又如，智能灌溉系统将通过实时监测土壤湿度和气象条件，精准调控水资源的使用，减少水资源浪费。此外，数据驱动的可持续技术还可以通过碳排放监测和碳足迹计算，为农业生产者提供碳交易的机会，增加收入来源的多样性。未来，农业将成为绿色经济的主要组成部分，数据技术将是实现这一目标的关键驱动力。

五、生物技术与数据融合：农业生产方式的突破

生物技术与数据的深度融合，将为未来农业生产方式带来颠覆性的变革。基因编辑技术、精准育种技术和作物表型大数据分析等，将为农业提供更加智能化的育种和生产解决方案。未来，农业生产将不再依赖传统的种子和化

肥，而是通过对作物基因的精准编辑，培育出更高产、更抗病虫害、更适应气候变化的作物品种。这些作物将能够根据不同地区的自然条件进行定制化生产，确保最大化地利用自然资源。而数据的介入，将使这些生物技术的应用更加精准和高效。例如，通过大规模的作物表型数据分析，研究人员可以更快地发现作物基因和环境因素之间的复杂关联，优化育种策略。同时，基因编辑作物的生长过程也将受到实时监控，农业生产者可以根据数据调整管理方式，确保最佳的生产效果。这种生物技术与数据的融合不仅提高了农业生产效率，还为解决全球粮食危机提供了新的解决方案。

六、全球农业协作网络：数据共享与跨国创新的加速

未来将通过全球协作网络的建立，打破传统农业的地域限制，实现跨国创新和数据共享。在全球化的背景下，各国农业资源禀赋、技术水平和市场需求各不相同，如何通过数据共享和协同创新来优化全球农业资源配置，将是未来农业发展的关键。通过农业数据的全球共享，农业企业可以获取更多关于气候、土壤、市场的跨国信息，从而更加精准地调整种植计划和市场策略。此外，全球农业协作网络还将加速技术的跨国转移，发达国家的先进农业技术将通过这一网络快速传播到发展中国家，缩小农业技术差距，实现全球农业生产水平的整体提升。与此同时，农业企业之间的跨国合作也将更加紧密，创新型的商业模式如农产品区块链溯源系统、跨境农业电商等将在这一网络中应运而生，推动全球农业向更加开放、合作的方向发展。

七、个性化农业：面向消费者的定制化生产

随着数据技术的发展，农业将不再是一种单纯的生产活动，而是一个面向消费者的定制化服务行业。未来的农业生产将通过大数据分析精准捕捉消费者的需求与偏好，生产个性化的农产品。例如，一些消费者可能更倾向有机食品，另一些可能关注特定营养成分的含量，数据分析可以帮助农业生产者精确定位市场需求，并根据这些需求调整种植计划。与此同时，个性化农业还将通过物联网技术实现“从田间到餐桌”的全程可追溯，消费者可以通过扫描二维码了解农产品的种植、加工、运输全过程，确保食品安全与品质。这种以消费者为中心的定制化生产模式，不仅能够提高农产品的附加值，还能够增加农业生产的灵活性，帮助农民和农业企业更好地应对市场的变化。未来，农业将成为一个高度个性化的行业，每个消费者都可以享受到量身定

制的服务。

八、风险管理与智能保险：数据引领的农业保障体系

在未来的数据驱动农业中，风险管理与保险服务将变得更加智能化和精准化。通过大数据分析，农业生产者将能够预测气候变化、市场波动、病虫害等潜在风险，采取相应的应对措施，降低损失。例如，气象数据可以实时监测异常天气，提前发出预警，帮助农民调整种植计划，避免天气对作物的毁灭性影响。同时，市场数据的实时监控可以帮助农业企业预测农产品价格波动，提前进行生产和销售的规划，规避市场风险。此外，智能保险将成为未来农业保障体系的重要组成部分，通过对农业生产数据的分析，保险公司可以为不同类型的农民提供定制化的保险服务。智能保险不仅可以根据实际的农业生产情况动态调整保费和理赔方案，还可以通过物联网设备实现对作物、畜牧的实时监控，降低风险发生的概率。未来，风险管理与智能保险将为农业生产提供全方位的保障，确保农业生产的稳定性和农民的经济安全。

九、虚拟现实与增强现实技术：农业教学与管理的新工具

虚拟现实与增强现实技术将在未来的农业教学和管理中发挥重要作用。通过虚拟现实技术，农业从业者和学生可以在虚拟农场中进行沉浸式的学习和实践，不再受到地理位置和时间的限制。学生可以通过虚拟现实体验各种作物的生长过程、土壤管理、病虫害防治等农业生产环节，获得更加直观和生动的学习体验。增强现实技术可以在实际的农场管理中发挥重要作用，通过智能设备将虚拟信息叠加在现实场景中，帮助农民实时获取作物生长的关键数据，优化管理决策。例如，农民可以通过增强现实眼镜查看田间的实时数据，如土壤湿度、作物健康状态等，甚至可以通过增强现实技术模拟不同的种植方案对产量的影响，选择最佳的管理方案。这些新技术的应用将使农业教学更加高效和生动，同时使农业管理变得更加精准和智能化。未来，虚拟现实与增强现实技术将为农业的全方位数字化提供新的工具，推动农业生产和教育的全面革新。

十、社会与生态效应：数据驱动的农业对社区和环境的深远影响

数据驱动的农业不仅给生产方式带来变革，也将对社会和生态产生深远

的影响。首先，数据驱动的农业将有助于缩小城乡差距，通过智能化技术，农民可以获得与城市居民相同的数字化服务，从而提升农村社区的生活水平。其次，农业生产的数字化还将推动农村的生态保护，精准农业技术可以减少农药的使用、化肥的施用，保护土壤和水资源，促进生态系统的可持续发展。最后，数据技术还将促进农业的透明化管理，农产品的生产过程将通过区块链等技术实现全程可追溯，增强消费者对农产品安全的信心，促进社会的食品安全保障。与此同时，随着数据驱动的农业逐渐普及，农业从业者的数字化技能要求也将提高，带动农村教育水平的提升，培养更多适应现代农业的数字化人才。总体来说，数据驱动的农业将不仅是技术上的进步，它还将在经济、社会和生态方面产生深远而广泛的影响，推动农村社会的发展与生态环境的保护。

第八章 数据驱动服务业变革

数据正在深刻变革服务业，推动其迈向智能化、精准化和高效协同的发展模式。智能技术引领服务体系升级，实现数据驱动的实时响应和动态优化，赋能经济转型与社会创新。金融科技的发展重塑了支付方式、智能投顾、数字贷款和保险模式，推动数字金融体系的构建与监管优化。精准医疗依托大数据和人工智能，实现疾病预测、个体化治疗、药物研发与健康管理的全方位变革。商贸流通通过消费者行为洞察、电子商务新模式、线上线下融合与智能决策支持，提升市场竞争力与运营效率。文化旅游产业依托数据实现智能化管理、精准营销、个性化体验与文化传播，推动文旅产业链的协同创新。未来，服务业将深化智能化管理，促进跨行业融合，加速个性化精准服务与全球化协同，构建以数据驱动的智慧服务新生态。

第一节　数据驱动服务业变革：数字化服务时代的展开

一、数据驱动的服务业变革：智能化技术引领服务新格局

数据驱动的服务业变革意味着以大数据、人工智能、物联网等新兴技术为基础，重塑服务行业的运营模式、服务方式及组织架构。在传统的服务模式中，企业主要依靠人工经验和线性流程，服务往往缺乏个性化和效率。然而，数据的广泛应用让企业得以深入挖掘客户行为、偏好、需求等信息，从而提供个性化、高精度的服务。例如，通过大数据分析，零售行业能够准确预测消费者需求、优化库存管理；金融行业通过数据驱动的风控模型提升贷款审批效率和降低风险。此外，服务的自动化和智能化不仅提高了企业的运营效率，还显著降低了人力和时间成本，帮助企业更快响应市场变化，实现敏捷化管理。服务行业中，传统的人工客服逐渐为智能客服系统所取代，这

些系统能够实时处理客户需求，提供高度个性化的解决方案。医疗行业也受益于数据驱动的变革，远程医疗、基因检测等新型服务模式得以兴起，实现了从病患筛查到精准治疗的全流程优化。与此同时，服务行业的组织结构和协作模式也在发生深刻变化，数据共享、跨行业协作成为主流，企业间的合作更加高效、开放，全球化网络进一步拓展。这种变革不仅是技术的更新，还是服务理念的革新，它推动了服务从标准化向定制化、从人工化向智能化的转变，形成了一个数据驱动的动态、灵活、创新的服务新生态。这不仅提升了服务行业的竞争力，还为未来的全球服务经济提供了无限可能。

二、服务业的历史演变：从简单劳务到复杂智能体系

服务业的历史演变是伴随人类社会的经济发展逐步展开的，从简单的劳务提供到如今全球化智能服务体系的构建，服务业经历了多个阶段的深刻变革。在最早的农业经济时代，服务业主要依附于农业生产，呈现出简单、区域化的特征，主要是满足农民和社区日常生活的基本需求，如手工业、修理、运输等劳务服务。这一时期的服务业规模小、效率低，依赖人力劳动，且多以家庭为单位提供。在生产力水平有限的背景下，服务业没有形成独立的产业形态，更多地作为农业和手工业的辅助环节存在。

随着工业革命的到来，特别是在 19 世纪后半叶，服务业逐渐从农业和制造业中分离出来，成为经济结构中的重要组成部分。工业化带来的城市化进程加快了人口向城市的聚集，大规模的工厂和企业需求催生了大量新的服务业态，如银行、保险、交通运输、批发和零售等。与此同时，生产效率的大幅提高使得人们有了更多的时间和资源来消费服务，推动了餐饮、娱乐等行业的兴起。工业革命带来的资本积累和市场拓展进一步推动了服务业的市场化和专业化，标志着服务业开始进入系统化、规模化发展的阶段。

进入 20 世纪，尤其是信息革命的兴起，服务业迎来了新一轮的质变。以计算机和互联网为核心的技术进步，极大地改变了服务的提供方式和效率。传统服务业在这一时期开始走向数字化，信息、金融、教育等行业受益于技术进步而大规模发展，全球经济一体化的趋势也使服务业逐渐脱离了国界的限制，进入了全球化时代。跨国服务企业的崛起标志着服务业进入了全球化的竞争格局，全球供应链、国际金融体系、跨国技术服务成为经济增长的重要动力之一。与此同时，消费需求的升级和服务行业的细分也催生了大量新

兴行业，如互联网金融、在线教育、电子商务等。

进入21世纪，服务业的演变步伐大幅加快，特别是在近年来，数字化成为推动服务行业深度转型的重要力量。大数据、云计算、人工智能等数字技术迅猛发展，全面渗透到各个服务领域，促使服务业从传统的人工劳务提供和信息传递逐步走向更加智能化、自动化的服务形态。数字化服务强调以数据为核心，通过技术驱动优化资源配置和服务流程，使得服务模式更加精准和高效。例如，共享经济模式崛起，像滴滴出行和Airbnb等平台通过数字化手段，实现了闲置资源的高效利用和转化，提供了前所未有的便捷服务。此外，在医疗、金融、零售等领域，数字化服务已经深入应用，智能化、自动化服务模式极大地提升了服务响应速度与质量，显著改善了用户体验。这一转型标志着服务业从传统的辅助产业跃升为经济创新和增长的关键驱动力。在这个背景下，服务行业进入了数据驱动、平台化运营的新时代。

服务业的历史演变不仅是技术进步的结果，还与社会需求的变化息息相关。随着人们生活水平的提升，消费者对个性化、高质量服务的需求日益增长，促使企业不断创新服务模式，以满足多样化的市场需求。同时，随着服务行业的扩展，其对其他产业的带动效应也越来越明显，特别是在现代经济中，制造业和服务业之间的界限日益模糊，制造业的服务化趋势进一步加剧了两者的相互融合。这一趋势促使了“制造业服务化”与“服务业工业化”并存的新局面，服务行业不再只是经济体系中的辅助性部门，而是成为经济增长的核心驱动力之一。

三、数据驱动的服务业的核心特征：数字化服务优势的来源

（一）数据驱动的精准性：基于数据挖掘的个性化服务创新

数据驱动的精准性源于大规模数据分析和深度挖掘，服务业通过分析用户行为、偏好的历史数据和实时反馈，为客户提供个性化的服务方案。数据分析可以描绘出清晰的用户画像，从而精准匹配服务需求，避免资源浪费，提高服务效率。精准性不仅优化了用户体验，也提高了企业的市场竞争力。例如，阿里巴巴通过“千人千面”技术，为每个用户定制不同的商品推荐，这种个性化购物体验使用户的购买决策更加便捷和高效，大幅提高了销售转化率。亚马逊通过分析用户的浏览和购买历史，向用户推荐符合其需求的商品，推动了其电商平台的持续增长。精准服务不仅体现在零售领域，还在教

育、医疗等行业中大放异彩。例如，Coursera 通过学习行为数据为用户推荐个性化的课程，提升了学习效果。这种基于数据的精准性将传统服务模式推向了新的高度，驱动了服务行业的个性化转型。

（二）实时响应能力：数据驱动的动态服务调节与优化

实时响应能力是现代数据驱动服务业的一个关键特征，它依赖实时数据的采集、处理和分析，使得企业能够快速响应市场需求和用户行为的变化。这种能力基于动态数据流的即时反馈，企业可以在短时间内调整服务流程，优化用户体验并提高运营效率。例如，京东物流通过实时监控仓储、运输和配送环节，能够动态调整配送路线，确保包裹快速送达，提高了服务的准确性和及时性。Uber 通过实时分析供需情况，调整定价策略和车辆调度，不仅优化了资源配置，还提升了用户的出行体验。Nest 的智能家居系统依赖实时数据分析，能够根据用户习惯和环境变化自动调节温度，提供智能化的居住环境。实时响应能力的核心在于数据的即时性，它推动了服务业从被动响应向主动管理的转型，使企业能够在快速变化的市场中保持竞争优势，同时提升了服务的灵活性和客户满意度。

（三）平台化运营：数据整合驱动的高效协同与优化配置

平台化运营通过整合数据资源实现了服务的高效协同与资源的优化配置，成为现代服务业的重要特征之一。平台化运营依赖数据的整合与共享，打破了传统行业中各自为政的信息孤岛，使得不同服务环节、供应链要素能够在统一的平台上协同工作，从而大幅提高服务效率。例如，美团通过整合餐饮、外卖、酒店等多种生活服务，构建了一个全面的服务生态系统，用户只需通过一个平台即可实现多个服务需求。这种模式不仅提升了服务的便利性，还促进了企业间的资源共享和协同合作。Airbnb 通过整合全球的住宿资源为旅客提供多样化的选择，同时帮助房东提高了房源的利用率，实现了资源的最优配置。平台化运营通过数据整合推动了服务业的协同创新，使得企业能够在竞争激烈的市场中保持优势，并不断开拓新的服务模式，提升了行业的创新能力和服务水平。

（四）数据赋能的创新能力：数据驱动的服务模式迭代与变革

数据赋能的创新能力是现代服务业持续发展的重要动力，依赖大数据的洞察力和分析能力，企业可以通过数据反馈快速调整服务模式，推动产品和服务的不断迭代。数据为企业提供了市场趋势、用户行为和潜在需求的全面视图，使得企业能够在竞争中保持领先地位，并迅速捕捉市场中的机会。例如，腾讯通过微信支付构建了一个涵盖支付、社交、O2O 等多方面的生态系统，不仅改变了中国的支付模式，也推动了零售和餐饮等行业的数字化转型。在金融领域，摩根大通通过大数据和人工智能技术开发自动化交易系统，提高了交易效率并降低了风险。零售领域的 Zara 通过实时分析市场需求和用户反馈，优化供应链，缩短了产品从设计到上架的周期，推动了时尚零售行业的快速反应模式。数据赋能使得服务行业具备了持续创新的能力，能够迅速应对市场变化并推出新型服务模式，推动了全球服务业的快速发展和升级。

四、数据驱动的服务业发展对我国的重要意义：赋能中国经济转型与社会创新

数据驱动的服务业在我国的经济转型、就业创业、消费升级和全球竞争力提升方面发挥着至关重要的作用。通过大数据、人工智能等技术，传统服务行业实现了智能化转型，运营效率得以大幅提高。顺丰快递通过智能调度系统优化物流配送，提高了配送效率并降低了成本；平安好医生通过远程医疗和健康管理技术，极大地改善了医疗资源分配，尤其给偏远地区居民带来了高效的医疗服务。这些技术赋能不仅推动了服务行业从劳动密集型向技术密集型的转变，还助力高质量经济发展。数据驱动的服务业为社会创造了大量新兴就业机会和创业空间。滴滴出行、饿了么等平台通过共享经济模式提供了灵活就业岗位，而阿里云、腾讯云等平台为初创企业提供数字基础设施支持，降低了创业门槛，促进中小企业蓬勃发展。数据技术也极大地推动了消费升级，天猫商城通过分析用户购物历史和偏好，提供个性化商品推荐，携程网利用大数据为用户定制个性化旅行方案，提升了用户体验和消费效率。在全球竞争力方面，数据驱动增强了中国服务企业的国际化能力。美团凭借精准运营模式快速扩展市场，华为通过云计算和大数据技术向全球客户输出先进的数字化解决方案，显著提升了中国企业在国际市场中的竞争力。数据驱动的服务业已成为推动我国经济增长、提升社会发展水平、增强全球竞争力的核心动力，为我国在数字经济时代占据有利位置提供了坚实基础。

第二节　数字金融：业务模式的全新变革

一、金融科技：技术变革驱动金融创新

金融科技是近年来全球金融领域最具革命性的力量，它通过技术创新彻底改变了传统金融服务的模式，并推动了金融行业的深刻变革。大数据、人工智能、区块链等技术的应用，为金融行业提供了更加精准的风险评估、自动化的业务处理和个性化的客户服务，从而提高了整体效率。金融科技公司的兴起打破了银行等传统金融机构的垄断地位，提供了更加灵活和便捷的金融服务。例如，支付宝、微信支付等中国金融科技巨头不仅改变了个人的支付习惯，还推动了小微企业的数字化转型。国际上如Stripe、Square等金融科技公司通过提供数字支付解决方案，显著提升了中小企业的跨境交易能力，推动了全球化的商业发展。人工智能在金融领域的应用也极为广泛，从反洗钱、信用评估到智能投顾，人工智能技术为金融服务带来了新的可能性。例如，机器学习算法能够实时分析大量的交易数据，快速识别可疑的交易行为，大大提高了金融机构的风控能力。区块链技术则通过去中心化的方式重构了金融交易的信任机制，不仅提高了交易的透明度，还减少了中介费用，提高了整体金融交易的效率。这些创新不仅推动了金融服务的普及，也给那些传统金融服务覆盖不到的偏远地区和经济体带来了新的金融机会。未来，随着技术的进一步发展，金融科技将继续推动全球金融体系的深度变革，使金融服务更加智能化、个性化和全球化。

二、数字支付：无现金时代的到来与支付方式的重塑

数字支付作为金融科技的重要组成部分，正在推动全球进入一个无现金社会，并彻底改变了人们的支付方式。传统的现金支付和银行卡支付逐渐为更加便捷的移动支付所取代，尤其是在中国，支付宝和微信支付已经成为主流支付方式，几乎涵盖了所有日常消费场景。从街边小摊到高端商场，从国内支付到国际支付，数字支付的应用范围正在不断扩大。数字支付的优势不仅在于便捷性，还在于它能够实时记录交易数据，为消费者提供更加透明的消费记录和更好的预算管理工具。与此同时，数字支付还为小微企业和个体经营者提供了更加低成本的支付解决方案，帮助他们拓展市场。国际上，苹

果支付、谷歌支付等支付平台在不断拓展其全球市场，推动了跨境电商的快速发展。数字支付的普及还为无银行账户的人群提供了新的金融参与方式，尤其是在发展中国家，数字支付平台成为这些地区居民获取金融服务的主要途径。近年来，区块链技术也在推动数字支付的进一步变革，通过去中心化的支付方式，区块链支付不仅提高了交易的安全性，还大幅降低了跨境支付的时间和成本。例如，Ripple 公司通过其基于区块链的支付网络，已经帮助全球多家银行和金融机构大幅提高了跨境支付效率。未来，随着 5G 网络和物联网技术的普及，数字支付将进一步嵌入智能设备和自动化系统中，实现真正的无缝支付体验。

三、区块链与数字货币：去中心化与货币形态的未来

区块链技术作为去中心化的代表，给金融行业带来了深刻的变革，尤其是在数字货币领域的应用展现了货币形态的未来发展趋势。区块链通过分布式账本技术，使得每一笔交易都可以在多个节点上得到验证，从而消除了传统金融交易中的中介角色，大幅提高了金融交易的透明度和安全性。比特币作为最早应用区块链技术的数字货币，展示了去中心化货币系统的潜力。虽然比特币的市场波动性较大，但它作为一种数字资产已经逐渐被更多的机构投资者接受，并成为全球金融市场的重要组成部分。以太坊则通过智能合约的概念，进一步拓展了区块链的应用场景，使得金融交易可以通过编程自动执行合同条款，从而减少了人为干预和潜在的操作风险。除了加密货币，越来越多的国家开始研究和试点中央银行数字货币（CBDC），如中国的数字人民币旨在通过数字货币提升货币的流通效率和国家的金融主权。这些去中心化的货币形式不仅重新定义了货币的形态，还给跨境支付、金融包容性以及全球经济一体化带来了新的契机。未来，随着区块链技术的不断成熟，数字货币将逐步走向主流，成为全球金融体系中的重要组成部分，为金融交易的安全性、透明性和效率提供全新的解决方案。

四、智能投顾：数据驱动的财富管理服务

智能投顾作为金融科技的一个重要分支，正在通过数据驱动的方式重新定义财富管理服务。传统的财富管理服务往往依赖金融顾问的个人经验和判断，而智能投顾通过大数据分析和人工智能技术为用户提供更加精准和个性化的投资建议。智能投顾平台通过分析用户的财务状况、投资目标、风险偏

好等多维度的数据，自动生成个性化的投资组合，并根据市场变化实时调整投资策略。这种数据驱动的财富管理方式不仅提高了投资的准确性，还降低了财富管理的成本，使得更多中小投资者能够享受高端的财富管理服务。例如，全球知名的智能投顾平台如 Betterment 和 Wealthfront，已经帮助数百万用户实现了财富的稳步增长。与传统的人工财富管理服务相比，智能投顾可以通过机器学习算法实时跟踪市场变化，调整投资组合，以确保投资者在市场波动中的风险最小化。此外，智能投顾还能够通过自动化的方式处理大量的投资组合管理任务，大大提高了工作效率，并消除了人为操作中的错误风险。未来，随着人工智能技术的进一步进化，智能投顾将能够提供更加精准和多元化的投资服务，为全球的个人和机构投资者带来更加个性化、智能化的财富管理体验。

五、数字化贷款平台：普惠金融的数字化变革

数字化贷款平台的兴起为普惠金融带来了革命性的变革，使得更多的小微企业和个人能够以更低的门槛获得贷款服务。传统的贷款申请流程往往烦琐且耗时，而数字化贷款平台通过在线化的操作流程和自动化的风控体系，大大缩短了贷款的审批时间。例如，蚂蚁金服通过大数据分析，为没有传统信用记录的小微企业提供信用贷款服务，帮助这些企业迅速获得资金支持。这种数字化贷款模式不仅能够降低贷款的风险，还能够通过实时数据分析，动态调整贷款额度和利率，为借款人提供更加灵活的融资选择。P2P 借贷平台如 LendingClub 和 Prosper 等，通过连接借款人和投资者，打破了传统银行的中介角色，为个人和企业提供了更多的借贷渠道。然而，随着数字贷款平台的迅速发展，也出现了一些新的监管挑战和风险，特别是在风控不足的情况下，可能导致借贷市场的过度扩张和违约风险的增加。因此，数字化贷款平台需要不断加强技术手段，提升风险管理能力，以确保其可持续发展。未来，随着区块链和人工智能技术的进一步应用，数字化贷款将更加智能化、透明化，并为普惠金融的实现提供更强有力的支持。

六、数字资产管理：从传统资产到虚拟资产的转型

数字资产管理是金融科技发展的一个重要领域。虚拟资产不仅包括加密货币，还涵盖了如非同质化代币（NFT）等新兴的数字资产形式，这些资产的管理需求正在推动整个资产管理行业向数字化方向发展。例如，加密货币

交易所如 Coinbase 和 Binance，已经为全球数百万用户提供了数字资产的管理服务，使得用户能够方便地进行加密货币的买卖和存储。此外，数字资产的管理还需要解决资产安全、隐私保护等问题，尤其是在面对黑客攻击和市场波动时，如何确保数字资产的安全性成为行业关注的焦点。区块链技术的应用在这一过程中发挥了关键作用，通过去中心化的分布式账本技术，数字资产的交易和管理变得更加透明和安全。与此同时，传统的资产管理公司也开始拥抱数字化转型，如贝莱德、富达等全球顶级资产管理公司都在加大对数字资产的投资和布局，开发数字资产管理平台，为高净值客户提供更为丰富的投资选择。未来，随着虚拟资产的多样化和市场规模的扩大，数字资产管理将成为财富管理的重要组成部分，并为全球投资者提供更加灵活和多样化的资产配置方式。

七、金融监管：数字金融环境下的监管挑战与创新

随着数字金融的迅猛发展，金融监管面临前所未有的挑战和压力。传统的监管框架已难以适应数字金融的快速变化和技术创新，特别是在金融科技、区块链、加密货币等领域，监管机构面临着如何平衡创新与风险的难题。例如，P2P 借贷平台的爆发式增长曾在多个国家引发系统性风险，许多平台风控不足或监管缺失，导致了大量的投资者损失，这也凸显了数字金融监管的必要性。然而，过度的监管可能抑制金融创新，阻碍新兴金融科技公司的发展。因此，如何在创新与风险之间找到平衡，是未来金融监管需要重点解决的问题。为了应对这些挑战，全球的金融监管机构正在探索通过技术手段提升监管能力。例如，监管科技（RegTech）通过大数据、人工智能等技术手段，实现对金融市场的实时监控和风险预警，增强了监管的精确性和及时性。此外，区块链技术的应用也为金融监管提供了新的工具，通过去中心化的分布式账本系统，监管机构可以更好地追踪和审核金融交易，提升金融体系的透明度。未来，金融监管需要在保障市场稳定和促进创新之间找到最佳平衡点，推动数字金融健康、可持续地发展。

八、数字保险：大数据与人工智能引领风险管理新趋势

数字技术的迅速发展正在彻底改变保险行业的风险管理模式，尤其是大数据和人工智能的应用，为保险公司的业务运营带来了全新的可能性。传统的保险产品往往依赖静态的风险评估模型，基于历史数据进行预测和定价，

然而这种方式在面对复杂多变的市场环境时显得相对滞后。而数字保险通过大数据分析和人工智能技术，可以实时监测用户的行为和风险状况，提供更加动态和精准的风险管理服务。例如，车险领域的“按需定价”模式，利用物联网技术实时监测驾驶员的行为，根据驾驶习惯和路况等因素动态调整保费，大大提升了保险公司的风险管理能力。与此同时，智能合约在保险理赔中的应用也带来了流程上的革命，通过区块链技术，保险合同的条款可以自动执行，一旦触发特定条件，理赔流程将自动启动，无须人工干预，降低了操作风险和理赔成本。此外，健康保险领域的大数据分析可以通过用户的健康数据进行精准的健康管理和疾病预防，提供更加个性化的保险服务。未来，随着数字技术的进一步应用，保险行业的风险管理模式将更加智能化、个性化和高效化，为个人和企业提供更具竞争力的保险产品和服务。

九、金融业务模式再造：数据驱动的金融智能

数据驱动的技术正在彻底改变金融行业中的核心业务流程，尤其是在风险评估、欺诈检测、信用评价、合规检测、算法交易和形势预判等关键领域，金融智能的应用变得尤为重要。风险评估已经从依赖历史数据的静态分析转变为利用大数据和人工智能进行动态的实时评估。通过收集和分析大量的客户交易记录、行为数据和市场波动，金融机构能够更快识别潜在的风险。例如，机器学习算法可以分析客户的资金流动、交易模式和市场波动，预测可能的违约风险，从而提前采取措施降低风险暴露。欺诈检测在数据驱动的背景下变得更加精准和高效。传统的欺诈检测依赖固定规则，而现在通过人工智能的深度学习模型，金融系统能够识别复杂的欺诈模式，即使异常行为非常微小也可以被快速捕捉到。例如，PayPal 通过机器学习技术分析用户交易行为，一旦检测到异常交易，系统会立即发出警报，显著减少了欺诈行为的发生。信用评价方面的创新同样受益于大数据技术。以前的信用评分主要基于财务历史，而现在，个人的消费行为、社交网络活跃度等非传统数据也可以用于生成更加全面的信用评分。蚂蚁金服的芝麻信用便是一个典型例子，它通过整合用户的线上行为、社交数据等，提供了更加精准的信用评估。合规检测是另一个在金融智能中取得突破的领域，传统的合规检测流程耗时且依赖人工审核，而现代金融机构利用自然语言处理技术自动识别监管要求，确保交易符合最新的法律法规。监管科技正在帮助金融企业迅速适应快速变化的监管环境，提高合规效率。算法交易的兴起彻底改变了金融市场的操作

方式，通过自动化程序和量化模型，机构投资者能够根据市场变化做出毫秒级的交易决策。高盛等全球投资银行已经通过算法交易在全球市场中占据优势地位。形势预判是金融机构决策支持的重要部分，通过分析市场的历史数据和当前的宏观经济指标，机器学习模型能够预测未来的市场趋势和经济波动。例如，摩根士丹利的预测系统结合全球经济数据和公司财报信息，能够预判未来的股市走势，为投资者提供前瞻性的策略支持。

十、未来展望：数字金融的持续创新与社会经济的转型

数字金融的发展不仅是技术的创新，也是社会经济结构深刻转型的推动力。随着人工智能、大数据、区块链等技术的不断演进，数字金融将继续在多个领域推动创新，为全球经济的可持续发展注入新的动力。未来，数字金融不仅会改变传统的金融服务模式，还将推动社会经济的包容性增长，为更多没有被传统金融服务覆盖的人群提供金融支持。例如，区块链技术的去中心化特性将使得金融服务更加透明和开放，金融机构与用户之间的信任关系将通过智能合约和分布式账本技术得到保障。此外，人工智能的应用将进一步提升金融服务的智能化水平，通过分析海量的用户数据，金融机构将能够为客户提供更加精准的个性化服务，提升客户体验和满意度。同时，随着5G网络和物联网技术的普及，数字金融将进一步融入人们的日常生活中，从智能支付到自动化投资管理，金融服务将变得无处不在。未来，数字金融不仅是金融行业的变革，它还将在更广泛的社会经济层面产生深远的影响，推动全球经济体系向着更加智能化、数字化和可持续的方向发展。

第三节　精准医疗：数据驱动的医疗方式的全方位变革

一、疾病预测：早期发现与干预的革命性进展

疾病预测是精准医疗的核心起点，依托大数据和智能算法的进步，医学正从传统的症状驱动诊断向基于数据的预测性干预转变。传统的医疗模式更多关注疾病的治疗，而预测性医学将重点放在早期发现上，借助基因组学、电子健康记录（EHR）、环境和行为数据，能够在疾病的潜伏期就进行干预。例如，基因数据的分析可以帮助识别癌症或遗传疾病的风险，电子健康记录的持续跟踪可以发现潜在的慢性疾病或心血管疾病的风险趋势。这种数据驱

动的方式不仅能识别个体患病的可能性，还能预测群体性的疾病暴发或流行病的趋势。在技术层面，机器学习、深度学习和其他智能算法为大规模的数据分析提供了强大的支持，使得以往被忽略的细微差异得以显现出来，进而提供早期预警和防控方案。在实践中，疾病预测不仅有助于减轻医疗资源的压力，而且能够节省大量的医疗费用，因为早期干预往往比晚期治疗更具成本效益。更为重要的是，这种转变将疾病的主动防控权从医生手中交还给个体，赋予患者更大的健康管理自主权，从而提升整体健康水平。通过精准预测，个体不再被动地等待疾病的到来，而是能够主动采取措施降低风险，确保健康。

二、个体诊断：智能技术驱动精准诊疗

随着医学科技的发展，智能技术为个体诊断带来了前所未有的革命性变革。传统的诊断方法依赖医生的经验和有限的检查手段，然而，现代技术，特别是机器学习、人工智能、深度学习等算法的广泛应用，使得诊断精度显著提升。智能技术不仅能够从传统的医学影像中提取更多的细节信息，还能通过基因数据、病历数据和环境数据的整合，生成全面的诊断方案。例如，在医学影像领域，人工智能算法能够在短时间内分析大量的 X 光片、CT 扫描报告、MRI 影像，发现肉眼难以察觉的早期病变，并给出更为准确的诊断建议。此外，基因组学的应用使得医生能够通过对基因突变的检测发现个体的遗传疾病风险，从而制订个性化的预防和治疗计划。而对于慢性疾病如糖尿病、心脏病等，电子健康记录结合智能技术能够通过历史数据的分析发现病情的微小变化，帮助医生及早干预，避免病情恶化。智能诊断系统的优势不仅在于提高了诊断的准确性，还缩短了诊断时间，减少了患者的等待成本。随着更多医疗设备与人工智能技术相结合，未来的诊断模式将更加精准化、个性化，逐渐改变传统的医疗服务流程。

三、个性化治疗：量身定制的治疗方案

精准医疗的一个重要特征就是根据个体的独特生物学特征量身定制治疗方案。这种基于数据的个性化治疗模式与传统的“一刀切”式的治疗模式形成了鲜明对比。在精准医疗中，数据为医生提供了丰富的个体信息，如患者的基因序列、生活方式、病史以及其他生物标志物，这些信息帮助医生制定更具针对性的治疗方案，确保药物或治疗方式能够发挥最大的效果。例如，

靶向治疗是一种识别和攻击癌症细胞中特定突变基因的治疗方法，与传统化疗不同，它只攻击癌细胞，减少对健康细胞的损害，从而显著降低副作用。免疫治疗则通过激活患者自身的免疫系统来对抗癌症，是另一种具有高度个性化的治疗方式。此外，基因编辑技术（如 CRISPR）也为个性化治疗带来了新的可能性，医生可以直接对患者的基因进行修饰，纠正导致疾病的遗传突变。数据还可以帮助医生选择最适合患者的药物，避免药物过敏或药效不佳的情况发生。通过全面了解患者的生物学特征和生活环境，医生可以更加精准地预测治疗的效果，并根据患者的实际反应进行动态调整，从而提高治愈率并减少治疗过程中的不确定性。个性化治疗不仅提升了医疗效果，还极大地改善了患者的生活质量。

四、药物开发：加速新药研发与精准化设计

药物开发一直是一个漫长且昂贵的过程，通常需要数年的研究和巨额的投资。然而，随着大数据和智能技术的应用，药物开发的进程正在发生根本性变化。通过整合多组学数据、临床试验数据、基因组数据以及生物标志物数据，药物研发人员能够更快、更准确地识别潜在的药物靶点，从而加速药物发现的过程。在药物开发中，机器学习和人工智能算法的应用可以帮助研究人员从海量化学结构和生物反应中找到可能的药物分子，同时通过虚拟筛选和模拟实验减少了不必要的失败实验。此外，精准医疗所依赖的数据还能帮助制药公司更好地设计临床试验，通过对患者进行更细致的分层，确保试验中的受试者符合特定的生物学条件，从而提高新药的成功率。这种基于数据的药物开发方式还可以通过患者的个体数据开发出针对特定人群的个性化药物，尤其在癌症和遗传性疾病的治疗中，个性化药物展示出了极大的潜力。通过缩短药物研发周期和提高成功率，数据在药物开发中的应用不仅可以为患者提供更快速的治疗选择，还能显著降低药物成本，使更多患者受益。

五、疗效评估与预后预测：动态调整与精准反馈

在精准医疗的实践中，疗效评估与预后预测至关重要。传统的医疗模式通常依赖医生的经验和患者的主观反馈，而精准医疗通过引入数据驱动的评估模型，实现了疗效评估的智能化和预后预测的精准化。通过对患者数据的持续采集和分析，医生能够实时了解患者的治疗反应，识别潜在的风险并进

行早期干预。例如，对于接受抗癌治疗的患者，医生可以通过生物标志物和影像学数据的监测及时发现肿瘤的变化，判断治疗的效果，并根据患者的反应调整治疗方案。这种动态的疗效监控不仅提高了治疗的成功率，还显著降低了副作用的发生率。与此同时，机器学习和深度学习算法也被广泛应用于预后预测领域，通过分析大量患者的历史数据，这些算法能够对个体患者的治疗效果进行精准的预测，帮助医生和患者做出更明智的决策。精准反馈机制使得治疗不再是一成不变的过程，而是一个根据患者具体情况进行动态调整的系统，从而最大限度地提高患者的生存率和生活质量。

六、健康管理与监控：全生命周期的健康维护

健康管理是精准医疗的重要组成部分，不仅关注疾病的治疗，还涵盖了疾病的预防和全生命周期的健康维护。随着医疗科技的快速发展，健康管理正从传统的定期体检模式转向实时监控、全方位跟踪的精细化管理。通过智能设备、可穿戴设备和手机应用，个人的健康数据得以随时随地采集，医生可以基于这些实时数据提供个性化的健康管理建议。例如，慢性病患者可以通过可穿戴设备监测血糖、血压、心率等关键生理指标，医生可以根据这些数据对患者的用药、饮食和生活方式提出调整建议，避免并发症的发生。健康管理的核心在于疾病的预防，而非单纯的治疗，特别是对于一些不可逆的慢性疾病或老年性疾病，早期干预和长期监控至关重要。此外，健康管理不仅局限于个体，还涉及群体健康的整体提升。通过对庞大的医疗数据进行分析，医疗机构和政府可以识别群体中的高风险人群，制定更为有效的公共卫生政策，优化资源分配。健康管理的另一个关键是全生命周期的覆盖，从婴儿时期的疫苗接种到老年时期的慢性病管理，每个生命阶段的健康需求不同，精准医疗通过整合基因数据、环境数据和生活方式数据，帮助医生为每个阶段的个体提供量身定制的健康管理方案。未来，随着物联网和大数据技术的进一步普及，健康管理将不仅是疾病的预防和治疗，还是涵盖了从生命初期到终末期的全程监护，实现真正的全生命周期健康维护。

七、健康干预与预防：优化个体与群体健康策略

精准医疗的最终目标不仅在于治疗已经发生的疾病，更重要的是实现健康干预与预防。通过基因数据、生活方式数据和环境数据的综合分析，医生能够识别出个体和群体中的高风险因素，提前制定干预措施，防患于未然。

个体化的健康干预是精准医疗的一个重要方向。例如，基因检测可以帮助发现个体对某些疾病的易感性，如乳腺癌、前列腺癌等，从而让医生和患者能够提前采取预防措施，如定期筛查、生活方式调整等。针对慢性病患者，健康干预的目标则是通过数据监控和智能分析，优化药物治疗和生活方式管理，避免病情恶化。除了个体层面的健康干预，群体健康的提升同样重要。通过对庞大的公共卫生数据进行深度分析，医疗机构和政府可以识别出群体中的高风险人群和潜在疾病流行趋势，从而制定更有效的公共卫生政策，提高疫苗接种率、优化医疗资源配置，并实施有针对性的健康教育计划。健康干预与预防不仅能够降低疾病的发病率和复发率，还能显著降低医疗成本，提高社会整体的健康水平。未来，随着基因组学、智能算法和大数据技术的不断进步，个体化和群体化的健康干预将变得更加精确和有效，实现从被动治疗到主动预防的根本性转变。

八、未来展望：全生命周期健康管理

精准医疗的未来发展方向必然是从单一的疾病治疗走向全生命周期的健康管理，而预测性医学将在其中发挥至关重要的作用。通过基因组学、蛋白质组学、代谢组学等多组学数据的深入解读，医生将能够在个体的生命早期就预测其一生中可能面临的健康风险，从而为其制订全生命周期的健康管理计划。预测性医学的核心在于利用大数据和智能算法，结合个体的基因信息、环境因素和生活方式数据，提前识别潜在的疾病风险，并通过早期干预加以预防。例如，未来的医院将不再是单纯的疾病治疗场所，而是健康管理的中心，通过远程医疗、可穿戴设备、智能传感器等技术，医生可以实时监控患者的健康状态，及时提供干预建议。与此同时，虚拟现实技术也将在精准医疗中得到广泛应用，医生可以通过虚拟环境对患者进行精确的手术模拟，减少手术风险，提高成功率。远程医疗和人工智能的结合将使得优质医疗资源更加普及，患者不再受地理位置的限制，随时随地都可以获得顶尖的医疗服务。精准医疗的最终目标是通过预测性医学实现健康管理的全生命周期覆盖，从出生到老年，个体的每一个健康阶段都能得到个性化的关注和维护。未来，随着技术的不断进步，健康管理的模式将更加智能化、个性化和高效化，为人类健康带来前所未有的革命性变革。

第四节 数据驱动的商贸流通变革：从效率提升到模式创新的系统演进

一、商贸流通的历史演变：从传统市场到数字化转型的历程

商贸流通的历史可追溯到古代的丝绸之路、海上贸易等，当时的贸易依赖人力运输和线下交易，受到交通和通信技术的限制，商贸流通效率较低。随着工业革命的到来，铁路、蒸汽船和电报的普及极大地提升了商品的流通速度，商贸逐渐向区域性、全国性甚至国际性拓展。然而，传统商贸流通模式仍然面临供应链复杂、信息不对称等挑战，商贸流通效率受到诸多因素的制约。20 世纪末，互联网和信息技术的兴起彻底改变了商贸流通的面貌。电子商务、数字支付和智能物流逐步取代了传统的商贸模式，使得企业能够通过数字平台实现商品的全球化流通，同时大幅提高了供应链的透明度和响应速度。现代商贸流通的核心在于数据驱动，通过分析消费趋势、物流数据和市场动态，商家可以在更短时间内满足市场需求。例如，天猫双 11 购物节就是一个典型的案例，通过实时数据监控和精准营销，商家可以在 24 小时内完成数以亿计的订单处理。此外，亚马逊的智能仓储和无人机配送技术也标志着商贸流通正在向高度自动化和智能化的方向发展。这一过程中，数据作为新的生产要素极大地推动了商贸流通的效率提升，并加速了全球商贸体系的数字化转型。未来，随着物联网、区块链等技术的进一步应用，商贸流通的边界将被进一步拓展，全球商品的流通效率和智能化水平也将迎来新的飞跃。

二、消费者行为洞察：基于数据的精准营销

在现代商贸流通中，消费者行为洞察已成为企业制胜的关键手段。通过大数据技术，企业能够对消费者的购买行为、偏好和需求进行精准分析，从而为其提供个性化的产品推荐和服务方案。这种转变得益于互联网和智能设备的普及，消费者在浏览商品、下单、支付等环节产生了大量的数据，企业通过数据分析可以深入了解每位消费者的购物习惯。例如，亚马逊的推荐算法正是通过分析用户的浏览记录和购买历史，为其推荐最有可能感兴趣的商品，从而提高了销售转化率。此外，社交媒体平台的用户互动数据也成为精准营销的重要来源。企业可以通过分析用户的社交互动、评论和分享行为了解他们的兴趣点，并根据这些信息制定针对性的营销策略。例如，耐克通过

社交媒体分析发现年轻用户对个性化定制鞋的需求很高，随即推出了 Nike By You 的定制服务，取得了巨大的市场成功。精准营销不仅体现在产品推荐上，还体现在广告投放上。通过程序化广告购买，企业可以根据用户的浏览历史、位置和社交媒体行为等数据，将广告精准投放到潜在消费者面前，极大地提高了广告的点击率和转化率。这种基于数据的消费者行为洞察正在重新定义企业的市场策略，使得商贸流通不再是盲目的产品推销，而是有的放矢的精准服务。

三、电子商务新业态的涌现：创新模式与技术应用

随着互联网技术的快速发展，电子商务领域涌现出了许多新的业态，这些创新模式不仅改变了传统的商贸流通模式，还为企业提供了全新的增长动力。以社交电商为例，拼多多通过社交平台的分享裂变机制，将购物与社交体验结合，吸引了大量用户参与。消费者不仅是购物者，也是商品的推广者，这种“社交+电商”的模式使拼多多迅速崛起，成为中国电商市场的领军企业之一。与此同时，直播带货也成为一种新型的电子商务模式，主播通过直播平台直接与观众互动，展示商品并进行实时销售。淘宝、抖音等平台的直播带货活动屡屡刷新销售纪录，顶级主播的单场销售额甚至可以达到数亿元。除了社交电商和直播带货，社区团购作为另一种新兴业态也在迅速发展。用户通过社区团长下单，团长统一配送，这种模式缩短了供应链环节，降低了物流成本，同时满足了用户对本地化、即时性商品的需求。此外，区块链技术的应用也为电子商务带来了全新的机遇，通过区块链技术的不可篡改特性，企业可以实现商品流通的全程追溯，提升消费者的信任感。电子商务的新业态不仅是技术创新的结果，也是消费者需求不断变化的体现，未来，随着 5G、人工智能等新技术的普及，电子商务还将迎来更多的创新模式。

四、渠道模式重构：线上线下的融合

线上线下渠道的融合是现代商贸流通的重要趋势之一，而数据在这一融合中扮演了核心角色。传统的零售模式将线上和线下视为两个独立的渠道，然而随着消费者行为的变化和数字化技术的进步，线上线下的边界逐渐模糊，形成了全渠道零售的新模式。企业通过数据打通线上和线下的销售、库存、物流等环节，形成一个无缝衔接的购物生态系统。例如，阿里巴巴的新零售模式便是线上线下融合的典型案例，旗下的盒马鲜生通过线上下单、线下配

送的方式，实现了“30分钟到家”的极速配送体验，极大地提升了用户的购物便捷性。数据在这一过程中起到了关键作用，企业通过实时监控线上和线下的库存情况，确保商品能够快速匹配到最近的配送中心，从而提高配送效率。此外，线下实体店的角色也在发生转变，其成为展示和体验的场所，而实际的购买行为更多地转移到了线上。消费者在实体店中可以通过智能设备扫描商品二维码了解产品的详细信息，并通过线上平台完成支付。数据不仅打破了线上线下的壁垒，还使得消费者的购物体验更加个性化和智能化。未来，随着物联网和大数据技术的进一步发展，线上线下融合的趋势将更加深入，商贸流通的效率和用户体验也将持续优化。

五、智能决策支持：数据驱动的运营管理优化

在现代商贸流通中，数据已经成为企业优化运营管理的重要资源。通过对销售数据、库存数据、物流数据等多维度信息的分析，企业可以做出更加精准的商业决策，提升市场响应速度和运营效率。智能决策支持系统的核心在于利用大数据和人工智能技术对大量的历史数据进行分析和建模，预测未来的市场需求和销售趋势。例如，亚马逊的库存管理系统就是通过智能算法对历史销售数据进行分析，预测未来的需求波动，从而优化库存配置，避免出现商品积压或断货现象。与此同时，数据分析还可以帮助企业识别市场中的潜在机会，提前布局新兴市场或产品。例如，京东通过对用户浏览和购买数据的分析，发现智能家居产品的需求快速增长，于是及时调整其产品策略，从而抢占了市场先机。智能决策不仅体现在库存和销售管理上，还可以为企业的营销策略提供支持。通过数据分析，企业可以识别出不同消费群体的偏好，制定有针对性的促销方案，从而提高营销的效率。未来，随着数据处理能力的提升和人工智能技术的进步，智能决策支持系统将变得更加精准和高效，帮助企业在竞争激烈的市场竞争中保持优势。

六、商贸生态系统的协同：数据共享与平台化服务的兴起

现代商贸流通逐步演变为一个高度协同的生态系统，而数据共享与平台化服务是这一演变的关键驱动力。传统的商贸流通模式往往是分散的，各个环节之间缺乏有效的协同和信息共享，导致效率低下。然而，随着数字技术的进步，数据共享在商贸生态系统中的作用日益凸显。通过建立统一的数据平台，企业能够实现供应链上下游之间的信息实时共享，从而提高资源的利

用效率。例如，菜鸟网络通过构建全球智能物流网络，实现了物流公司、仓储公司、商家和消费者之间的数据共享，大幅提高了物流配送的效率。同时，平台化服务的兴起也为商贸流通带来了新的发展机遇。阿里巴巴、京东等平台不仅提供商品销售服务，还为商家提供支付、金融、物流、数据分析等一站式服务，帮助中小企业快速融入全球商贸生态系统。这种平台化服务不仅降低了商家的运营成本，还通过数据共享为商贸流通带来了前所未有的协同效应。未来，随着区块链、人工智能等技术的进一步应用，商贸生态系统的协同效应将进一步增强，实现资源的高效配置和商贸流通效率的全面提升。

七、未来展望：数据驱动的全场景智慧商贸

随着技术的不断进步，商贸流通正朝着全场景智慧化的方向发展，数据将在这一进程中扮演关键角色。全场景智慧商贸的核心在于打破传统商贸流通的时空限制，实现从生产、销售到消费的全程数据化和智能化。例如，未来的智慧商贸将依托5G、物联网、人工智能等技术，实现商品流通过程中的全程追踪和实时调度。通过物联网技术，企业可以对每一件商品进行实时监控，从生产线上的制造到物流配送再到消费者手中，每一个环节的数据都将被精确记录，确保供应链的透明度和高效性。与此同时，人工智能技术的广泛应用将为智慧商贸提供更加智能化的决策支持。例如，通过智能算法，企业可以预测未来的市场需求，提前调整生产和库存策略，避免资源的浪费。全场景智慧商贸还将极大地提升消费者的购物体验，通过虚拟现实和增强现实技术，消费者可以在家中通过虚拟购物平台“体验”商品，做出购买决策。此外，全场景智慧商贸还将打破国界，全球商品流通将变得更加高效和智能，跨境电商将迎来更加广阔的发展空间。未来，随着技术的不断进步，全场景智慧商贸将成为商贸流通的主流模式，为全球经济的发展注入新的动力。

第五节　数据驱动的文化旅游产业变革：智能化管理与个性化体验

一、文化旅游产业的数字化转型：从传统模式到智能化管理的演进

文化旅游产业的数字化转型是现代技术与传统旅游产业深度融合的结果，这一过程极大地改变了旅游产业的运作模式和管理方式。在传统的文化旅游

模式中，景区管理和游客服务主要依赖线下人工操作，信息的流通效率低下，游客的体验较为单一，企业也无法及时获取游客的需求和反馈。随着大数据、人工智能、物联网等技术的快速发展，文化旅游产业进入智能化管理的新时代。通过将数字技术应用于景区的运营管理，旅游企业能够实现信息的实时传输与共享，大幅提升管理效率。例如，北京故宫博物院利用数字化手段，不仅实现了文物的虚拟展示，还通过智能化管理提升了游客参观的舒适度。游客可以通过手机应用预订门票，查看实时的参观人数，从而避免高峰期的拥堵。这种数字化管理不仅提高了景区的运营效率，还极大地改善了游客的参观体验。此外，智能导览系统也成为景区数字化转型的亮点之一，游客可以通过语音或文字提示了解景点的历史文化背景，增强了参观的文化深度。数字化技术不仅帮助文化旅游企业优化了内部管理流程，还通过线上平台拓展了市场宣传和营销的渠道，增加了与游客的互动，形成了良性循环。随着技术的不断进步，文化旅游产业的数字化转型将会更加深入，未来智能化、数据化的文化旅游产业将为游客提供更加丰富和多样的体验。

二、游客行为洞察：大数据助力精准市场定位与营销

在现代文化旅游产业中，了解游客的行为和需求是制定有效市场策略的关键。大数据技术的应用使得企业可以从海量数据中挖掘游客的行为模式、兴趣偏好和消费习惯，为精准的市场定位和营销提供强有力的支撑。过去，文化旅游企业往往依赖传统市场调研获取游客信息，但这种方式存在数据样本有限、分析周期长等问题，难以快速响应市场变化。如今，通过游客在景区的行为轨迹、社交媒体上的互动数据以及线上搜索习惯，企业可以全面了解游客的需求。例如，迪士尼乐园通过分析游客在园区内的移动轨迹、热门景点访问频率以及购买的周边产品，能够及时调整园区内的设施布局和商品供应，优化游客的游览体验。此外，大数据还可以帮助企业针对不同类型的游客群体定制个性化的营销策略。例如，文化古迹类景区可以通过分析游客的兴趣偏好，为喜爱历史文化的游客推荐定制化的深度游路线，而对于家庭游客，则可以推荐适合全家参与的文化互动项目。精准的市场定位不仅能够有效提升游客的满意度，还可以为企业带来更高的收益。通过大数据技术，文化旅游企业不再仅是简单地提供标准化的服务，还能够根据每位游客的独特需求提供个性化的体验，增强了游客的忠诚度和品牌认同感。这种数据驱动的营销模式正在推动文化旅游产业走向更加精细化的运营管理，未来，数

据将成为文化旅游企业获取竞争优势的核心资源。

三、文化内容数字化：数据推动文化遗产保护与传播

文化遗产的数字化保护和传播是文化旅游产业中至关重要的一环。在传统的文化旅游模式中，文化遗产的展示方式相对单一，受到物理场所的限制，许多珍贵的文物难以得到全面的展示。随着数字技术的进步，文化内容的数字化成为一种有效的解决方案，不仅使得文化遗产的保护更加全面，还大大扩展了文化传播的范围。以故宫为例，其借助虚拟现实技术创建了“数字故宫”，游客即使不亲临现场，也能够通过线上平台参观故宫的文物展览，甚至可以通过 3D 建模技术深入了解文物的制作工艺和历史背景。这种数字化展示不仅极大地丰富了游客的文化体验，还为文化遗产的保护提供了新的手段。通过数字化的方式，文化遗产可以以虚拟形式永久保存，即使实体文物因时间久远或自然灾害而受损，数字档案依然可以确保其文化信息的完整保存。此外，数字化技术还推动了文化内容的全球传播，跨越了地理和语言的障碍。例如，卢浮宫通过与 Google 合作推出的虚拟博物馆项目，让全球各地的游客都可以通过网络欣赏卢浮宫的珍贵藏品，极大地提升了文化旅游的影响力。随着 5G 和虚拟现实技术的进一步发展，文化内容的数字化将为全球文化旅游产业带来前所未有的保护与传播模式，为各国的文化遗产保护和文化传播提供强大的技术支持。

四、个性化旅游服务：数据驱动下的定制化旅游体验

个性化旅游服务是文化旅游产业中的一大趋势，借助大数据分析技术，旅游企业能够深入了解每位游客的需求，从而提供量身定制的旅游产品和服务。传统的旅游模式往往是标准化的，无法充分满足不同游客的个性化需求。而在大数据的支持下，企业可以通过分析游客的历史浏览记录、消费习惯、社交媒体互动等信息，为游客打造专属的旅游体验。例如，旅行平台通过分析游客的搜索关键词，可以为其推荐符合其兴趣的文化旅游路线。如果游客对历史文化感兴趣，平台会自动推送相关的博物馆、古迹等景点，并结合当地的美食、住宿、购物等提供全面的旅行建议。个性化服务不仅体现在旅游路线的设计上，还体现在具体的服务内容中。例如，某些高端文化旅游项目会根据游客的个人爱好安排定制的私人导游服务，提供深入的文化讲解，甚至可以安排与当地文化学者、艺术家的互动活动，提升游客的文化参与感。

通过这种个性化的服务，文化旅游不再是走马观花式的观光，而是成为一种深度的文化体验，游客能够从中获得独特的精神享受。随着大数据和人工智能技术的进一步发展，未来的文化旅游服务将更加智能化，游客不仅可以通过数据获取个性化的服务建议，还可以在旅游过程中实时调整旅行计划，确保每一次旅游都能拥有难忘的文化体验。

五、智慧景区管理：提升运营效率与游客满意度

智慧景区管理是文化旅游数字化转型的重要组成部分，通过引入智能设备和数据平台，景区能够大幅提升运营效率，同时提升游客的整体满意度。在传统的景区管理模式中，景区的日常运营依赖大量的人力，管理效率较低，游客体验难以保障。通过物联网技术、人工智能和大数据分析，智慧景区可以实现自动化管理，从而优化游客的参观体验。例如，杭州西湖景区利用物联网技术实时监控景区的游客流量，通过智能调度系统引导游客前往人流较少的区域，避免拥堵，提升游览的舒适度。同时，智慧景区还能够通过数据平台分析游客的反馈，及时发现并解决服务中存在的问题，确保游客的满意度。例如，智能客服系统可以 24 小时在线解答游客的疑问，提供路线指引、天气预报等信息服务，极大地方便游客的出行。此外，智慧景区还能通过大数据技术分析游客的消费行为，帮助景区制定更加合理的商业规划，如优化景区内的餐饮、纪念品销售等商业设施布局，提升运营效益。智慧景区管理不仅提高了景区的服务质量，还通过精准的数据分析为景区的可持续发展提供支持。未来，随着技术的进步，智慧景区管理将更加智能化、自动化，成为文化旅游产业发展的重要推动力。

六、中华优秀传统文化传播：数据赋能与文化自信的全球推广

中华优秀传统文化的全球推广是国家软实力建设的重要组成部分，而大数据和数字平台的出现为这一目标的实现提供了新的途径。过去，传统文化的传播受限于地域、语言等障碍，影响力相对有限。如今，通过数据驱动的文化传播，优秀传统文化得以跨越国界，走向世界。例如，故宫博物院通过其数字博物馆和线上虚拟展览项目，向全球展示了中国古代宫廷文化的独特魅力。这一数字化展示不仅让国内观众更好地理解和欣赏了传统文化，也为海外观众提供了深入了解中国历史的机会。通过数字平台的多语种翻译和全球化推广，中华优秀传统文化的传播得以更加广泛和深入。此外，大数据技

术还为文化传播策略的制定提供了重要支持。通过分析全球文化市场的需求和受众偏好，文化机构可以更精准地制定推广策略。例如，中国传统节日如春节的国际传播，通过数字化手段实现了全球联动，让世界各地的观众能够通过网络观看中国新年的传统表演，参与线上活动，增强了对中国文化的认同感和参与感。文化自信是国家软实力的重要体现，通过数据驱动的文化传播，中华优秀传统文化在国际舞台上获得了更加广泛的认可。

七、国际话语体系建设：数据驱动下的文旅外交与文化输出

国际话语体系的构建是提升中国文化影响力的关键，而文化旅游作为文化输出的重要载体，在其中扮演着重要角色。通过大数据技术分析国际受众的文化需求和偏好，文化旅游企业可以更加有效地推广中国的文化形象，提升文化外交的效果。例如，敦煌研究院通过数字化手段将敦煌壁画展示给全球观众，吸引了大量国际游客前来参观，并通过文化交流活动增强了中外文化的互动与理解。数字技术不仅帮助中国文化旅游企业更好地了解国际市场，还为中国在国际文化舞台上的话语权提供了强大的支持。通过大数据分析，中国能够更加精准地选择文化输出的内容和方式。例如，中国针对不同国家和地区的文化特点，制定有针对性的推广策略。以孔子学院为例，它通过数字平台和线上课程，将中国语言和文化教学推广到全球多个国家，提升了中国文化的国际影响力。在“一带一路”倡议的推动下，文化旅游也成为促进中外文化交流与合作的重要手段，推动了中国与沿线国家的文化互鉴和合作。未来，随着数字技术的不断进步，中国将在国际话语体系的构建中发挥更加重要的作用，通过数据驱动的文旅外交，实现文化输出的精准化和高效化，提升中国文化的全球影响力。

八、数据与文旅融合：推动文旅产业链协同与创新

文旅产业的协同与创新离不开数据的支持，通过数据共享和平台化服务，文旅产业链上下游的协同效应得以充分发挥。在传统的文旅产业链中，文化资源、旅游服务和商业开发往往是相对独立的，信息流通不畅，协同效应有限。通过数据平台的整合，文旅产业的各个环节可以实现信息共享和资源优化配置，提高整体运营效率。例如，阿里巴巴推出的飞猪平台将旅游、文化、餐饮、购物等多个领域整合在一起，为用户提供一站式的文旅服务，极大地方便了消费者的出行和消费体验。与此同时，数据的整合还推动了文旅产业

的创新发展。例如，通过数据分析，文旅企业可以发现新的市场需求，开发符合游客兴趣的文化旅游产品，如沉浸式演艺、主题公园等新兴业态。数据的共享不仅优化了产业链的上下游协同，还为文旅融合提供了更多创新的可能性。未来，随着5G、物联网、区块链等技术的进一步应用，文旅产业的协同效应将更加显著，创新动力也将更加强劲，推动文旅产业链向更加高效、智能和多元的方向发展。

九、未来展望：数据赋能的全场景智慧文旅

未来的文化旅游产业将朝着全场景智慧化的方向发展，数据在其中扮演着关键角色。全场景智慧文旅的核心在于通过大数据、物联网、人工智能等技术，实现文化旅游从内容创作、市场营销到游客体验的全方位数字化和智能化。例如，通过5G技术的普及，未来的文化景区将能够实现实时数据传输和监控，游客可以通过智能终端设备随时获取景区的实时信息，并根据自身需求调整旅游路线。与此同时，人工智能将为文化旅游产业提供更加精准的决策支持，通过数据分析，企业可以预测市场需求，优化资源配置。例如，旅游企业可以通过大数据技术分析游客的浏览和购买行为，预测未来的游客人数、消费偏好等，合理安排景区的接待人力、交通设施和商业服务，避免出现资源浪费和拥堵问题。全场景智慧文旅不仅提升了游客的旅游体验，还为文化内容的传播提供了更加广阔的平台。通过虚拟现实和增强现实技术，游客可以在参观前体验景区的文化氛围，增加了旅游的趣味性和互动性。未来，随着5G、人工智能、物联网等技术的进一步发展，全场景智慧文旅将成为文化旅游产业的主流模式，为全球文化旅游的发展注入新的活力。

第六节　服务业的展望：数据技术引领的深度变革

一、智能服务深化：全链条智能化与自主决策

随着人工智能和自动化技术的飞速发展，未来的服务业将进一步迈向全链条智能化与自主决策的新阶段。智能服务不再局限于简单的推荐或调度，而将实现全方位的自主决策。例如，未来的餐饮行业将通过智能厨房系统实现完全无人化，从食材采购、烹饪到配送，所有环节由智能设备自动完成，系统根据实时数据不断优化生产和服务效率。医疗行业的突破性进展将在智

能诊疗设备上体现，未来的手术机器人不仅是执行医嘱的工具，还能够根据病人的实时情况自主调整手术方案，并结合全球医疗数据库进行复杂病情的分析与处理。这种自主化能力的提升将大幅减少人为干预，降低服务业的出错率，提升整体运行效率。智能化将拓展至服务行业的每一个细节，交通出行领域的无人驾驶技术也将在全球大规模应用，城市交通管理系统通过整合无人驾驶汽车与公共交通网络，实现交通的全局优化与动态调度。未来的智能服务不仅高效，而且更具灵活性和适应性，将彻底改变现有的服务模式。

二、跨行业融合加速：平台化运营推动多元化服务生态

未来的服务业发展趋势是各行业的深度融合和多元化服务生态系统的建立。平台化运营将打破传统行业边界，实现跨行业的数据共享与服务协同。例如，能源行业将与金融和零售行业结合，未来的智能电网不仅为家庭提供电力，还将基于用户的能源消耗数据，推荐最优的电力使用方案，并通过平台为用户提供金融贷款支持，帮助家庭实现能源升级。房地产行业也将与物联网技术深度融合，未来的智慧社区将通过平台化运营实现物业管理、安防、家居智能控制等多项服务的统一整合，为居民提供无缝的生活服务体验。跨行业融合的加速将为企业创造更广阔的商业机会，形成一个丰富多元的服务生态系统，使得服务行业具备更高的创新能力。

三、个性化服务精准化：数据驱动下的定制化体验与需求预判

未来，个性化服务将通过更加精准的数据分析能力提供前所未有的定制化体验与需求预判。不同于现今的基础定制服务，未来的个性化服务将融合生物识别和情感计算技术，深度洞察用户的潜在需求。例如，未来的在线教育平台将利用生物数据监测学生的专注度和情绪变化，实时调整教学内容和难度，确保学习效果最大化。在奢侈品零售业中，品牌商将通过智能试衣镜和虚拟现实技术，结合用户的身体数据和审美偏好，提供完全定制化的购物体验，从设计到生产都根据用户的实时反馈进行调整。医疗领域的个性化服务也将达到新高度，未来的精准医疗将通过基因测序和个人健康数据预测患者的疾病风险，并提供定制化的治疗方案和生活建议。这种高度精准的个性化服务将彻底颠覆现有的服务模式，企业不再是简单响应用户需求，而是通过数据预判提前介入，创造新的服务价值。

四、全球化与本地化并进：全球服务网络与本地定制响应的协同发展

未来，服务行业的全球化与本地化需求将并行发展，全球服务网络的扩展与本地定制响应的结合将成为企业竞争的关键。未来的全球化服务平台不仅能够提供跨境服务，还会根据不同地区的文化和市场需求提供本地化定制服务。例如，全球旅游平台不仅提供国际旅行服务，还将与当地的文化、语言和法规结合，提供完全本地化的定制旅游方案，结合当地的虚拟导游、文化体验和沉浸式服务，提升用户的本地体验。在跨境电商领域，未来的全球零售平台将利用区块链技术确保跨境支付和物流的安全，同时提供多语言服务和本地化的用户界面，让全球消费者都能享受本地化的购物体验。未来的健康服务将突破国界，全球医疗平台通过整合各国的医疗资源，为患者提供远程诊断和跨境治疗的综合服务，确保全球医疗服务的公平与高效。全球化与本地化的并进发展将使企业具备更强的市场适应能力，通过全球资源的整合和本地化的精准响应，企业能够在全球范围内提供高效而个性化的服务。

五、服务创新与新兴技术融合：前沿技术引领服务模式的突破

随着技术的飞速发展，未来服务业将与新兴技术深度融合，带来前所未有的服务模式创新。量子计算、脑机接口等前沿技术的突破将极大地提升服务业的处理能力和交互体验。例如，未来的健康管理将通过量子计算实现复杂病症的瞬时诊断，结合脑机接口技术，患者的健康状况能够通过大脑信号直接传递给医疗系统，自动生成个性化的治疗方案。虚拟现实和增强现实技术将给教育领域带来全新的学习模式，学生通过沉浸式虚拟现实课程，能够在虚拟世界中体验历史事件或进行科学实验，极大地提升学习的趣味性和实用性。金融行业将通过区块链技术彻底改变信任机制，未来的智能合约将实现跨国金融交易的完全自动化和安全化，确保全球金融市场的透明性与公平性。这些新兴技术的融合将推动服务模式的深度变革，创造出前所未有的服务体验，企业将在技术引领下开拓新的商业模式，彻底改变现有的服务行业格局。

六、用户体验重塑：以数据为核心的服务交互与体验优化

未来的用户体验将不再是基于简单数据的优化，而是依托更加深入的情

感计算和行为预测提供无缝的个性化服务。服务交互不再是传统的命令—响应模式，而是通过多模态交互技术，服务系统能够主动感知用户的情绪和需求。例如，未来的智能家居系统将通过情感识别技术，自动调整家居环境，在用户情绪低落时调节灯光和音乐，提供更加舒适的居住体验。在零售领域，未来的购物体验将变得更加互动化，智能商店将通过面部表情和身体语言分析用户的购买兴趣，实时调整商品展示和推荐策略。健康管理领域的突破将体现在智能设备对用户情感状态的监控上，未来的健康手环不仅监测身体健康数据，还能通过分析用户的情绪波动，及时提供心理健康建议。这种以数据为核心的服务体验重塑将彻底改变用户与服务的关系，用户不再是被动接受者，而是主动参与者，服务系统将通过持续的交互优化，实现真正的个性化体验。

七、全球资源整合：大数据推动下的服务网络扩展与协同效应

随着大数据技术的进一步发展，未来服务行业的全球资源整合将更加高效，全球服务网络的扩展也将进入新的阶段。通过大数据技术，企业能够实时获取全球范围内的资源信息，优化供应链和服务流程。例如，未来的全球物流平台将通过物联网设备监控每一个货物的实时位置和状态，结合大数据分析，自动优化仓储和运输路径，确保全球范围内的高效交付。教育领域的全球资源整合将体现在全球教学资源的共享上，未来的在线教育平台将通过大数据技术整合各国的优质教育资源，打破地理和语言的限制，提供全球范围内的个性化教育服务。金融领域将通过大数据的全球整合实现全球资金的智能调度，未来的跨境金融平台将能够实时分析全球市场动态，提供智能化的全球投资建议，优化全球资本的流动和配置。全球资源的整合不仅提升了服务的效率和精度，还将推动全球服务行业协同创新，进一步加速全球经济的数字化转型。

第九章

数字化公共服务和数字化政务服务的智能高效提供

数字化正在推动公共服务和政务服务向智能高效转型，重塑社会治理模式。通过数据驱动的精准管理，公共安全与应急管理、智慧教育、数字健康、社会保障、智慧城市与数字乡村、政务服务等领域实现智能化升级，提高资源配置效率和服务响应能力。金融、医疗、社会保障等公共服务借助数据分析优化管理模式，实现精准化、个性化和普惠化。智慧城市建设依托大数据和人工智能优化交通、能源和通信基础设施，提升城市管理和居民生活质量。数字乡村的发展推动农业数字化转型，缩小城乡差距。数字政务服务通过在线办理、身份认证、政务数据共享和智能决策支持，提高政府治理效率，优化公共服务体验。未来，公共服务和智能政务将进一步深化数据驱动模式，增强政府管理效能，实现社会服务体系的现代化，为社会经济发展提供坚实保障。

第一节　数字化公共服务和数字化政务服务：社会治理模式的全面转型与创新

一、数字化公共服务与数字化政务服务的内涵：高效与透明的社会治理新模式

数字化公共服务与数字化政务服务通过技术与治理的深度融合，带来前所未有的服务创新与治理现代化。数字化公共服务通过大数据、人工智能、物联网等新兴技术为公民提供高效、便捷的服务，如在线医疗预约、智能交通管理、远程教育等，极大地提升了公共服务的覆盖面与可及性。它通过打破传统服务模式中的时间和空间限制实现个性化、精准化的服务供给，不仅

降低了公民获取服务的时间成本，还通过数据整合与智能分析，使政府能够预判需求，提供更具前瞻性的公共服务解决方案。数字化政务服务的重点是政府内部流程的优化与政务公开，通过电子政务平台、智能审批系统和在线监督机制，实现政府事务的全程数字化与透明化。它消除了以往行政流程效率低下、信息不对称等弊端，使政府决策更加科学、执行更加高效、监督更加有力，确保了政务的公开、公平与廉洁。数字化政务服务通过流程再造与组织变革，不仅提升了政府的服务效能，还推动了政府职能的转型升级，使其更加适应快速变化的数字社会。数字化公共服务与数字化政务服务不仅可以改善政府与公民之间的互动模式，也促进社会各界力量的协同治理，形成更为包容、开放的公共服务生态系统。数字化的深入应用让公共服务从“人找服务”转变为“服务找人”，实现了服务供给从被动反应向主动智能转变，推动了国家治理体系和治理能力的现代化，为未来智慧社会的构建奠定了坚实基础。

二、社会治理模式的演变：从单向供给到互动协作的转变

社会治理模式经历了从公共服务和政务服务的单向供给模式向多方互动、协作治理的演变。过去，公共服务和政务服务多以政府为唯一提供者，依靠行政命令和强制手段实现资源分配与秩序维护，公民处于被动接受的地位。这种治理模式虽然在某些方面具有效率，但往往忽视了服务对象的多样化需求，导致服务的精准度和灵活性不足。随着数字技术的普及与社会需求的不断升级，公共服务与政务服务的提供模式发生了根本性的变化。数字化平台的引入打破了信息的不对称，政府不再是单一的服务主导者，而是与社会力量共同参与治理的角色。公民、企业、社会组织等多元主体通过数字化渠道广泛参与到公共服务的设计、实施和反馈中，形成了多元共治的新模式。公共服务从“政府供给”转变为“政府引导+社会协作”的模式，使得服务的精准性和响应速度显著提升。同时，政务服务的智能化与电子化让公民能够通过线上平台直接参与政策讨论、提出建议或意见，形成了自下而上的互动机制。政务服务从以往的“静态审批”转变为“动态响应”，不仅提高了政府服务的效率，还增强了政府治理的透明度与公信力。随着公共服务与政务服务的不断数字化，治理模式从以政府为中心的单向输出转型为以公民需求为核心、多方协同参与的新模式，推动了社会治理向开放、透明、互动的方向发展，为建设更加现代化、高效的公共管理体系提供了坚实的基础。

三、数字化公共服务与数字化政务服务的核心特征：智能化、协同化与普惠化

数字化公共服务与数字化政务服务的核心特征体现为智能化、协同化与普惠化的深度融合和应用。智能化的实现依托大数据、人工智能、物联网等技术的广泛应用。政府通过对海量数据的智能分析，能够精准掌握公民需求并提供个性化服务。例如，智慧城市中的交通管理系统通过实时监控路况数据，自动调整信号灯和交通流向，有效减少拥堵问题；数字化医疗系统能根据患者的健康数据提供个性化治疗建议，极大地提高了医疗资源的利用效率。智能化以技术手段提升决策和服务的精准度，减少人为干预，实现服务的自动化和实时响应。

协同化表现为不同部门、组织之间的无缝合作与资源共享。通过打破传统的信息孤岛，政府内部各部门能够实现信息的联动，减少重复工作，提升整体效率。例如，智慧城市治理中，交通、公安、生态环境等部门能够通过统一的数据平台协调运作，快速应对突发事件，确保城市的高效运转。协同化还体现在政府与社会各界的合作中。企业、非政府组织以及公民通过数字化平台积极参与公共事务，如政策建议、舆情反馈、监督治理等。这种多方协作的模式不仅提高了治理的透明度，还增强了社会对政府的信任和支持，推动了更加开放、民主的治理结构形成。

普惠化表现为通过数字技术的普及，确保公共服务的广泛覆盖与公平性，打破了传统服务中的区域和阶层壁垒。数字平台为偏远地区和弱势群体提供了更多平等获取公共资源的机会。通过在线教育平台，农村学生可以与城市学生享有相同的教育资源；数字化政务服务使得公民不再受限于地理位置，能够在任何地方随时办理行政事务。普惠化还体现在简化服务流程、降低使用门槛上，弱势群体能够更容易地获得社会保障和公共服务。这种普惠性的特征不仅提升了公共服务的可及性，还推动了社会公平的实现，确保各个阶层的公民都能享受到数字化带来的福利。

四、公共服务与政务服务数字化转型的意义：推动国家治理现代化与社会福祉提升

公共服务与政务服务的数字化转型对我国具有重要的意义，不仅是提升国家治理现代化水平的战略选择，也是促进社会福祉提升的关键举措。数字

化转型提高了政府工作的效率和精准性。借助大数据、人工智能、区块链等技术，政府能够更好地分析社会需求，优化资源配置。例如，在医疗、教育、交通等公共服务领域，数字化系统可以预判服务需求，快速调配资源，避免了传统服务模式下供需错配的问题。通过电子政务平台，可以实现审批流程的简化与自动化，使公民能够随时随地通过线上渠道办理行政事务，大幅提升了办事效率，减少了不必要的线下排队和复杂手续。

数字化转型提升了政府治理的透明度与公信力。通过信息的公开与透明，公民可以通过数字平台直接参与政策讨论，增强了其对公共事务的了解和参与度。这种开放式治理模式打破了传统的权力垄断，赋予了公民更大的监督权与话语权。例如，政府在推动政策实施过程中，可以通过在线反馈系统，快速收集民众的意见与建议，并据此进行政策的调整与优化。

数字化转型对社会公平具有重要的推动作用。传统的公共服务和政务服务模式在资源分配上存在一定的不均衡性，尤其在偏远地区和经济欠发达地区，公共资源的获取较为困难。数字化转型使得这些地区的居民能够享受到与城市居民同等的公共服务和政务服务，打破了地理限制。无论是教育、医疗，还是社保、就业，数字化平台都为弱势群体提供了更加平等的机会，有效缩小了城乡差距、区域差距。

数字化转型推动了社会福祉的全面提升。通过提供更加便捷、智能的公共服务与政务服务，公民的生活质量得到显著提高。数字化医疗系统为患者提供了更快速、准确的诊疗服务；在线教育平台打破了时间和空间的限制，为更多人提供了学习机会。政务服务的数字化，使公民不再受限于行政机构的工作时间，能够随时在线办理各类事务，极大地提升了便利性和用户体验。这种全方位的福祉提升不仅增加了公民的幸福感，也增强了社会的凝聚力和归属感，为国家的长远发展奠定了坚实的基础。

五、公共服务与政务服务的未来可能：智能化、个性化与多方共治模式的深度演进

未来，公共服务与政务服务将朝着智能化、个性化和多方共治的方向发展，并进一步推动社会治理方式的革新。首先，智能化将更加深入地嵌入社会的每一个角落，人工智能和量子计算将成为核心推动力。例如，未来可能会出现完全自主运行的智慧城市，通过量子计算处理海量城市数据，自动优化能源分配、环境管理以及应急响应。无人系统将在公共服务领域全面普及，

如无人巡逻车在城市中提供全天候安全监控，智能建筑自动调节温度和能源使用，政府部门也会使用智能虚拟助手为公民提供7×24小时的在线政务咨询与办理服务。这些智能技术的普及将大幅提高服务的效率和精准度，甚至超越人类的感知和决策能力。

其次，个性化将大幅提升公民的生活体验。未来，基于生物识别和情感计算的技术将使服务更加精准和人性化。例如，公民在日常生活中无须主动申请，系统会根据个人行为模式、健康状况等进行实时监测，并自动为其推荐或安排最适合的服务。这种“无感服务”将彻底改变服务供给模式，如在城市交通领域，自动驾驶系统会根据个体的出行习惯规划最佳路线；在医疗服务领域，健康管理系统会根据个体的基因数据、日常生活习惯提供个性化预防方案，并在疾病早期阶段自动安排检查和治疗。这种高度个性化的服务不仅会减少公民的负担，也将大幅提升生活质量。

最后，多方共治模式将在未来社会治理中发挥越来越重要的作用。未来的公共服务与政务服务将不再是政府独立提供，而是一个广泛协作的生态系统。例如，区块链技术将被用于建立更加透明、可信的协同治理机制，确保不同利益相关方能够在一个无缝衔接、公开透明的环境中高效合作。公民、企业和社会组织将通过区块链网络共同参与政策的制定、实施和监督，形成跨领域、跨国界的协同治理模式。例如，全球环境问题的治理将通过这种网络平台进行实时协调，企业、政府、非政府组织共同执行全球标准和政策，减少跨国间的制度差异。同时，虚拟现实技术将为公民参与公共事务提供全新的平台，未来人们可能会通过虚拟市政大厅参与虚拟会议、政策讨论或社区协商，实现更高水平的直接民主和参与式治理。这种模式将极大地提高社会治理的灵活性和公平性，形成全球化的协同治理新生态。

第二节 数字化公共安全与应急管理：从实时监控到高效响应的全面提升

一、数字化公共安全与应急管理的内涵：从信息集成到智能治理

数字化公共安全与应急管理通过数据的深度集成与智能化分析转变传统的管理方式，实现高效的安全防范与应急处理。其内涵主要体现在三个方面。首先，数据已不仅是信息的简单收集和存储，其还成为一种关键资源，人们

通过大数据、物联网、云计算等技术手段对其进行整合和分析，能够获得精确、实时的风险信息。其次，智能治理是数字化公共安全与应急管理的关键环节。与传统的被动应对模式不同，数据赋能下的智能治理能够主动识别风险、提前预警，并在灾害发生时实现自动调度与响应。例如，城市的智慧安防系统可以通过摄像头、传感器等设备实时监测公共场所的动态情况，一旦发生异常，系统将自动分析并发出警报，大幅提高安全管理效率。最后，数字化公共安全与应急管理实现了资源的高效整合与利用，通过智能化手段，能够确保在危急时刻将有限的资源合理分配至最需要的地方。这不仅能够提高应急管理的响应速度，还能够减少资源的浪费。例如，在救灾时，数字技术帮助救援人员快速调配救援物资和人员，极大地提升救援的效率和精准度。数字化公共安全与应急管理不仅在于技术的应用，还在于一种全新的治理理念，即通过数据与技术的有机结合，构建更加智能化、高效化的公共安全体系。

二、公共安全与应急管理的实践演进：从传统模式到智能化管理

公共安全与应急管理的实践发展经历了一个从传统应对模式逐步迈向智能化管理的演进过程。早期的公共安全管理主要依赖人力巡逻和事后反应，缺乏数据的支持和技术的协同，通常只能在事件发生后采取应对措施，导致了危机处理的滞后和效率低下。随着科技的进步，尤其是大数据、物联网、人工智能等技术的广泛应用，公共安全与应急管理的方式发生根本性的转变。例如，在森林火灾预防领域，传统方式依赖人工监测，反应速度较慢，而现代化管理通过部署无人机、传感器等实时监控火情变化，借助人工智能算法预测火灾发生的可能性，并在火灾蔓延之前快速响应。类似的变革也体现在社会治安管理领域，智慧警务系统可以整合视频监控、动态巡逻、智能分析等多项技术，使得城市治安管理更加主动化与智能化。例如，杭州的“城市大脑”系统通过实时监控交通与人员流动，不仅可以预测犯罪行为，还能及时处理交通事故，避免次生事故的发生。公共安全与应急管理的实践演变反映了从单一、被动的危机应对，向多元、协同的智能化应急管理体系的转型。这不仅提高了管理效率，还大幅减少了社会损失，推动了公共安全领域的整体升级。

三、数据驱动的风险预警：实时监测与智能分析

在现代公共安全与应急管理中，风险预警是数据驱动下最重要的应用之一。传统的风险预警往往依赖经验和事后分析，预警的时效性和准确性较低，而数字化技术的发展使得实时监测与智能分析成为可能。通过整合传感器、卫星遥感、地理信息系统等技术，公共安全系统能够在各种环境下实现全天候、全方位的动态监控。例如，地震预警系统通过在地震多发地区布设的传感器网络，能够在地震波传到之前提前几秒到几十秒发出预警，争取宝贵的逃生时间。数据驱动的风险预警不仅依靠实时数据的采集，还依赖强大的数据分析能力，尤其是人工智能和大数据算法的应用。这些技术能够对历史数据进行深度挖掘，找到潜在的风险模式，从而预测未来可能发生的灾害或事故。例如，火灾预警系统通过分析空气中的温度、湿度等环境数据，可以预判火灾的发生风险，及时采取预防措施。数据驱动的风险预警通过实时监测和智能分析，不仅大幅提高了预警的精准性和时效性，还为公共安全管理提供了强有力的技术支持。

四、应急响应的数据赋能：高效协同与资源调度优化

在公共安全事件发生时，应急响应的效率直接关系危机的处理效果。数字化技术的广泛应用，使得应急响应系统能够实现高效协同和精准的资源调度，可以极大地提高应急管理的整体能力。首先，数据赋能下的应急响应系统可以通过智能化平台实现跨部门、跨区域的协同工作，从而保证应急资源的合理调度与快速响应。例如，在地震或洪水等重大自然灾害中，应急指挥中心可以通过数据平台实时监控灾害的影响范围和受灾情况，并根据具体的情况调配救援物资和人员。其次，数据平台能够通过整合各类信息源，为决策者提供精准的情报支持，从而提升应急响应的决策质量。例如，智能交通系统可以在自然灾害或交通事故发生时，通过分析道路数据和交通流量优化交通疏导方案，确保应急车辆能够快速抵达现场。最后，数据赋能下的应急响应系统能够实现资源的精准调度，不仅能够快速集结救援力量，还能够根据灾害的具体情况调整资源的分配。例如，在疫情防控时，可以利用大数据平台对医疗物资和人力资源进行精准调配，确保防疫物资的及时供应和医疗救治的有效实施。总体而言，数据赋能的应急响应通过高效的协同工作和精准的资源调度，极大地提升了应急管理的反应速度和处置能力。

五、灾害监测与评估：数据集成实现精准化防控

灾害监测与评估是应急管理的关键环节。传统的灾害监测依赖人工观测和简单的设备监测，预警的及时性和准确性都存在一定局限，而数据集成技术的引入改变了这一局面。数据集成是对不同来源的数据，如气象数据、地震数据、卫星遥感数据等，进行整合和分析，从而为灾害监测提供更加全面的信息支持。例如，现代气象监测系统通过整合卫星、雷达和地面观测站的数据，能够对即将到来的台风进行精准的路径预测，不仅可以提前数天发出预警，还可以精准地预测台风的登陆时间和地点。数据集成技术的应用使得灾害监测和防控更加精准和及时。灾害发生后，数据集成还能够用于灾害评估，通过分析灾害的影响范围、受损情况和人员伤亡等信息，帮助政府和救援机构制定科学的灾后重建方案。数据集成技术不仅提高了灾害监测与评估的精准度，还为灾后重建提供了有力的技术支持。

六、社会治安的数字管理：数据统筹下的智能巡查

社会治安管理的数字化已经成为现代城市管理的一个重要趋势，数据统筹下的智能巡查在其中发挥了关键作用。通过大数据、物联网和人工智能等技术，数字化社会治安管理系统能够实现对城市中各类安全隐患的全天候、全覆盖监控，并通过智能化分析和巡查提高社会治安管理的效率和精准度。例如，智慧安防系统可以通过部署在城市中的监控摄像头、传感器等设备，实时捕捉和分析公共场所的动态信息，一旦发现异常情况，如聚集、斗殴等行为，系统会自动发出警报，并通知相关执法部门采取行动。这种智能巡查不仅能够提高巡逻的效率，还能够减少人力资源的浪费。数据统筹还能够帮助警方优化巡逻路线和时段，通过对历史犯罪数据的分析，预测未来可能发生犯罪的地点和时间，从而有针对性地加强巡逻。例如，美国的“警务预测”系统通过分析犯罪历史数据，结合气象、交通等数据，能够预测某个地区的犯罪风险，帮助警方进行精准打击。数据统筹下的智能巡查不仅提升了社会治安的管理水平，还推动了公共安全管理的现代化与智能化发展。

七、危机事件中的公众信息服务：数据透明与决策支持

在危机事件中，公众信息服务的及时性和透明度对整个应急管理体系的

运行起着至关重要的作用。首先，数据透明是公众信息服务的核心，通过开放政府及社会各方的数据资源，能够确保公众在危机事件中获取真实可靠的信息，避免信息不对称或误导性信息导致的社会恐慌。例如，在疫情防控期间，许多国家的政府通过开放疫情数据，向公众提供每日确诊病例、重症患者及疫苗接种情况的实时信息，帮助公众掌握最新动态，做出合理的防控决策。其次，数据赋能下的公众信息服务能够为决策者提供精准的支持，通过对各类数据的综合分析，帮助应急管理部门制定更加科学的应对措施。例如，在自然灾害发生时，智能信息系统可以通过分析灾害的实时数据，为决策者提供受灾范围、损失情况等信息，帮助他们快速做出反应。公众信息服务不仅提高了决策的效率，还增加了决策的透明度和公众的参与度。通过实时的信息共享，公众可以更加及时地调整自身行为，减少危机中的损失与风险。

八、数据赋能的灾后恢复：精准规划与资源优化

灾后恢复的效率和效果直接关系受灾地区的重建进度与社会的正常运行。首先，数据赋能使得灾后恢复的规划更加科学合理。灾害发生后，各类数据，如受灾范围、建筑损毁程度、人员伤亡等，可以通过数据平台进行实时汇总与分析，帮助政府和救援机构制定精准的恢复方案。例如，地震发生后，建筑物损毁的三维数据能够通过无人机或卫星遥感技术实时采集，帮助工程师快速评估建筑物的损毁情况，为灾后重建提供科学依据。其次，数据赋能使得灾后资源的分配更加高效合理。灾后资源的调配往往面临时间紧、需求大的挑战，而数据平台的引入能够有效缓解这一问题。通过对灾后需求与供给的精准匹配，数据平台能够帮助决策者更好地分配救援物资和人力资源。数据赋能还可以用于灾后重建的长期规划，通过分析历史灾害数据和现有资源，帮助决策者预测未来可能面临的灾害风险，制定更加全面的重建方案。总体来说，数据赋能的灾后恢复不仅提高了灾后重建的效率和质量，还为长期的灾后规划提供了强有力的技术支持。

九、风险管理与应急演练：数据模拟与情景构建

风险管理与应急演练是应急管理中不可或缺的环节，通过数据模拟与情景构建，可以有效提升应急准备和危机应对能力。数据模拟是一种基于大数据和人工智能的技术，通过对历史数据的分析和建模，预测未来可能发生的灾害或危机场景，从而帮助决策者提前制定应急预案。例如，洪水

预警系统可以通过对过去数十年的水文数据、降水量和河流水位的分析，模拟出未来洪水可能发生的区域和时间，帮助地方政府提前采取防范措施。数据模拟不仅能够提高预案的准确性，还能够为风险评估提供有力依据。此外，情景构建是一种通过模拟不同危机场景来检验应急预案有效性的演练方法。在这种演练中，决策者和应急人员可以在虚拟的灾害场景中进行实战演练，从而发现预案中的不足并加以改进。应急演练不仅能够提高应急人员的实战能力，还能够帮助各部门进行协调合作，提高整体应急管理的效率。

十、跨部门数据共享与协作：数字平台推动应急管理现代化

数字化技术的发展推动了公共安全与应急管理的现代化，跨部门数据共享与协作在其中扮演了至关重要的角色。传统的应急管理往往受到信息壁垒的限制，各部门之间的协作难以实现无缝对接，导致应急响应的效率较低。数字平台的引入打破了部门之间的信息壁垒，实现了各类数据的快速共享与高效协作。首先，数字平台通过整合各类应急数据，如气象数据、交通数据、医疗资源数据等，帮助决策者实时掌握危机事件的全貌，从而提高决策的准确性和时效性。其次，跨部门数据共享与协作能够提高应急资源的调度效率。通过共享的数字平台，各部门可以实时了解其他部门的资源状况，从而在应急事件发生时快速协调资源。例如，在森林火灾的应急管理中，消防、气象、交通等部门可以通过数字平台共享实时数据，协同制定应急预案，确保救援物资和人员能够迅速到达火灾现场。最后，跨部门数据共享与协作推动了应急管理的现代化，通过数字平台的应用，不仅提高了公共安全管理的效率，还推动了各部门之间的深度协作，提升了整体应急管理体系的应对能力。跨部门数据共享与协作是应急管理现代化的重要推动力，为构建更加高效、智能的公共安全管理体系提供了坚实的基础。

十一、未来展望：数字化公共安全与应急管理的无限可能

随着5G、人工智能、区块链等新兴技术的快速发展，数字化公共安全与应急管理的未来充满了无限可能。首先，5G技术的普及将使得数据的传输速度和可靠性大幅提升，未来的公共安全系统将能够实现更为精准的实时监控与预警。例如，5G网络下的无人机巡逻系统可以在灾害发生后第一时间进入灾区，提供高分辨率的实时图像和数据，帮助应急管理部门快速做出决策。

其次，人工智能将在未来的应急管理中扮演更加重要的角色。通过深度学习和智能算法，人工智能将能够对海量数据进行更为高效的分析与处理，实现更精准的风险预警和资源调度。例如，智能机器人可以在地震或火灾等高危环境中代替人类进行搜救工作，极大地减少救援人员的生命风险。最后，区块链技术的引入将为公共安全与应急管理带来更加安全、透明的资源管理与协作机制。通过区块链，政府和救援机构可以实现资源分配的透明化管理，确保物资的去向清晰可查，提升公众的信任度。总之，未来的数字化公共安全与应急管理将在新兴技术的加持下变得更加智能、精准、全面，为构建一个更安全、更高效的社会提供强有力的技术支持。

第三节　智慧教育：数据驱动的教育革新

一、智慧教育的本质：数据驱动的学习革新

智慧教育的核心在于以人工智能、大数据等技术为手段，实现个性化、精准化的教学模式。过去，教育通常采用“一刀切”的方式，无论学生的能力、兴趣如何，都是按照固定的进度学习。智慧教育通过分析每个学生的学习数据，精准掌握他们的学习特点、薄弱环节和兴趣点，从而为每个学生量身定制学习方案。这不仅能提高学习效率，还能最大化地挖掘每个学生的潜力。人工智能还能通过自动化评估工具，实时反馈学生的学习状态，及时调整教学内容和节奏，避免传统教育中教师和学生之间的信息不对称。随着大数据技术的进一步发展，智慧教育还可以通过分析学生的长期学习行为，预判未来的学习瓶颈，帮助他们提前做好应对措施。这种数据驱动的教育方式，不仅改变了传统课堂的结构，也重新定义了学生和教师的关系。智慧教育不仅是技术的应用，还是教育理念的创新，它让教育从单向传递知识，转变为动态交互式的学习体验。

二、教学模式的转变：从传统课堂到虚拟互动

随着科技的进步，教学模式正在经历前所未有的转变，从传统课堂的封闭环境，向虚拟互动的开放式学习场景演变。传统的课堂模式受到时间、地点的限制，学生只能在固定的时间和地点接受教师的知识传授。而智慧教育通过在线平台、虚拟现实、增强现实等技术，让学生可以随时随地进行学习，

打破了时间和空间的限制。这种虚拟互动教学模式能够通过多媒体的形式将抽象的概念直观化，让学生更容易理解和掌握。例如，历史课可以让学生“走进”古代文明，科学课可以让学生“置身”实验室。此外，虚拟互动教学还能够促进学生之间的协作学习，学生可以通过网络平台组建虚拟学习小组，共同完成项目和讨论问题。这种方式不仅提升了学生的参与感，也激发了他们的学习兴趣和创造力。随着5G、云计算等技术的发展，虚拟互动教学的技术基础将更加完善，教学内容将更加丰富，互动体验也将更加逼真和沉浸。未来，这种全新的教学模式将不再是传统课堂的补充，而是成为主流，为全球教育模式的创新和变革带来新的机遇。

三、学习者的主动性：个性化学习的实现路径

在智慧教育背景下，学习者的主动性得到了前所未有的提升，个性化学习成为现实。传统教育模式中，学习者往往是被动的知识接受者，教学内容和节奏由教师统一安排，学生缺乏根据自身兴趣和需求选择学习路径的权利。智慧教育通过智能分析系统，可以为每个学生提供个性化的学习路径规划，帮助他们根据自己的兴趣、能力和学习目标自主选择学习内容和进度。学生可以根据自己的学习节奏自由调整学习进程，这极大地提高了学习的灵活性和自主性。例如，在在线学习平台上，学生可以根据自己的需求，选择不同的学习模块、课程进度和评估方式，从而实现学习的个性化定制。同时，智能化的反馈系统可以根据学生的学习数据实时调整学习内容和难度，确保学生在掌握基础知识的同时，不断挑战更高层次的学习内容。这种个性化学习的实现路径，不仅提升了学生的学习效果，还增强了他们的学习动力和成就感。未来，随着人工智能技术的不断进步，智慧教育将进一步强化个性化学习的实现，真正做到因材施教，满足每个学生的独特学习需求。

四、教师角色的重塑：智能工具赋能教学

在智慧教育的时代，教师的角色正在经历一场深刻的重塑。从知识的传授者到学习的引导者，从教学的执行者到教育技术的使用者，教师的角色正在发生质的变化。过去，教师的主要任务是将知识传授给学生，但在智能工具的赋能下，教师可以更加专注于引导学生思考、激发他们的学习兴趣。智能工具不仅可以帮助教师减轻繁重的教学任务，如批改作业、设计教学内容等，还可以通过数据分析，为教师提供学生的学习反馈，帮助教师更好地了

解每名学生的学习情况。教师可以通过这些工具，针对学生的个性化需求制定更加精准的教学方案，提升教学的针对性和有效性。例如，智能白板、虚拟课堂等工具，让教师可以更灵活地进行课堂教学，充分利用多媒体资源，让知识更加生动、直观。智慧教育时代的教师既是技术的使用者，也是教学创新的推动者。未来，随着教育技术的不断发展，教师将更能借助智能工具来提升教学质量，智慧教育将促使教师角色进一步向“学习促进者”和“教育创新者”转变，从而推动整个教育行业的转型与升级。

五、教育资源的均衡：技术助力教育公平

智慧教育通过技术手段，有效地解决了教育资源分配不均的问题，助力教育公平的实现。长期以来，教育资源的分布不均是我国教育体系面临的主要挑战之一，城乡之间、地区之间的教育资源差距明显。智慧教育利用互联网、大数据、云计算等技术，打破了时空和地理的限制，让优质的教育资源可以跨越地区界线，惠及更多的学生。例如，在线教育平台可以将名校名师的课程，通过互联网传递给偏远地区的学校和学生，让他们有机会接触到与城市同等水平的教学内容。而智能设备的普及，也为那些经济条件相对落后的学生提供了获取知识的新途径，缩小了数字鸿沟。此外，智慧教育中的数据分析技术能够帮助教育管理者更好地分配教育资源，针对教育薄弱环节进行精准干预，确保每个学生都能获得公平的学习机会。智慧教育不仅是技术的进步，也是教育公平的有效实践。未来，随着技术的不断成熟，智慧教育将进一步推动教育资源的均衡化，确保每个孩子都能享有优质的教育机会。

六、教育管理的智能化：决策的科学与高效

随着智慧教育的普及，教育管理也逐渐步入智能化的轨道。传统的教育管理模式大多依赖人工决策，效率低下，信息传递不及时，且决策过程往往缺乏科学依据。智慧教育通过大数据、人工智能等技术手段，能够为教育管理者提供更加科学、精准的决策支持。例如，学校管理者可以通过智能分析系统实时掌握学生的学习进度、出勤情况和课堂表现等数据，及时做出教学调整，优化教学资源的分配。此外，智能管理系统还能够有效提高校园管理的效率。例如，通过人脸识别技术进行校园安全管理，通过智能排课系统提升课表编排的科学性和灵活性。更重要的是，教育管理者可以通过对海量教育数据的分析，发现教育体系中的问题，提出更加精准的政策建议，从而提

升教育政策的科学性和前瞻性。未来，随着智慧教育技术的进一步发展，教育管理将变得更加科学、高效，决策过程将更加透明和精准，整个教育体系的运转效率也将得到大幅提升。

七、教育评价的变革：从结果导向到过程评估

智慧教育不仅改变了教学方式，也深刻影响了教育评价的方式。传统的教育评价体系往往以考试成绩为主要依据，学生的学习成果大多通过一次性的考试成绩来衡量，忽视了学习过程中的努力和进步。而智慧教育通过智能评估系统，能够实时追踪学生的学习过程，记录学生在学习中的每一个细节，不仅关注最终的结果，也注重过程中的表现。通过对学习数据的全面分析，智能评估系统可以为每名学生生成个性化的学习报告，详细展示他们的学习轨迹、知识掌握情况以及需要提升的领域。这种多维度的过程评估方式有助于更全面、公正地反映学生的学习情况，避免了“一考定终身”的弊端。同时，过程评估还可以帮助教师及时调整教学策略，针对学生的个性化需求进行教学干预，确保每名学生都能够获得更好的学习体验。智慧教育时代的评价体系更加注重学生的综合素质和能力发展，不仅是对知识的掌握程度进行评价，还是对他们在学习过程中表现出的创新能力、合作精神和解决问题能力的全面考察。未来，随着智慧教育的深入发展，教育评价的方式将更加科学、多元，全面促进学生的发展。

八、未来的智慧教育：人工智能与人类学习的深度融合

智慧教育的未来发展方向必然是人工智能与人类学习的深度融合。随着人工智能技术的不断进步，教育领域中的应用场景将越来越丰富，智能化教学工具将不再仅是教师的辅助工具，而是学生学习的直接推动力。例如，基于人工智能的个性化学习系统，可以根据学生的学习数据，精准预测他们的学习需求，自动调整学习内容和难度，确保每名学生都能在最佳的学习状态下提升自己。此外，人工智能还能通过自然语言处理技术为学生提供智能化的学习反馈和问题解答，甚至可以充当学生的“虚拟导师”，帮助他们解决在学习中遇到的各种难题。同时，人工智能还可以通过虚拟现实、增强现实等技术，将学习场景与现实生活结合，让学生在互动体验中掌握知识。未来，人工智能与人类学习的融合将不仅限于课堂内，更多的学习将发生在课堂外，学习将变得更加个性化、自主化和终身化。智慧教育不仅是一种技术的进步，

还是教育理念和模式的深度变革，它将彻底改变人类的学习方式和教育生态。随着技术的不断进化，未来的智慧教育将为每个人提供公平、优质、个性化的学习机会，让终身学习成为可能。

第四节 数字健康：数据驱动的公共卫生管理新篇章

一、数字健康的本质：数据驱动的公共卫生管理革新

数字健康的本质在于通过大数据和人工智能技术，重塑公共卫生管理的各个环节，提升整个卫生体系的效率和响应速度。在传统的公共卫生管理模式中，数据的收集和分析往往依赖手工统计和逐级上报，这种方式不仅速度慢，而且容易出现信息滞后，无法及时应对突发公共卫生事件。而数字健康通过实时数据采集和大规模数据分析，能够将海量的健康数据快速整合，形成对整个社会健康状况的动态监测。这种数据驱动的模式使得公共卫生系统可以更早发现潜在风险，提前采取干预措施，避免危机的扩大。同时，人工智能技术在数字健康中的应用，也大幅提升了数据分析的深度和广度。通过机器学习算法，卫生管理者可以从大量的健康数据中提取有价值的信息，分析疾病传播的趋势，制定更为精准的公共卫生政策。此外，数字健康可以通过数据共享平台实现跨机构、跨部门的卫生数据协作，使公共卫生管理更加高效和智能化。未来，随着技术的进一步发展，数字健康将继续推动公共卫生管理模式的深度变革，为公共卫生体系提供新的解决方案。

二、疾病监测的智能化：从被动应对到主动预警

数字健康中的疾病监测系统依托人工智能和大数据技术，改变了传统被动应对疾病暴发的模式，实现了从被动应对到主动预警的跨越。在传统的疾病监测模式下，往往只有当大量病例集中出现时，才能引起卫生部门的警觉，这种滞后的应对方式往往导致疾病传播范围扩大、损失加重。而通过数字健康技术，疾病监测可以实现实时、动态的风险评估。例如，智能监测系统能够持续追踪并分析来自医院、社区，甚至个人智能设备的健康数据，通过复杂的算法发现异常情况并发出预警，从而提前发现疾病暴发的可能性。这种主动预警模式不仅提高了应对疾病的效率，也为政府和卫生机构争取了宝贵的时间来进行有效的干预。同时，数字健康中的智能监测系统还可以根据历

史数据分析疾病的传播规律，精准预测未来可能的暴发点，并为政策制定者提供科学依据。这样，公共卫生决策者可以根据这些预警信号提前部署防控措施，避免疾病蔓延。数字健康的主动预警系统，不仅是在防控传染病领域的突破，还推动了公共卫生管理由事后干预向事前预防的转变。

三、个性化健康管理：从大众模式到精准医疗

数字健康推动了个性化健康管理的发展，使得医疗服务从传统的大众模式向精准医疗迈进。过去，医疗服务是标准化、统一化的，大多数患者接受的治疗方案几乎没有个性化的差异。然而，随着数字健康的兴起，个性化健康管理成为可能。通过对每个个体的健康数据进行深度分析，医疗机构可以为患者定制个性化的健康管理方案。例如，数字健康平台可以整合个体的基因信息、生活习惯、病史记录等多维度的数据，从而精准评估患者的健康状况，识别其潜在的健康风险，并为其制订预防和治疗计划。数字健康还通过智能设备和应用实时监测个体的健康状态，收集生物信号数据，并提供即时的反馈与建议，帮助人们更加主动地管理自己的健康。这种个性化的健康管理方式不仅提高了医疗服务的精准性，还极大地改善了患者的医疗体验。未来，随着人工智能和大数据技术的进一步发展，个性化健康管理将继续进化，真正实现“治未病”的精准医疗目标，使每个人都能享受到量身定制的健康服务。

四、智能设备与公共卫生：技术赋能健康数据采集与监控

数字健康时代的到来，离不开智能设备的普及，这些设备在健康数据采集和监控中扮演了至关重要的角色。传统的公共卫生数据采集大多依赖医疗机构和公共卫生部门的统计，信息收集往往存在滞后性和局限性，难以全面、及时地掌握个体和群体的健康状态。而智能设备的普及，如智能手表、健康监测仪、可穿戴传感器等，让个人健康数据的采集变得更加方便和实时。这些设备能够持续监测用户的生理指标，如心率、血压、血糖等，通过物联网技术，将这些数据实时上传至云端，供医疗机构和公共卫生部门进行分析和使用。智能设备不仅为个体的健康管理提供了支持，也为公共卫生系统提供了海量的、精准的健康数据，从而提高了疾病监控和管理的效率，尤其在重大公共卫生事件如疫情暴发期间，智能设备的广泛应用可以为卫生部门提供实时的群体健康数据，帮助政府精准决策、调度资源。此外，这些设备还具

备预警功能，当用户的健康指标出现异常时，它们能够自动发出警报，提醒用户及时就医。未来，随着技术的进一步成熟，智能设备将在公共卫生监控中发挥更为关键的作用，推动公共卫生体系的数字化和智能化发展。

五、公共卫生政策的智能化支持：数据助力决策与公共卫生资源合理配置

在数字健康的推动下，公共卫生政策的制定和实施变得更加科学和智能化。过去，公共卫生决策往往依赖传统的统计数据和专家意见，决策的科学性和时效性容易受到数据采集滞后性和主观判断的影响。而数字健康通过大数据和人工智能技术，能够为公共卫生政策的制定提供更加全面、精准的依据。数字健康平台通过整合来自医院、社区、智能设备等多渠道的健康数据，形成对整个社会健康状况的动态分析。政策制定者可以根据这些数据，及时发现公共卫生系统中的短板和薄弱环节，科学制定卫生政策。例如，在资源分配方面，数字健康可以通过对不同地区的健康数据进行分析，精准评估各地的医疗资源需求，从而实现资源的合理分配，避免浪费和分配不均。这样的智能化决策支持极大地提升了公共卫生政策的科学性和前瞻性，确保卫生资源的合理利用和效益最大化。未来，数字健康将进一步深化公共卫生政策的智能化支持，为卫生管理提供更加高效、科学的解决方案。

六、健康教育的数字化：从知识传播到行为改变

数字健康不仅是一种技术手段，还是一场健康教育的数字化革命。传统的健康教育多通过电视、广播、宣传册等媒介进行，信息的传播往往是单向的，难以有效激发公众的健康意识和行为改变。而数字健康通过数字化平台为公众提供了更加个性化、互动性强的健康教育方式。通过手机应用、在线平台、社交媒体等渠道，公众可以随时随地获取健康知识和建议。更重要的是，这些平台不仅是知识的传播工具，还可以通过互动和行为激励机制，帮助公众真正将健康知识转化为健康行为。例如，一些数字健康平台通过数据分析提供个性化的健康建议和行动计划，帮助用户设定健康目标，并通过打卡、奖励等方式激励他们坚持健康行为。这种互动性强的健康教育方式，不仅提高了公众的健康素养，还极大地增强了健康行为的可持续性。未来，随着数字化技术的进一步发展，数字健康将继续推动健康教育的创新，为公众提供更加丰富、个性化的健康管理工具，促使他们在日常生活中更加主动地

维护和提升健康水平。

七、未来的智慧公共卫生：人工智能与健康服务的深度融合

未来的智慧公共卫生将在人工智能技术的不断进步中全面提升精准性与广泛性。人工智能的应用将不仅局限于数据分析与疾病预测，它将逐步成为健康管理的主动干预者。通过智能监测系统，人工智能能够实时收集和分析个体的健康数据，并根据其生活方式、环境和遗传背景提供个性化的健康预防建议，真正做到“防患于未然”。这意味着人工智能将不再仅帮助解决已发生的问题，而且能通过健康风险的提前识别提供更加有效的干预措施。随着多模态数据融合技术的成熟，未来的人工智能系统将能够整合各种维度的数据，如基因、行为、环境等，从而为个体提供更精准的健康指导。同时，人工智能驱动的个性化健康管理将变得普遍化，普通人也能享受到高度定制化的医疗服务。全球健康数据网络的建设将成为智慧公共卫生的另一个核心发展方向，人工智能可以通过跨国数据共享，实现对全球卫生事件的跟踪与预警，从而更快地应对突发的公共卫生挑战。此外，边缘计算与 5G 技术的结合将使得智慧公共卫生的应用范围进一步扩大，偏远地区也能够享受实时的健康监控和公共卫生服务。在紧急卫生事件中，人工智能可以立即分析现场数据，帮助制定最佳的应对方案，从而提升公共卫生的反应速度和效率。未来的智慧公共卫生不仅是技术升级的结果，它还将重新定义健康管理和公共卫生服务的模式，使得全球公共卫生体系更加智能、更加高效和更具可持续性。

第五节　智能社会保障：数据驱动的精准管理与服务变革

一、智能社会保障的内涵：数字赋能的精准化与个性化保障

智能社会保障的内涵在于通过大数据、人工智能、物联网等先进技术重塑社会保障体系，实现保障的精准化、个性化与动态调整。在传统的社会保障模式中，服务通常是标准化的，难以根据个体需求进行灵活调整，且信息传递与资源分配效率较低，常常造成资源浪费或覆盖不足。而智能社会保障通过技术赋能，将社会保障服务与个人的具体需求和生活情况深度结合，提供更加精准的支持。智能系统能够通过实时采集个体的健康、收入、生活方式等数据，动态分析个体需求并提供定制化的保障方案。例如，对于老年人，

智能养老保障系统不仅可以根据其健康状况提供个性化的护理方案，还可以通过智能设备进行健康监控，实时反馈数据，为医疗干预提供依据。智能社会保障具有自适应能力，能够随着个体情况的变化灵活调整保障服务，确保资源的高效利用。这种智能化的保障机制不仅提升了社会保障的覆盖范围和精准度，还增强了服务的公平性，确保不同群体都能得到适当的帮助。此外，智能社会保障通过自动化流程和大数据分析优化了政策制定与资源分配的科学性。通过对历史数据和现状的分析，系统可以预测未来的社会保障需求，帮助决策者更好地进行政策设计与资源配置，提升社会保障的整体效能。未来，随着技术的进一步发展，智能社会保障将不仅是服务的数字化转型，还是保障理念的深刻变革，推动社会福利体系向智能化、精细化和个性化迈进。

二、社会保障的变迁：从普遍覆盖向个性化、精准化转型

农业社会的社会保障有限，人们通常依赖家庭、宗族和社区的互助网络。现代社会保障开始于工业革命时期，当时，社会保障主要集中在劳动保护和老年保障等领域，更多依靠政府和工会等组织的制度化支持。随着工业化的深入，城市人口增加和社会结构变化，社会保障体系不断演变，从最初的有限保障逐步扩展到覆盖全体公民的普遍性保障。20 世纪中期，各国纷纷建立了全民社会保障体系，包括医疗、养老、失业保险等内容，确保每个人都能在遇到风险时获得基本生活保障。然而，传统社会保障体系虽然在广度上得到了扩展，但在个性化和精准性上仍然存在不足，资源的分配效率较低、滞后性较强，难以应对现代社会日益复杂的社会需求。进入 21 世纪，随着科技的飞速发展，特别是大数据、人工智能和物联网技术的崛起，社会保障体系迎来了智能化转型的新阶段。智能技术的引入使得社会保障服务能够更加动态、精准地满足个人和群体的需求，彻底改变以往“标准化”和“被动”提供保障的模式。例如，智能社会保障系统能够根据个体的经济状况、健康状况和社会环境量身定制保障方案，并通过实时数据监测进行动态调整，确保服务的精准性和时效性。这种变迁不仅体现在技术手段的提升上，也反映了社会保障理念的升级：从过去的普遍覆盖，走向未来的个性化服务与精准资源配置。智能社会保障的变迁标志着社会福利体系进入了一个全新的阶段，它不仅更加公平、高效，而且能够更好地应对现代社会中复杂的社会风险与不确定性。

三、智能就业保障：数据驱动的就业支持与职业转型服务

智能就业保障是智能社会保障体系中的关键组成部分，旨在通过技术手段为劳动者提供个性化的就业支持与职业转型服务。在传统的就业保障中，求职者的就业服务多是政府或公共机构提供的标准化服务，针对性不足且信息不对称，导致求职效率低下。而智能就业保障通过大数据和人工智能技术向求职者提供更加精准的职业指导与就业匹配服务。例如，智能就业系统可以根据求职者的教育背景、工作经验、技能水平等数据自动推荐与其条件最匹配的职位，并根据市场需求变化，提供未来职业发展趋势的建议。同时，智能就业保障还为劳动者提供职业转型和再就业的支持。在当前技术变革迅速、产业结构快速变化的背景下，劳动者需要不断提升技能以适应市场的变化。智能就业平台能够根据大数据分析预测未来的技能需求，并为劳动者推荐相应的在线培训课程和职业技能提升项目。其中，对于失业群体，智能就业保障系统能够根据他们的个体需求，制定个性化的再就业方案，帮助他们通过技能提升和职业规划重新进入劳动力市场。智能就业保障通过技术的深度应用，不仅提升了就业服务的效率和精准性，还增强了劳动力市场的灵活性与适应性，确保劳动者在快速变化的经济环境中能够充分就业。

四、智能养老保障：数据驱动的精准健康与生活服务

智能养老保障的核心在于通过大数据与人工智能技术，提供个性化、动态化的老年人健康监控与生活服务。传统养老服务中，老年人的需求和健康状况往往依赖人工监测，存在延迟和信息不对称的问题。而智能养老保障通过实时数据采集与人工智能分析为老年人提供精准的健康监控服务。例如，智能穿戴设备可以实时监测老年人的心率、血压、睡眠质量等健康指标，并将这些数据传输到云端，利用人工智能技术进行分析。当老年人的健康数据出现异常时，系统会自动发出预警，通知家属和医疗机构，确保老年人及时得到医疗干预。大数据平台还可以整合老年人的生活偏好、健康状况和日常行为习惯，帮助养老机构为每位老年人提供个性化的生活服务，如定制营养餐、定期健康检查和社交活动等。通过数据驱动的智能系统，老年人不仅能够获得更高质量的健康管理，还能享受更加舒适、安全的生活环境。此外，智能养老还推动了老年人社会支持网络的建设，利用智能平台促进老年人与家人、朋友和社区的互动，缓解老年人的孤独感与心理压力。未来，随着技

术的进一步发展，智能养老保障将更加精准和广泛，提升老年人的生活质量，降低养老机构的运营成本，实现养老资源的高效配置。

五、智能失业救济：自动化审核与灵活救助的高效保障模式

智能失业救济通过大数据、人工智能和自动化技术优化了失业救济流程，提升了救助的效率与透明度。传统失业救济往往涉及烦琐的申请和审核程序，导致救助发放时间延迟，且在资源分配上存在不精准和不公平的问题。而智能失业救济体系通过自动化平台能够快速采集失业者的工作历史、收入水平、家庭状况等多维数据，利用人工智能算法自动审核救济申请，确保符合条件的失业者能够及时获得救助。大数据平台还能够根据经济形势和失业率的变化动态调整救济金额和覆盖范围，灵活应对经济波动对劳动力市场的冲击，确保救济资源的合理分配。自动化审核不仅减少了人为因素带来的误差，还有效避免了重复申请、欺诈等问题，提升了失业救济体系的公平性。智能系统还可以实时监控失业人口的整体状况，为政府制定更加精准的就业政策提供数据支持。通过智能化手段，失业救济不再局限于被动的经济援助，而是可以根据经济形势的变化，灵活调整救助方案，确保失业群体在经济困境中获得稳定的生活保障。未来，随着技术的不断进步，智能失业救济将进一步优化流程，确保救济体系的高效、透明与灵活性，为社会保障体系的完善提供强有力的支持。

六、智能社会救助：精准识别与动态调整的弱势群体保障机制

智能社会救助系统通过大数据和人工智能技术，实现了对弱势群体的精准识别和动态救助，彻底改变了传统社会救助的低效与滞后。传统的社会救助模式往往依赖复杂的审核程序，且由于信息不对称，救助资源的分配效率较低，难以及时满足弱势群体的需求。而智能社会救助系统能够通过大数据平台实时收集和监测弱势群体的生活状况，结合人工智能技术进行精准分析，及时识别需要帮助的低收入人群、残疾人、无家可归者等，并为他们提供量身定制的救助方案。例如，智能系统可以根据个体的经济收入、家庭结构、健康状况等数据，灵活调整救助金额和救助方式，确保每个弱势群体都能获得最合适的支持。智能社会救助系统还可以通过预测分析未来的社会救助需求，提前做好资源调配和政策调整，避免资源浪费和服务缺口。智能社会救助的动态调整功能使得救助体系更加灵活高效，在经济形势变化或重大灾害

发生时，能够快速响应并提供有效的救助。未来，随着智能技术的不断进步，社会救助系统将实现更加个性化和动态化的管理，为弱势群体提供更有力的支持与保障。

七、智能住房保障：从需求预测到资源分配的智能化管理

智能住房保障系统通过大数据和人工智能技术实现了住房需求预测、资源分配的智能化管理。传统的住房保障体系在应对城市化进程中的住房需求变化时往往存在滞后性和资源错配的问题，导致部分群体的住房需求难以得到有效满足。智能住房保障系统通过对人口数据、收入水平、城市发展规划等多维数据的分析，精准预测未来的住房需求，从而为政策制定者提供科学依据。人工智能技术还能够帮助政府和住房管理部门优化资源分配，将有限的住房资源优先分配给最需要的群体，减少资源浪费。例如，智能系统可以根据个体的收入、家庭结构、健康状况等自动匹配适合的住房类型和位置，确保每个家庭都能获得适当的住房保障。智能住房保障系统还具备动态调整功能，能够根据市场需求变化和住房供应情况灵活调整政策，确保住房资源的持续优化。通过智能管理平台，政府和相关机构还可以实时监控住房的使用和维护情况，及时发现和解决潜在问题，提升住房保障服务的质量与效率。未来，智能住房保障系统将进一步推动社会保障体系的数字化转型，为解决城市住房难题提供更加精准、高效的解决方案。

八、智能社会保险管理：自动化平台的高效运作与智能化服务

智能社会保险管理依托自动化平台和人工智能技术提升了社会保险的运作效率与服务质量。在传统社会保险体系中，参保者的缴费、管理和理赔程序往往涉及烦琐的手续和较长的等待时间，影响了保险服务的效率和参保者的体验。而通过智能社会保险管理平台，参保者可以通过在线系统实时查询个人的缴费记录、保单信息以及理赔进度，极大地简化了程序，提升了服务的透明度与便捷性。人工智能技术在保险管理中的应用，不仅能够帮助系统自动处理海量的参保数据，还可以通过智能分析识别潜在的欺诈行为，确保保险体系的公平性与安全性。人工智能算法还可以根据参保者的个人情况提供个性化的保险方案建议，帮助他们选择最合适的保障方式。自动化平台的引入使得社会保险的管理更加高效，尤其在理赔环节，通过智能化的审核系统，可以大幅缩短理赔时间，提升参保者的满意度。未来，随着智能技术的

不断进步，社会保险管理将实现更加全面的数字化和智能化，进一步提升社会保障体系的服务水平和运行效率。

第六节 智慧城市与数字乡村：数据驱动的区域发展新格局

一、智慧城市的基础架构：智能化交通、能源与通信网络

智慧城市的基础架构是推动现代城市高效运转的关键，涵盖了智能交通、清洁能源和高速通信网络等核心要素。智能交通系统通过物联网、人工智能、数据分析等技术，将实时的交通数据与城市管理平台深度结合，优化交通流量、减少拥堵，并提升公共交通的效率。例如，智能交通灯可以根据交通流量自动调整红绿灯时间；智能停车系统能帮助司机快速找到空车位；公共交通车辆可以利用实时数据动态调整线路，确保乘客能够更便捷地到达目的地。这些技术不仅降低了能源消耗，还减少了空气污染，为城市的可持续发展奠定了基础。此外，清洁能源管理系统是智慧城市基础设施的另一个核心，通过分布式能源网络和智能电网，城市可以更加灵活地调配和管理能源，推动绿色能源的普及。智能电网能够实时监测电力需求，优化能源分配，减少能源浪费，特别是在用电高峰期，可以有效避免电力过载问题。高速通信网络，如5G和未来的6G，为智慧城市中的各类智能系统提供强有力的技术支撑。通过高速、低延迟的网络连接，城市中的各类设备、平台和应用可以无缝协作，确保数据的及时传输与反馈。通信网络的高效运行不仅支撑了智慧城市的交通与能源系统，也为医疗、教育、公共安全等其他领域的数字化转型提供了坚实的技术基础。

二、城市治理的数字化：大数据与人工智能驱动的精细化管理

智慧城市的数字化治理依托大数据与人工智能技术的深度应用推动了城市管理从传统的人工操作向高度智能化、精细化转变。过去，城市治理中的许多决策依赖人工经验和历史数据，无法实时响应复杂多变的城市动态。如今，通过大数据和人工智能，城市管理者可以实时获取来自城市各个角落的海量数据，如交通流量、环境监测、人口流动等，并利用人工智能算法对这些数据进行分析和预测，做出更为科学、高效的决策。例如，智慧城市可以通过大数据平台监控空气质量、噪声污染等环境问题，并通过人工智能算法

制定相应的治理方案，减少污染源，提升城市的宜居度。智慧城市治理中的公共安全系统也能得到极大提升。通过人脸识别、视频监控等智能技术，城市可以快速发现和处理潜在的安全威胁，提高应急响应速度。城市资源的调配也变得更加精准，高效的城市水、电、气等公共设施管理系统可以实时监测资源的使用情况，及时发现问题并进行调整，减少资源浪费。人工智能技术还可以帮助政府在市政规划、社会服务等方面进行数据驱动的决策，确保公共资源的合理分配。例如，在公共卫生领域，政府可以通过数据平台分析人口健康状况，预判未来的健康需求，并提前部署医疗资源。总之，智慧城市的数字化治理不仅提升了城市的管理效率，也极大地提高了市民的生活质量，让城市变得更加智能、安全和可持续。

三、智慧城市的公共服务创新：与市民互动的便捷化

智慧城市通过数字平台的构建，极大地提升了市民与政府之间的互动效率，推动了政务服务、医疗、教育等领域的便捷化和高效化。在传统的公共服务模式中，市民需要亲自前往政府机构办理各类业务，流程复杂、耗时长，服务体验较差。智慧城市通过构建数字政务平台，市民可以在家中通过网络或移动应用完成各类政府业务的办理，如身份证申请、社保缴纳、车辆登记等。数字化平台不仅节约了市民的时间，也大幅提高了政府的工作效率。在医疗服务方面，智慧城市的数字医疗平台为市民提供了线上问诊、预约挂号、健康档案管理等服务，尤其是在疫情期间，远程医疗显得尤为重要。市民通过手机或电脑即可与医生进行视频问诊，减少了去医院的频率，降低了感染风险。在教育方面，智慧校园系统让学生可以在线学习、参与考试，教师通过大数据分析了解学生的学习情况，并及时调整教学方案。智慧城市中的公共服务不仅限于政务、医疗和教育，还涵盖了诸如公共交通、文化娱乐、社区管理等多方面的服务。数字化的社区平台可以将市民与社区服务紧密联系在一起，居民可以通过平台反映生活中的问题，如水电故障、垃圾处理等，平台会自动分配任务并反馈处理进度，极大地提升了社区管理的效率。智慧城市的公共服务创新将市民的需求与城市管理系统无缝连接，使城市的运行更加高效、便捷，并提升了市民的幸福感与参与感。

四、数字乡村的基础建设：网络基础设施与信息化资源普及

数字乡村的基础建设是实现农村地区现代化发展的关键，它的核心在于

网络基础设施的完善与信息化资源的普及。农村地区在传统发展模式中往往存在信息闭塞、资源匮乏等问题，而通过数字化基础设施的建设，农村能够打破这些瓶颈，与城市同步发展。网络基础设施是数字乡村建设的基础，通过5G、光纤宽带等技术的普及，农村地区能够实现与城市同样的网络覆盖和数据传输能力。这为农村的经济、文化、教育等方面的数字化转型提供了必要的技术保障。信息化资源的普及是另一个重要的环节，通过建立信息化平台，农村地区的农民、企业和政府能够更加高效地获取信息、分享资源，并进行在线交易。例如，农村电商平台可以帮助农民将农产品销售到全国乃至全球市场，拓宽销售渠道，提高收入。教育和医疗信息化的普及也为农村居民带来了更优质的服务，远程教育平台让农村孩子能够接受与城市孩子同样的教育资源。而远程医疗平台为农村居民提供了更加便捷、经济的医疗服务，解决了医疗资源不足的问题。数字乡村的基础建设不仅改善了农村的生活质量，也为推动城乡一体化发展提供了坚实的基础。通过完善的网络基础设施和信息化资源，农村地区将能够更好地融入国家的数字经济发展大潮。

五、农业数字化转型：智慧农业与农村经济的可持续发展

农业数字化转型是推动农村经济发展的重要动力，智慧农业的应用提高了农业生产效率，促进了农村经济的可持续发展。传统农业生产模式主要依赖人力和经验，生产效率相对较低，且容易受到气候变化、市场波动等不确定因素的影响。而物联网、大数据、人工智能等技术的应用，使得农业生产更加智能化和精准化。例如，通过智能传感器，农民可以实时监控土壤湿度、气温、光照等环境数据，并根据数据调整灌溉、施肥和病虫害防治等，从而提高产量并降低成本。大数据分析在农业中的应用能够帮助农民预测市场需求，制订合理的种植计划，避免因市场饱和造成的产品积压。智慧农业还推动了农业供应链的数字化转型，通过区块链技术，农产品从生产到销售的每个环节都可以被记录并追溯，确保食品安全和质量。通过智慧农业，农村可以更好地发展农产品加工业、休闲农业、乡村旅游等新兴产业，带动农村经济的多元化发展。农业数字化转型不仅改善了农民的生活水平，也为国家的粮食安全和农村经济的可持续发展提供了有力保障。

六、乡村社会治理数字化：从传统管理到智能化、透明化的转变

乡村社会治理的数字化转型彻底改变了传统乡村社会管理模式，使得农

村社会治理更加智能化和透明化。传统的乡村治理模式多依赖村干部的个人经验和有限的行政资源，治理效率低，信息传递滞后，难以应对复杂的社会问题，而数字化的治理模式则更加精准、高效。物联网技术可以帮助农村地区实现公共设施的智能化管理，如路灯、供水系统、垃圾处理等，自动监测设施的运行状况，及时发现并解决问题，提高公共服务的质量和效率。大数据平台能够整合村民的经济、健康、家庭等多维度数据，为政府提供决策支持。例如，政府可以通过大数据技术分析村民的收入水平、就业状况等，灵活调整扶贫政策，确保资源的精准投放。同时，智能化的乡村治理还提升了管理的透明度，通过线上平台，村民可以随时查询政府的政策执行情况，参与村务管理，提高了公众的参与度与信任感。此外，数字化平台可以有效促进农村的社会稳定，通过大数据监测和分析，政府能够提前发现潜在的社会矛盾和风险，提前采取应对措施。乡村社会治理的数字化转型，不仅提升了农村社会的管理效率，也推动了乡村社会的和谐与可持续发展。

七、数字乡村的公共服务提升：信息技术带来的医疗与教育变革

数字乡村的公共服务提升主要体现为医疗与教育领域的变革。农村地区长期存在公共服务资源匮乏、质量不均的问题，特别是在医疗和教育领域，城乡差距尤为明显。信息技术的普及为这些领域带来了巨大的改变。首先，在医疗服务方面，远程医疗系统的建设使得农村居民可以通过互联网与城市的医疗专家实时互动，减少了他们奔波到大城市看病的时间和成本。智慧医疗设备的普及，如远程监测设备、移动健康应用等，也让农民能够在家中对自己的健康状况进行监控，一旦发现异常，系统会自动通知医生，确保他们及时得到治疗。这不仅提升了农村居民的健康水平，也减轻了当地医疗机构的压力。在教育方面，远程教育平台打破了地域的限制，农村孩子通过在线课堂能够享受到优质的教育资源，与城市学生共享名师课程和教学资源。在线教育平台还通过智能算法分析学生的学习进度和弱点，提供个性化的辅导方案，确保每个孩子都能得到精准的教育支持。此外，信息技术帮助农村学校提升了教学质量，智慧校园系统让教师能够通过数据分析优化教学内容和方式，学生的学习效果得到了显著提升。数字乡村的公共服务提升，不仅改善了农村居民的生活质量，也为城乡一体化发展提供了有力支持。

八、智慧城市与数字乡村的一体化：城乡融合发展的重要推动力

智慧城市与数字乡村的一体化是推动城乡融合发展的重要推动力。首先，基础设施的联通与共享是城乡一体化的基础。智慧城市的智能交通系统、清洁能源管理和高速通信网络等现代化基础设施可以延伸至乡村，解决城乡间的基础设施差距问题。例如，智慧交通系统通过城市与乡村间的物流网络优化，减少货运成本，提升农产品从乡村到城市的运输效率，同时为城市产品下乡提供了便捷的通道。这不仅提高了城乡间的资源流动效率，还为乡村经济带来更多市场机会，增强了城乡间的经济互联互通。其次，智慧城市中的数据平台和信息系统为乡村提供了技术支持，加速了农业数字化转型。通过大数据分析和物联网技术，乡村可以精准管理农业生产，从而提高农作物的产量与质量。这种数据驱动的农业管理模式不仅提高了农业生产效率，还帮助乡村与城市市场无缝对接，通过农村电商平台直接将农产品送到城市消费者手中，实现农业供应链的全流程数字化。这种城乡产业链的融合不仅增加了乡村的收入，也推动了城乡经济协同发展。再次，人才流动与知识共享是城乡融合发展的另一核心推动力。通过数字平台，乡村居民能够接触到与城市居民同等的教育资源和职业培训，进一步提升乡村的劳动力素质，增强就业竞争力。智慧城市中的创新人才和技术专家能够通过这些数字平台下乡，帮助乡村进行经济、科技和社会建设，带动乡村创新创业的发展。最后，数字化的治理模式为城乡融合提供了制度保障。通过智慧城市的数字治理平台，乡村可以借鉴城市的管理经验，提升社会治理能力和公共服务水平。例如，通过数字平台进行乡村社会事务管理，能够有效提升乡村治理的透明度和效率，增强乡村居民对政府的信任感。未来，随着技术的进一步发展，城乡一体化将更加深入，不仅限于经济层面的融合，还将体现为社会、文化和生态的多维度融合，最终实现城乡共同繁荣的愿景。

第七节　数字政务服务：数据驱动的高效治理与便捷服务

一、数字政务平台：构建高效便捷的线上政务网络

数字政务平台的核心在于通过先进的技术手段，整合和优化各类政府服

务，打造一个高效、便捷的一站式线上政务网络。传统的政务服务往往需要公众亲自前往政府办公地点办理，耗时耗力，效率低下。而数字政务平台的建设，旨在通过互联网技术，将这些分散的服务集成到一个统一的平台上，公众可以随时随地在线办理各类政务事项。通过该平台，政府部门能够打破传统信息壁垒，实现跨部门的数据共享与流程协同，提升服务响应速度。例如，市民可以通过该平台进行税务申报、社保缴纳、房产过户等事务，不再需要多部门跑动。此外，数字政务平台还可以借助大数据分析提供实时服务反馈，确保服务流程的优化与持续改进。平台的建设不仅简化了政务办理的程序，也增强了政府的服务效能，提升了公众的满意度和信任感。未来，随着技术的不断进步，数字政务平台将进一步向智能化和个性化方向发展，通过数据驱动的方式为公众提供更为精准的政务服务，实现从服务被动响应到主动推送的转变。

二、在线办理与审批：无纸化政务服务的全面推行与优化

无纸化政务服务的推行是数字政务服务改革的关键一步，它不仅提高了政务处理的效率，还大幅减少了资源消耗。在线办理与审批将传统的纸质流程转移至线上，实现电子化操作，打破了时间与空间的限制。公众可以通过线上平台提交申请、获取审批结果，而不再需要亲自递交材料、签署纸质文件等。无纸化政务还通过电子签章、电子合同等技术确保在线办理的合法性与安全性。在无纸化政务推行的过程中，数据的标准化与流程的优化是关键，通过简化审批程序、减少不必要的环节，提高了服务效率。同时，智能化的政务系统能够通过大数据分析和人工智能技术实现自动审批与预警，进一步减少人工介入，避免出现人为错误和效率低下的问题。无纸化不仅在行政效率上带来革命性的提升，还减少了政府办公的物料开销和纸张浪费，推动了环保与绿色办公。未来，随着无纸化技术的进一步发展，政务服务将向更加智能化、自动化的方向迈进，让公众享受更加高效和便捷的服务体验。

三、身份认证与信息安全：数字身份系统与信息安全技术

在数字政务服务中，身份认证与信息安全是不可或缺的核心环节，决定着服务的安全性与可靠性。数字身份认证系统的建立，帮助公众在享受在线政务服务时能够快速、安全地验证身份，确保合法用户获得相应的服务权限。

通过生物识别技术，如人脸识别、指纹认证等，结合数字证书和加密技术，身份认证可以实现高效的验证，并确保信息不被泄露或篡改。信息安全技术为政务平台提供了多重保护机制，防止数据在传输和存储过程中遭到攻击或盗用。政府在建设数字政务平台时需要通过技术手段确保公众的个人隐私得到充分保护，防止信息泄露、滥用等问题。加密算法、隐私保护技术、访问控制等措施可以有效提高数据的安全性，增强公众对数字政务服务的信任。同时，数字身份认证系统还可以为不同级别的服务提供个性化访问权限，确保公众能够在合法权限内进行操作。未来，随着网络安全技术的不断进步，数字政务平台将在身份认证与信息安全方面变得更加完善，确保服务的安全性、可靠性与便捷性。

四、政务数据共享：跨部门协作与信息高效整合

政务数据共享是实现高效政务服务的核心内容之一，通过打破各部门间的信息孤岛，推动政务信息的整合和高效利用。传统的政府服务往往存在数据分散、部门间协作困难等问题，公众在办理政务时需重复提交材料，甚至跑多个部门才能完成事务办理。政务数据共享的目标是通过技术手段实现跨部门协作，整合分散的信息资源，为公众提供一站式服务。通过建立统一的数据平台，各部门可以在确保数据安全的前提下实现数据共享和调用，提高工作效率的同时提升服务的透明度。例如，市民在办理房产交易时，数据共享可以让房管、税务、银行等多部门的业务流程联通，无须多次提交个人信息和相关材料，简化了审批过程。政务数据共享还能够推动政府决策的科学化，通过数据的整合和分析，政府可以更好地掌握社会动态，制定更加精准和有效的政策。未来，随着大数据和云计算技术的深入发展，政务数据共享将进一步提升协同治理能力，推动政务服务向更加智能化、高效化的方向迈进。

五、智能化服务：人工智能驱动的自动化政务流程与决策支持

人工智能技术在数字政务服务中的应用正迅速推进，为政务流程的自动化和决策支持提供了强有力的技术支撑。传统政务服务中，人工审批、管理存在效率低下、错误率高的问题，而通过引入人工智能，政务流程得以显著优化。人工智能可以自动化处理大量的政务数据，并通过智能分析工具优化流程，减少人工干预。例如，在审批环节中，人工智能可以根据预设的规则

和标准自动进行审核，快速识别问题，并将复杂案例交由人工处理，从而加快整个审批流程的速度。人工智能还可以通过大数据分析和深度学习技术辅助政府决策。通过对海量数据的分析，人工智能能够提供科学的预测和建议，帮助政府更好地进行社会管理与政策制定。例如，在城市治理中，人工智能可以通过实时监测城市的交通、能源、环境等数据提供优化建议，提高城市的管理效率。人工智能驱动的政务流程不仅提高了政务服务的整体效率，也大幅提升了公众的满意度，推动了政务服务的现代化与智能化。未来，随着人工智能的不断进步，政务服务将会在更多领域实现自动化、智能化，让政务服务变得更加高效、精准。

六、多终端政务服务：移动与智能终端的便捷化体验

数字政务服务的多终端接入已经成为一种趋势，通过移动设备和智能终端的普及，公众可以更加便捷地享受政务服务。传统的政务服务多局限于线下窗口或 PC 端的访问，限制了用户的操作场景与便捷性。随着智能手机、平板等移动终端的广泛使用，政务服务平台开始向移动端延伸，公众可以通过手机应用随时随地办理事务，无论是在家中还是在旅途中，都能享受便捷的服务。例如，市民可以通过移动端应用进行社保缴纳、交通罚款支付、政务咨询等操作，大大节约了时间成本。此外，智能终端的普及也推动了政务服务的创新，政府通过智能硬件如自助服务终端、智能政务机器人等设备，进一步丰富了公众的服务体验。多终端政务服务的普及不仅提升了服务的便捷性，还拓展了服务的覆盖面，确保更多群体能够获得平等的服务机会。未来，随着移动技术和智能设备的进一步发展，政务服务将在更多场景中实现无缝连接，公众将能够享受到更加普惠、高效和便捷的政务服务体验。

七、个性化政务服务：数据驱动的精准推送与需求响应

在数字政务服务中，个性化服务成为提升用户体验的重要内容。传统的政务服务往往采用统一标准的服务模式，难以针对不同人群的具体需求进行调整。而通过数据驱动，数字政务可以实现个性化服务推送，为公众提供更加精准的服务内容。政务平台通过收集和分析用户的历史数据、行为习惯和服务记录，能够更好地理解用户的需求，并根据这些数据为用户定制个性化的服务方案。例如，对于不同年龄段的人群，政务平台可以分

别推送与其相关的政策信息和服务内容，老年人可以优先接收医保、养老等服务信息，年轻人可能接收更多与就业、教育相关的内容。这种个性化推送不仅提高了服务的针对性，也提升了公众的参与感与满意度。通过个性化服务，政府能够更精准地回应公众的需求，提高服务效率。同时，个性化的政务服务还能在突发事件中提供及时的应急响应。例如，在自然灾害或疫情期间，系统可以根据用户的位置和需求推送与其相关的安全提示或应急物资发放信息。未来，个性化政务服务将通过更加精细化的数据分析，进一步提升服务的精准性与高效性，确保政务服务能够真正满足不同群体的需求。

八、智能客服与服务响应：智能化政务咨询服务

智能客服系统在数字政务中的广泛应用，为公众提供了更加快捷的政务咨询服务，极大地提升了服务响应速度与用户体验。传统政务咨询需要通过电话或窗口进行，存在人工客服不足、响应不及时等问题，给公众带来不便。而通过人工智能，政府可以构建 24 小时在线的智能客服系统，提供即时的政务咨询与服务。人工智能客服能够通过自然语言处理技术理解用户的问题，并根据知识库快速做出回答，帮助用户解决常见的政务问题。例如，用户可以通过智能客服查询政务流程、办理时限等信息，无须等待人工客服的回复，大幅提高了咨询效率。智能客服还具备学习能力，能够通过不断优化算法和扩展知识库，提升对复杂问题的解答能力。同时，对于一些需要人工介入的复杂问题，智能客服还可以将问题自动转交给相关部门，确保服务的连续性与高效性。人工智能客服的应用不仅减轻了政府客服人员的工作负担，也提升了政务服务的响应速度，增强了公众的满意度。未来，随着人工智能的不断进步，智能客服系统将会更加智能化、精确化，为公众提供更加全面的政务咨询与服务支持。

九、公共参与和互动：数字政务平台推动公众广泛参与

数字政务平台不仅是政府提供服务的工具，也是公众参与社会治理的重要渠道。传统的公共参与方式往往受到时间和地点限制，公众难以有效参与到政策讨论和反馈中。而通过数字政务平台，政府可以向公众提供政策讨论论坛、意见征集窗口等渠道，公众可以随时通过网络提交意见和建议。这样的互动机制不仅让公众有机会表达自身需求，也提升了政府决策的透明度和

科学性。例如，政府可以在政策出台前通过数字平台向公众征求意见，并在决策过程中参考公众的建议，从而制定出更符合民意的政策。数字平台还为公众监督政府工作提供了便利，公众可以随时查询政府的政策执行进度和效果，提升了政府的公信力。通过政务平台的公共参与和互动，政府与公众之间形成了良性互动，进一步推动了社会治理的民主化与透明化。未来，随着数字政务平台的不断完善，公共参与将变得更加广泛和深入，公众将有更多机会参与社会事务，推动社会治理的进步。

第十章 数据引领生活新方式

数据正在深刻改变人类生活方式。智能家居提升居住体验，智慧出行提高交通效率，健康管理借助数据实现精准医疗和个性化服务。消费行为、学习路径、娱乐方式和财富管理均因数据分析而更加精准和高效，社交与社区互动也因智能技术而更加便捷、安全。未来，智慧家庭实现生活自动化，远程办公提升工作灵活性，虚拟社交和沉浸式娱乐构建全新互动模式，共享经济推动资源优化利用，智能医疗和智慧教育使健康管理和终身学习更加高效。数据正引领生活向更加互联、智能和个性化的方向发展，塑造未来的智慧社会。

第一节　数据引领的生活方式：智能化与个性化交织的全新生活形态

一、人类生活方式的演变：从原始生存到现代智能的深刻转变

人类生活方式的演变是人类社会进步的核心驱动力之一。最初，人类的生活方式以狩猎和采集为主。人们过着高度依赖自然的生活，食物、居所和工具全部取自环境。此时的生活方式简单而原始，个体与小型部落社会紧密相连，行动受季节、气候以及地理环境的限制。生存压力让人类逐渐学会利用简单工具，但技术进步缓慢，生活方式以求生为主。

随着农业革命的到来，定居生活成为可能。农业和畜牧业的发展，使得人类能够在特定的地点耕作和养殖，解决了食物来源的不确定性。这一时期，土地成为生活的中心，人与自然的关系发生了深刻变化，人类开始主动改造环境。农业社会带来的不仅是生活方式的改变，还促进了社会组织的复杂化，部落逐渐演变成村庄和早期城市。此时的生活方式趋向于自给自足，劳动和

生产与土地紧密相连，家庭、村落成为基本的社会单位。

工业革命是生活方式演变的另一个重要转折点。蒸汽机和机器的发明大幅提高了生产效率，人们从农业劳动转向工业劳动，生活方式也随之发生巨变。工厂成为生产中心，工业城市迅速崛起。人类开始过上依赖机器和技术的生活，时间和空间的限制逐渐被打破，生活节奏加快，商品化和消费社会逐渐形成。这一时期，全球化的进程加速，工业文明以快速扩张的姿态改变了人类的居住、工作和社会互动模式。

进入信息时代，生活方式进一步转型。计算机、互联网等信息技术的发展使得人类的生产、交流和生活方式全面数字化。人与人之间的沟通方式从面对面的互动转向虚拟化的社交网络。工作方式也从集中于工厂或办公室转向了更加灵活的远程办公模式，智能设备逐渐渗透到日常生活的各个方面。从智能手机到智能家居，技术的嵌入让生活变得高度个性化、便捷化。

如今，人类正在迈入数据驱动的智能生活时代，人工智能、大数据和物联网等技术引领生活方式的深度变革。生活的智能化和自动化使得个体和社会之间的联系更加复杂和紧密。未来，人类生活方式将继续沿着个性化、智能化与深度互联的路径演进，同时需要应对数据隐私、伦理等新的挑战。

二、数据驱动的生活：个性化、智能化与深度互联的新生活方式

数据驱动的生活是一种个性化、智能化并深度互联的现代生活方式，其核心在于通过大数据、人工智能等技术手段，将个体的需求、行为和环境深度整合，实现生活的全面优化。首先，数据驱动的生活以个性化为基础。通过对海量数据的分析，智能设备和系统能够精确捕捉个人偏好、健康状况和行为模式，提供量身定制的服务。从智能健康监测到个性化的教育和消费推荐，数据帮助人们做出更高效的决策，极大地提升了生活品质。其次，数据驱动的生活呈现出高度的智能化。智能家居、智能穿戴设备和自动驾驶技术的普及，使得人们的日常生活为各种自动化系统所包围。例如，智能冰箱能够实时检测食物存量并自动下单采购，智能出行系统根据实时交通数据优化路线，节省时间与精力。这些智能系统通过数据的实时采集、分析和反馈构建了人与设备、人与环境的动态交互，让生活变得更加便捷和高效。最后，数据驱动的生活是深度互联的。大数据平台将个人、家庭、社区和城市紧密联系在一起，形成一个无缝衔接的生态系统。个人通过智能设备与外界互动，

数据在不同系统之间流转，实现了信息的快速传递和资源的高效分配。例如，智慧城市利用数据实现了公共资源的优化配置，智能交通、智慧医疗等服务能够通过数据互通实现协同运作，提高社会的整体运行效率。当然，数据驱动的生活也伴随诸多挑战，尤其是数据隐私、安全与伦理问题的出现，要求社会建立更加健全的监管机制。

第二节 数据驱动的生活方式：智能化场景下的全新生活模式

一、智慧家庭：数据驱动的无缝整合与生活自动化

未来的智慧家庭将以数据为核心，通过智能设备、物联网和大数据技术实现所有家庭设备的无缝连接与自动化运行。每个家庭成员的生活习惯、作息时间、健康状况都将通过智能设备进行数据采集，系统会根据这些数据实时调整家居环境，提供最适合的服务。例如，智能灯光会根据时间和个人习惯自动调节亮度，智能音响会在你到家时播放最喜欢的音乐，空调则会根据天气变化和房间内的温度自动调整。这一切都由背后的数据分析系统实时处理，不需要人工干预，家庭生活将因此变得更加便捷和高效。智能家居还将具备强大的学习能力，能够根据家庭成员的日常习惯不断优化服务，甚至预测需求。例如，智能冰箱会提醒你何时补充食材，并根据你的饮食偏好推荐菜谱，智能安防系统则会通过面部识别技术自动判断家中来访者的身份，确保家庭的安全性。随着5G、人工智能和物联网技术的进一步成熟，智慧家庭将实现真正的无缝整合与生活自动化，提升家庭生活的质量。未来的家不再是一个单纯的居住场所，而是一个为每个家庭成员提供个性化、智能化生活体验的“数据中心”。通过数据的力量，家居生活将变得更加人性化、自动化和智能化，真正解放双手，提升生活的品质。

二、远程办公：数据支撑的高效灵活工作模式

随着数据技术的飞速发展，远程办公将成为未来主流的工作模式。通过数据分析、云计算和协同办公软件的结合，未来的员工可以通过智能平台远程访问企业数据，利用虚拟现实或元宇宙技术参与全球会议，甚至通过人工智能助手协助完成日常工作任务。数据的实时反馈和分析将帮助管理者更好

地评估员工的工作表现，优化工作流程，并确保团队的高效协作。通过智能化的任务分配和进度跟踪系统，团队成员之间的协作将变得更加灵活，不再局限于同一地点或时区。远程办公也为企业提供了更广泛的人才选择空间，企业可以在全球范围内招聘最合适的人才，打破地域和时间的限制。在个人层面，远程办公将赋予员工更大的自主性，工作与生活的平衡也将因此得以提升。未来的工作模式并非坐在办公室完成任务，而是灵活选择工作地点和时间，通过数据技术实现更高的生产力和协作效率。数据还能帮助企业根据员工的工作习惯和表现个性化地调整工作安排，提升员工的工作体验与满意度。总之，数据支撑的远程办公模式将彻底改变传统的工作方式，让工作更加自由、高效和灵活，同时提升企业的竞争力与员工的幸福感。

三、虚拟社交：数据重构的沉浸式互动与社交场景

数据将在未来的虚拟社交场景中扮演至关重要的角色。随着大数据、人工智能和虚拟现实技术的结合，社交互动将突破传统的物理限制，进入更加沉浸式的虚拟世界。通过数据分析，系统能够精准捕捉每个人的兴趣、行为模式和社交需求，从而为用户匹配最合适的社交圈子和互动方式。未来，虚拟社交平台将不再局限于简单的文字或图片分享，而是通过虚拟现实技术，让用户“身临其境”地与好友进行交流。例如，朋友间的聚会不再需要物理上的接触，用户可以通过虚拟现实设备进入同一个虚拟场景，进行面对面的交流。数据驱动下的虚拟社交场景不仅能够提供更加真实的互动体验，还能够根据个人偏好和情感状态，定制化地设计社交环境和内容，从而提升社交的愉悦感和参与度。数据分析还能够帮助平台识别用户的情绪变化和潜在需求，及时调整社交推荐，帮助用户找到最适合的互动方式。在这样的环境下，社交不再局限于现实中的人际关系，而是可以根据个人兴趣、爱好和情感状态进行定制化拓展，建立更加多元和广泛的社交网络。

四、智能医疗：数据驱动的个性化健康管理与精准医疗

未来，数据将在医疗领域发挥前所未有的重要作用，智能医疗将通过数据驱动实现真正的个性化健康管理与精准医疗。通过智能穿戴设备、基因检测、健康数据平台的整合，每个人的健康状况将得到实时监控与分析，医生能够基于这些数据为患者量身定制最适合的健康管理方案。例如，智能手环能够 24 小时监测心率、血压、血糖等指标，及时发现身体的异常变化，并通

过数据分析预警潜在的健康风险。对于慢性病患者，智能医疗系统能够自动调整药物剂量或治疗方案，确保治疗的个性化和高效性。基因组数据将为疾病的预防和早期检测提供精准依据，结合生活习惯和家族病史，系统能够预测未来的健康风险并提出预防措施，减少重大疾病的发生率。医生通过分析大量的患者数据，还可以进一步优化诊疗方案，选择最有效的治疗手段，从而提升整体医疗水平。未来的医疗不再是“看病”，而是从数据角度出发对个人进行全程健康管理，从疾病预防、个性化治疗到康复护理，提供全方位的支持。数据技术的应用不仅大幅提升了医疗的精准度和效率，还让医疗服务更加个性化和人性化，帮助人们享受更加健康和长寿的生活。

五、共享经济：数据推动的资源优化与生活便利化

数据在共享经济中的应用将为未来的生活带来前所未有的便利与高效。通过大数据和人工智能技术，共享平台能够精准匹配供需双方，最大化资源利用率。例如，未来的交通工具将不再被个人长期拥有，而是通过数据平台进行按需调配，用户可以在需要时使用最近的共享车辆，从而大大减少空置率和交通拥堵。共享办公、共享住房等模式也将通过数据平台进行优化调度，提高资源使用效率，降低成本，带来更高的经济效益和生活便捷性。数据还将帮助平台预测用户需求，优化服务体验。通过对历史使用数据的分析，平台可以预先配置资源，确保在用户需要时，车辆、房间或办公空间随时可用。此外，数据驱动的共享经济将进一步推动社会的环保与可持续发展，通过减少资源浪费和重复消费，降低对自然环境的压力。未来的共享经济模式不仅将提升生活质量，还会改变人们的消费观念，鼓励按需使用、减少浪费的生活方式。

六、智慧教育：数据引导下的终身学习模式

未来，数据驱动的智慧教育将彻底改变人们的学习方式，并推动终身学习的普及。数据分析将为每个学习者提供个性化的学习路径，根据个人的兴趣、能力和学习进度，系统自动调整课程内容和难度，确保学习效果最大化。例如，学生在某门课程中遇到困难时，智能教育平台会通过数据分析找出问题所在，自动推荐补充材料和个性化练习，帮助学生更快掌握知识点。这种个性化学习不仅提升了效率，还减少了学习中的挫败感和压力。未来，教育将不再局限于校园，随着在线教育平台的普及，每个人都可以根据自己的时

间和需求进行自主学习。数据技术还将推动教育资源的全球共享，让优质教育资源不再受到地域和经济条件的限制。终身学习将成为未来的常态，随着技术的快速发展，每个人都需要不断更新知识和技能，适应变化的社会需求。数据驱动的智慧教育将为每个人提供个性化的学习方案和持续的技能提升支持，无论是在职业生涯早期，还是在职业生涯的转型期，数据都将帮助学习者获得成功所需的知识和能力。

七、绿色生活：数据推动的可持续生活模式与资源循环

未来，数据将成为推动绿色生活和可持续发展的重要力量。通过智能设备和大数据分析，个人和社区的资源使用将被实时监控和优化，能源、水资源和废物处理的效率将大幅提升。例如，在能源方面，智能电表将记录每个家庭的能源使用情况，并根据用电高峰期和个人习惯提供节能建议，帮助家庭减少不必要的能源消耗。在水资源方面，数据将用于监控水资源的使用，帮助优化家庭和社区的用水管理，减少浪费。在废物处理方面，智能垃圾分类系统将根据个人的垃圾投放习惯提供更智能的分类指导，确保废物得到正确处理和循环利用。数据还将帮助城市实现更高效的资源管理，通过整合全市的能源、水资源和废物处理数据，城市管理者可以实时调整资源调度，优化城市的整体可持续性。数据技术还将推动个人和社会形成更加环保的生活习惯，从减少碳排放到循环经济的普及，绿色生活将成为未来生活的主流。

八、智能消费：数据驱动的精准购物、预测性销售与智能支付体验

未来的智能消费将通过数据技术实现更加精准和个性化的购物体验。每个人的消费行为和购物偏好都将通过大数据分析得到深入理解，系统可以根据这些数据为用户提供个性化的商品推荐，确保消费者在最短时间内找到符合需求的商品。而预测性销售将成为未来购物的重要趋势之一。通过对用户的历史购物记录、浏览习惯、搜索内容和社交媒体互动的分析，智能系统能够预测消费者未来可能需要的产品，甚至在用户意识到需求之前就主动推送相关商品。例如，如果系统检测到用户经常购买某类商品，且该商品的消耗周期较为稳定，那么平台将自动提醒用户补货或推荐相关替代产品，以确保用户的生活不会被突发的缺货问题打断。这种预测性销售不仅能提升用户的购物体验，还能帮助商家优化库存管理，减少库存积压和销售机会的流失。此外，随着智能支付技术的不断发展，支付体验将更加便捷与智能。未来的

支付技术仍将朝着更安全、更智能的方向进化。智能系统能够通过生物识别、语音助手或自动结算技术完成支付，用户无须再花费精力在支付环节上，进一步提升了其购物体验的流畅度与便捷性。

九、沉浸式娱乐：数据与元宇宙支持下的多维度虚拟体验

未来的娱乐模式将通过数据和元宇宙的结合带来更加沉浸和多维度的虚拟体验。随着虚拟现实、增强现实和大数据的广泛应用，娱乐内容将变得更加个性化和互动。数据分析将深入了解每个用户的兴趣、行为模式和内容偏好，从而为其量身定制娱乐内容。例如，未来的电影不再是被动地观看，观众可以通过虚拟现实设备进入元宇宙，成为电影世界中的一员，与虚拟角色互动并影响故事的发展。游戏领域也将通过数据驱动的人工智能创建个性化的游戏体验，游戏中的难度、角色互动和情节发展都会根据玩家的表现实时调整，确保每个玩家都能够享受独特且充满挑战的娱乐体验。元宇宙将进一步拓展娱乐的边界，成为一个覆盖社交、工作和学习的虚拟共享空间。在元宇宙中，用户不仅可以参加虚拟音乐会、艺术展览，还可以与全球用户在同一个虚拟空间内进行互动、游戏或创造内容。数据技术将为元宇宙提供个性化的服务，用户在这个虚拟世界中的每一次互动和行为都会被系统分析，从而优化和丰富他们的体验。未来，娱乐将不再局限于物理世界，元宇宙将为用户提供无限的探索和体验空间，数据将成为构建这个虚拟世界的核心驱动力，带来更加丰富和多维度的虚拟娱乐体验。

十、智能社区：数据驱动的安全、高效与和谐的生活环境

未来的社区生活将因数据技术的应用变得更加安全、高效与和谐。通过智能监控设备、物联网和数据分析，社区的安全管理将得到极大的提升。例如，智能安防系统能够实时监测社区内的活动，自动识别异常情况并向居民和管理者发出预警，从而确保社区的安全。数据技术还将提升社区的资源管理效率，智能电网、智能水务系统将根据社区居民的使用数据，自动调节供电、供水的分配，确保资源的合理使用。数据将推动社区互动的加强，通过智能平台，居民可以更加便捷地参与社区活动、分享信息，甚至开展邻里间的互助与合作，构建更加和谐的社区环境。未来的社区不再是简单的居住场所，而是一个通过数据技术优化管理和互动的智能生态系统，在提升了居民的生活质量的同时，也增强了社区的凝聚力。数据将为社区生活带来前所未

有的便利与安全，让每个人都能在和谐、智能的环境中享受生活。

十一、智慧出行：数据优化出行体验

数据驱动的智慧出行正在彻底改变人们的出行方式，为繁忙的都市生活带来了更多便捷和高效。通过对实时交通数据、车辆位置、用户出行习惯的分析，智慧出行平台能够为用户提供最佳出行方案。以共享单车和网约车为例，数据分析帮助平台实时分配资源，确保用户能够迅速找到最近的可用车辆，减少等待时间，同时优化车辆的调度以减少空驶率，提高运营效率。交通导航系统通过数据分析可以动态调整路线建议，避开拥堵路段，帮助司机节省时间和燃油。公共交通领域的数据化管理也带来了显著的效率提升。通过对乘客流量、天气状况等数据的综合分析，交通管理部门能够优化公共交通的运行时间和频率，提升服务质量。例如，地铁系统可以根据乘客流量高峰灵活调整班次，减少等车时间，提升乘客的出行体验。未来，随着自动驾驶技术的普及，智慧出行将进一步实现全自动化，车辆能够自动行驶、避让行人和其他车辆，提供更加安全、快速和便捷的出行服务。城市的智能交通系统也会更加高效，通过对全城交通状况的实时监控和分析，减少交通事故，提升城市整体的交通效率。

十二、财富管理：数据驱动的智能理财与风险控制

数据驱动的智能理财正在为每个人的财富管理带来全新的便利与保障。过去，人们可能需要花费大量时间研究市场动态、挑选投资产品，如今智能理财平台已经极大地简化了这一过程。通过大数据和人工智能，平台能够根据个人的财务状况、投资目标和风险偏好生成个性化的投资组合。平台不仅能根据市场变化自动调整资产配置，还能预警潜在的市场波动，帮助投资者在面对风险时更加从容，避免情绪化决策。例如，当某只股票波动较大时，智能理财平台会提醒用户是否需要调整投资策略，从而有效降低风险。智能理财平台还会帮助个人设定长期财务目标，无论是购房、教育基金积累还是退休规划，平台都会提供清晰的财富增长路线，并根据进展及时调整建议。这种个性化的财务管理方式让人们的未来财务规划更加明确和稳健。数据安全问题也备受关注，许多智能理财平台已经采用了先进的加密技术，确保用户的个人数据和财务信息不会被泄露或滥用。有的金融机构引入区块链技术，进一步增强了数据的透明度和安全性。

第十一章

数字经济时代的社会挑战

数字经济时代既有新机遇，也有新挑战。数字鸿沟的加剧使技术资源分配不均，影响社会公平，信息茧房和算法推荐加剧了社会分化，自动化技术推动就业市场重构，数据垄断加深市场壁垒，城乡数字发展不均衡影响社会流动性。隐私泄露、网络安全威胁、算法黑箱、数据主权博弈等问题日益凸显，数据治理框架的缺失加大了全球协调的难度。在伦理方面，人工智能的算法偏见、深度伪造、医疗人工智能伦理难题，以及知情同意权的弱化，使得社会公平与道德边界面临考验。数字化生活还带来了心理健康隐患，信息过载、社交媒体焦虑、远程工作压力等问题，影响人们的心理状态。应对这些挑战，需要构建透明、公正、安全的数据治理体系，加强隐私保护、算法监管、网络安全管理、心理健康管理，并推动全球合作，建立公平可持续的数字伦理规范。

第一节　社会裂痕：数字鸿沟与社会分化的深层次挑战

一、数字鸿沟加剧：技术资源分配的不均衡与社会排斥的加深

在数字经济时代，技术资源的不均衡分配成为社会发展的一个巨大挑战。发达地区和高收入群体能够轻松获得先进的数字设备、稳定的互联网连接和丰富的数字化知识与技能，而欠发达地区和低收入群体受到经济条件和基础设施的限制，难以享受同样的技术福利。这种差距不仅表现在设备和网络的可得性上，还延伸到数字技能的掌握上。数字技术的快速进步使得个人和企业越来越依赖数字化工具，这进一步扩大了技术富有者和技术贫乏者之间的距离。数字鸿沟的加剧意味着那些无法获得技术资源的人群逐渐被排斥在数

字经济之外，丧失了竞争力和发展机会。许多低收入家庭的孩子由于无法在线学习，进一步拉大了他们与数字富裕者在教育资源获取上的差距，阻碍了社会阶层的流动。这不仅影响个体的发展，也加剧了社会的整体不平等，导致社会结构的不稳定和进一步的分裂。因此，如何通过政策和技术手段缩小这一鸿沟，使每个人都能公平地参与数字经济，是社会亟待解决的问题。

二、信息茧房现象：算法推动的社会极化与群体分裂

数字经济时代，社交媒体和数字平台的兴起使人们可以方便地接触到各种信息，然而，这种便利也带来了信息茧房现象。在这些平台上，算法根据用户的偏好进行个性化推荐，使得用户逐渐沉浸在与自己观点一致的信息环境中，远离了多元化的视角和意见的碰撞。长此以往，不同群体之间的意见差异被放大，社会极化的现象愈加严重。算法的推送机制本意是为了提高用户体验，提供更符合个人兴趣的内容，但其结果是人为地强化了社会的分裂，尤其是在涉及政治、宗教和文化等敏感议题时，不同群体会因为算法的作用，形成自我封闭的信息圈，不同观点之间的交流和对话大大减少。这种现象在全球范围内都有所表现，许多国家的社会撕裂和群体对立现象日益突出，民众对公共议题的认知差异加剧，甚至出现了对立的情绪和行动。这种分裂不仅影响了社会的稳定，还给国家治理带来了新的挑战。因此，如何平衡算法推荐与信息多样性，让民众有机会接触到更多元的视角，是信息时代面临的一个重大课题。

三、自动化与就业转型：数据驱动的劳动力市场重构与失业风险

随着自动化技术和人工智能的飞速发展，劳动力市场正在经历前所未有的变革。大量的重复性、机械化工作逐渐为机器人和算法所取代，特别是在制造业、物流业等劳动密集型行业，这一趋势尤为明显。虽然自动化提高了生产效率，降低了企业的运营成本，但也带来了就业岗位的大幅减少。低技能工人首当其冲，他们的工作很容易被机器代替。这种失业风险不仅影响个体的生活质量，还可能引发更广泛的社会问题，诸如收入差距扩大和社会不平等的加剧。同时，尽管自动化和人工智能创造了许多新的高技术岗位，如数据分析师、人工智能工程师等，但这些职位通常需要较高的专业技能和知识背景，对于缺乏相应教育资源的群体而言，难以迅速适应这种变化。一方面，高技能人才的需求旺盛；另一方面，低技能工人的失业风险在加大。如

何通过教育和培训，帮助低技能劳动力适应这一变化，成为各国政府和企业面临的重要挑战。解决这一问题的关键在于提高全民的数字技能水平，让更多的人有机会参与数据驱动的经济活动，避免社会的两极分化。

四、教育不均衡：知识获取的两极分化

在线学习平台、数字资源库和虚拟课堂的兴起打破了传统教育的时间和空间限制。然而，教育的不均衡问题并没有得到根本性的解决，反而由于数字资源分布的不均，加剧了知识获取的两极分化。在发达地区，学生能够借助先进的数字技术接受更为优质的教育资源，教师也可以利用数据分析工具为学生提供个性化的学习体验。这种个性化和高效的学习方式无疑提升了教育效果，但在欠发达地区，数字化基础设施的缺失和互联网覆盖率的低下，使得这些学生无法享受同等的教育机会，甚至在一些地区，连最基本的在线学习条件都难以满足，学生只能依赖传统的教学方式，这使得他们在竞争中处于劣势。这种教育资源的两极分化，不仅影响个体的发展，也将进一步固化社会阶层，拉大社会不平等的鸿沟。因此，数字经济时代的教育不仅需要技术的支持，还需要政策和资源的倾斜，确保每个孩子都能平等地享有优质的教育资源，打破知识获取的壁垒，促进社会的公平发展。

五、数据垄断与市场壁垒：大型科技公司对数据资源的掌控与竞争不平等

在数字经济时代，数据作为新的生产要素，逐渐成为经济活动的核心资源。大型科技公司凭借强大的技术能力和市场地位，积累了大量的数据资源，形成了事实上的数据垄断。这种数据垄断使得这些公司在市场竞争中占据了明显优势，因为数据不仅可以用于提高业务效率，还可以为精准营销、用户行为分析和创新决策提供支持。相比之下，中小企业无法获得同等规模和质量的数据，难以在竞争中与大公司抗衡，市场壁垒逐渐形成。这种不公平的竞争环境不仅抑制了中小企业的创新能力，也削弱了整个行业的活力。数据垄断的问题还涉及消费者的权益，数据被少数公司控制，使得个人隐私保护和数据使用透明度面临更大挑战。消费者在享受便利服务的同时，个人数据被不断收集和分析，而他们对这些数据的使用情况缺乏知情权和控制权。如何打破数据垄断，促进市场的公平竞争，成为各国监管机构亟待解决的问题。加强数据共享机制，推动开放数据平台的发展，或许可以为中小企业提供更

多的机会，同时确保消费者的权益得到有效保障。

六、社会流动性的阻碍：数字化排斥对弱势群体的影响

随着社会向数字化转型，掌握数字技能和拥有数字资源成为获得高质量就业和社会进阶的重要条件。然而，弱势群体缺乏必要的技术设备和数字知识，面临着严重的数字排斥。这种排斥不仅体现在日常生活中难以享受数字服务，还使得他们在就业市场上失去了竞争力。高技能岗位的增加并没有惠及这一群体，反而加剧了他们在社会结构中的边缘化。这种社会排斥现象进一步加剧了贫富差距和社会不平等，阻碍了弱势群体通过努力改善生活条件的可能性。数字化排斥的背后是社会资源分配的不公，尤其是在教育和培训资源方面，弱势群体往往难以获得系统的技能培训和知识普及，使得他们在快速变化的数字经济中难以立足。这一问题的长期存在可能导致社会阶层的固化，弱势群体难以通过个人努力实现社会进阶。因此，为了促进社会的公平和包容性发展，政府和社会机构应当更加重视对弱势群体的数字教育和技能培训，通过政策支持和资源倾斜，帮助他们融入数字社会，实现社会的可持续进步。

七、数字城市与数字乡村：城乡二元结构下的数字化发展不均衡

在数字化浪潮下，城市和乡村的数字化发展速度存在显著差异。城市作为经济和技术的中心，通常能够更快地应用数字技术，享受数字经济带来的便利。智能交通、智慧医疗、智能化城市管理等技术在城市中得到了广泛应用，不仅提升了居民的生活质量，也推动了经济的高效运行。然而，乡村地区由于基础设施薄弱、经济条件相对落后，数字化发展的速度远远落后于城市。许多乡村地区的互联网接入和数字设备普及率较低，导致当地居民无法享受同等的数字服务和经济红利。这种城乡数字化发展的不均衡加剧了城乡差距，特别是在教育、医疗、公共服务等领域，乡村居民的数字化体验远不及城市居民。这种不均衡不仅影响了乡村的经济发展，也限制了乡村地区居民的社会参与和职业发展机会，阻碍了城乡一体化发展的进程。因此，缩小城乡数字化差距是实现社会公平的重要步骤。政府应加大对乡村数字基础设施的投资，推动数字技术在农业、教育、医疗等领域的应用，促进城乡的均衡发展，实现数字化带来的共同繁荣。

八、公共服务的数字鸿沟：数字化公共服务未全面普及

随着数字化公共服务的普及，政府逐步将传统的服务模式转向数字化平台，通过线上办事系统、电子政务平台等方式提升公共服务的效率和透明度。然而，数字化公共服务的全面普及也带来了新的挑战，尤其是对于那些缺乏数字技能或无法接入数字设备的边缘化人群来说，他们在享受这些服务时面临巨大的障碍。这类群体往往包括老年人、低收入人群和偏远地区的居民，他们无法熟练操作数字设备，或者根本没有条件获取这些设备，导致他们被排除在高效的数字化公共服务之外。这种数字鸿沟不仅加剧了社会不公平，也削弱了公共服务的普惠性，违反了社会公平正义的基本原则。数字化公共服务的复杂性和高技术要求也使得许多弱势群体感到无所适从，进一步加深了他们对公共服务的被排斥感。如何通过合理的政策设计，使得数字化公共服务更加包容和普惠，成为各国政府面临的重要挑战。

第二节　数据风险：隐私、安全与全球数据秩序的再定义

一、个人隐私的边界模糊：隐私权的再定义

随着数字技术的普及和数据的广泛应用，个人隐私权的概念正在发生根本性的转变。在数字社会中，每个人的线上活动都会产生海量的数据信息，从浏览记录、购物偏好到地理位置、健康状况，这些数据被不同的机构和平台持续收集、分析和利用。传统上，隐私权是指个人对其信息的控制权，但在数字世界，信息的收集往往是在用户无感知，甚至无意识的状态下进行的。这使得个人隐私权的边界逐渐模糊，很多人并不清楚自己的哪些信息被收集、如何被使用、由谁掌控。数据的广泛分享和流通虽然促进了技术和经济的发展，但对隐私权提出了前所未有的挑战，特别是当这些信息被用于商业决策、精准营销甚至社会管理时，个体的隐私便成了可以被交易和操纵的商品。与此同时，用户的知情权和选择权在这种复杂的生态中越发薄弱，隐私保护的责任更多地被转嫁给了个体，而平台和公司往往将数据使用的复杂性隐藏在冗长的用户协议中，使得真正的隐私保护难以落实。如何在保证数据利用效

益的同时尊重和保护个人隐私，已经成为全球范围内迫切需要解决的问题。这要求立法者、技术专家和企业携手合作，共同制定明确且公平的隐私保护政策，确保数据收集和使用的透明度与合规性。

二、网络空间的脆弱性：数据泄露与大规模网络攻击

随着互联网技术的飞速发展和全球数据的激增，网络空间的安全问题成了各国面临的重要挑战。全球数据泄露、网络攻击事件频发，不仅给企业和个人带来巨大的经济损失，也对国家安全构成了严重威胁。网络攻击手段日益复杂，从最初的病毒感染、恶意软件攻击，到如今的勒索软件、分布式拒绝服务攻击等，黑客可以通过多种方式入侵目标系统，涉及社交媒体、银行系统、医疗机构等，泄露的个人信息可能被用于网络诈骗，甚至更为严重的犯罪活动。企业和政府虽然在不断加大网络安全的投入，但防护措施和攻击手段之间始终处于一种动态的对抗中，一方在不断进化技术，另一方也在迅速提升攻击能力。更为复杂的是，网络安全不仅是技术问题，还涉及国家之间的博弈，许多网络攻击背后可能隐藏着复杂的政治和经济动机，某些国家级别的网络间谍活动对全球网络安全格局产生了深远影响。因此，如何在技术飞速进步的同时建立强有力的网络安全体系成为当今世界亟待解决的问题。全球范围内的网络安全合作、法律框架的制定，以及网络空间的共同治理，都将是有效应对这一问题的关键所在。

三、算法黑箱的隐患：智能决策中的透明度与责任问题

随着人工智能和大数据技术的广泛应用，算法逐渐成为许多领域决策过程中的核心工具，然而，算法决策中的透明度与责任问题正引发广泛关注。算法黑箱是指复杂的算法系统在运行过程中，由于其设计的高度复杂性和计算逻辑的不可解释性，使得外界无法清楚地理解算法是如何做出某些决策的。这种不透明性在许多关键领域可能引发严重的后果。例如，在金融领域，算法用于评估个人的信用评分、贷款风险等，然而当一个人被拒绝贷款时，很难确切了解算法是基于哪些标准做出的决策。在医疗、司法等高度依赖精准决策的领域，算法的不可解释性可能会影响个体权益甚至社会公平。算法决策不仅可能带有偏见和歧视，还可能因数据的偏差或模型设计缺陷而放大这些问题。例如，一些在带有种族或性别偏见的数据集上训练的算法，可能会不自觉地做出歧视性决策，进一步加剧社会不公。因此，算法透明度的缺失

不仅是一个技术问题，还是一个社会问题。为了应对这一挑战，许多学者和立法者呼吁加强对算法的监管，要求企业和技术开发者在使用算法时确保其可解释性和透明性，并对可能带来的社会影响负责。同时，需要通过技术手段，如开发“白盒算法”或可解释人工智能技术，来增强算法决策的可追溯性和可理解性，确保算法在应用中能最大限度地符合公正和透明的原则。

四、数据主权的博弈：全球化背景下的跨境数据流动与国家安全

在全球化数据流动日益频繁的今天，跨境数据流动已经成为各国经济和社会发展的重要组成部分，然而，伴随而来的数据主权问题也日益突出。数据主权是指国家对其境内产生的数据拥有管理权和控制权。随着数据对国家安全、经济利益和社会治理的重要性不断提升，如何在全球数据流动的背景下维护国家的主权利益成为各国政府的重要关切。在全球化经济环境下，许多跨国公司依赖跨境数据流动来进行业务运营和技术创新，但这也带来了数据的泄露和滥用风险，尤其是在涉及敏感信息和国家安全领域时，跨境数据可能被用于间谍活动或经济制裁等，威胁国家利益。各国政府为了保护本国数据安全，纷纷出台了一系列数据保护和本地化政策，要求跨国公司将数据存储在本国境内，或者对敏感数据的跨境流动进行严格监管。然而，这些政策的实施也引发了关于数据自由流动和全球合作的讨论。企业和技术界普遍认为，过于严格的数据本地化要求可能会限制技术创新和全球经济的自由发展，因此，如何在保护国家安全的同时确保全球数据流动的畅通成为当前的一个重大课题。未来，全球数据治理体系的建立将是解决这一问题的关键，通过国际合作和规则制定，各国可以共同推动全球数据安全与跨境流动的平衡，实现数字经济的可持续发展。

五、物联网安全的薄弱环节：智能设备中的隐私与信息安全风险

随着物联网技术的迅猛发展，越来越多的智能设备进入人们的日常生活，从智能家居到可穿戴设备，这些设备通过互联网络为用户提供了便捷的服务和丰富的数字体验。然而，物联网的广泛应用也带来了新的隐私和信息安全问题。智能设备通常会持续收集大量的用户数据，这些数据包括用户的行为习惯、地理位置、健康数据甚至个人对话等敏感信息。一旦这些设备的安全防护不足，黑客就可以通过网络攻击轻松获取这些敏感信息，进而利用这些数据进行诈骗、勒索或从事其他非法活动。更令人担忧的是，许多物联网设

备在设计之初并未充分考虑信息安全问题，甚至存在硬件和软件上的漏洞，使得设备在使用过程中极易受到攻击。此外，物联网设备生产商往往忽视了设备更新和维护的重要性，许多设备长期处于风险之中。由于物联网设备广泛应用于家庭、医院、交通、能源等关键领域，一旦这些设备被攻破，可能会造成巨大的损失。因此，物联网的安全问题不容忽视，政府、企业和技术开发者需要共同努力，建立起更加严格的安全标准和法规，确保智能设备在提供便利的同时，也能充分保护用户的隐私和信息安全。智能设备制造商应当在设备设计阶段充分考虑信息安全问题，并定期更新和维护设备系统，以应对日益复杂的网络攻击手段。

六、信息操控与社会信任危机：虚假信息与数据操纵的社会后果

在数字经济时代，社交媒体和信息平台成为公众获取信息的主要渠道，同时带来了虚假信息泛滥和数据操纵的问题。这种信息操控不仅会误导公众，还可能导致社会信任的全面崩塌。通过算法推荐和数据分析技术，某些利益集团可以精准地控制信息的传播，放大某些事件或观点，压制与其立场相反的声音。这种现象在政治、商业甚至公共健康领域表现得尤为明显。虚假信息的传播不仅会影响选举、市场走势，甚至可能引发社会恐慌和公共危机。例如，在公共卫生事件中，虚假的治疗信息或谣言可能会误导公众，导致防疫工作的失效，甚至危害生命。数据操纵和信息传播的不透明性还使得公众对新闻媒体、政府和企业的信任度急剧下降，形成社会信任危机。民众在面对铺天盖地的信息时，常常难以辨别真伪，逐渐丧失了对信息的基本信任。这种危机不仅损害了公共讨论的质量，还使得社会分裂和对立情绪加剧。为了应对这一挑战，信息平台和媒体机构需要加强对虚假信息的甄别和控制，确保信息传播的真实性与透明度。同时，政府应当加强对虚假信息传播的监管，通过技术手段和法律措施打击信息操控，恢复社会对信息渠道的信任，并保护社会舆论的健康发展。

七、数据治理的挑战：多边合作与全球数据治理框架的缺失

当前，数据已不仅是经济活动的基础资源，还涉及国家安全、个人隐私和跨境法律问题。然而，在全球范围内，关于数据治理的统一框架仍然缺失，使得跨国数据流动和全球数字经济的合作面临诸多挑战。每个国家根据自己的经济利益和安全需求制定了不同的数据保护法律和数据本地化政策，这些

规定常常相互冲突，给跨国企业带来了巨大的合规负担，限制了数据的自由流动。例如，欧盟的《通用数据保护条例》（GDPR）以严格的数据保护要求为主，而其他国家如美国的隐私法律则相对宽松，这种不一致性给企业在不同国家之间运营造成了障碍。更为重要的是，数据主权的概念逐渐浮现，许多国家要求本国的数据必须存储在境内，以确保数据安全和国家控制权，这使得全球化的数据交换和合作变得更加困难。同时，随着网络安全威胁的增多，国家之间的信任度下降，数据被视为潜在的战略资产，各国担心敏感数据流向他国后可能带来安全隐患。多边合作的缺乏不仅限制了技术创新，还阻碍了数字经济的全球化发展。未来各国需要在安全、隐私和经济利益之间寻求平衡，通过多边谈判和协定，共同推动全球数据治理的规则制定，以应对数字经济时代的复杂挑战并促进全球经济的可持续发展。

第三节　伦理困境：道德挑战与责任归属

一、算法偏见的困境：人工智能决策中的伦理风险与公平性挑战

随着人工智能技术的广泛应用，算法在决策中的作用日益凸显，然而，这一进步带来的不仅是效率的提升，还有伦理上的巨大挑战。算法偏见问题已成为讨论的焦点，因为算法决策本质上是基于大数据进行的统计和推测，而这些数据往往带有历史和社会偏见。例如，在招聘、贷款审批、刑事司法等领域，算法通过分析以往数据来预测个体行为和风险，如果这些数据中包含性别、种族或经济地位的偏见，那么算法就会无意识地放大这种偏见，导致歧视性决策的产生。有研究发现，某些人工智能系统在分析简历时，倾向于选择男性候选人，因为以往的招聘数据中男性占据了更多的高薪职位。类似的偏见也出现在司法系统中，美国某些预测犯罪风险的算法对少数族裔群体有偏见。这种算法偏见的存在极大地挑战了社会的公平性和公正性。尽管技术开发者试图通过优化算法和减少数据偏差来解决这一问题，但问题的复杂性远超预期。算法决策的黑箱属性让外界难以理解其决策逻辑，透明度的缺失加剧了社会对算法的信任危机。因此，在推动技术发展的同时必须加强对人工智能伦理的监管，确保算法决策的公平性和透明性。企业、政府和学术界需要共同合作，设立行业标准和法律框架，减少算法偏见带来的伦理风险，确保技术能够为全社会带来平等的利益，而不是加剧社会不公。

二、数据利用的道德边界：个人隐私与商业利益之间的伦理权衡

随着数据利用的范围日益扩大，个人隐私与商业利益之间的伦理冲突也日益突出。企业通过收集、分析和使用大量用户数据，得以深入了解用户的行为习惯、兴趣偏好甚至个人生活细节，并以此进行个性化的营销或产品推荐。虽然这在一定程度上提高了用户体验，但也引发了关于隐私权的广泛讨论。大多数用户并不了解自己在使用数字服务时，究竟有多少个人信息被采集、分析甚至出售给第三方，这种信息不对称加剧了隐私侵权的风险。此外，许多企业将用户数据商业化作为盈利模式，常常在未经用户同意的情况下将数据出售给广告商或其他利益相关方，导致个人隐私成为商业利益的牺牲品。尽管各国相继出台了隐私保护法案，试图通过加强用户数据保护来解决这一问题，但在技术快速发展的数字经济环境中，这些法律常常显得滞后和不足。因此，在数据利用与隐私保护之间找到一个平衡点，已经成为企业和社会共同面临的重要挑战。企业不仅需要遵守法律规定，还应自觉承担起保护用户隐私的社会责任，建立透明的数据使用机制，并在确保数据安全的前提下合理利用数据创造商业价值。

三、自动化失控的风险：无人系统与人工智能伦理责任的模糊化

随着无人系统和人工智能技术的广泛应用，自动化的潜力得到了前所未有的释放，然而，这也带来了令人不安的伦理挑战和责任模糊问题。机器在许多场景中取代了人类来执行复杂任务，但一旦这些系统出现失控或发生事故，责任的归属问题就变得异常复杂。无人驾驶汽车的伦理困境就是一个典型的例子。无人车在行驶过程中面临紧急情况，如不得不在撞击行人和保护车内乘客之间做出选择，究竟应当如何决策？当事故发生时，责任应归于系统的设计者、使用者，还是制造商？类似的伦理困境也出现在自动化武器和工业机器人领域。技术的快速发展往往超越了现有的法律和伦理框架，导致责任追究的困难。自动化技术的普及还带来了另一种风险，即人类对机器的过度依赖，导致在某些关键场景中，人类失去对事件的有效控制。这不仅是一个技术问题，也是伦理和社会问题。未来，随着人工智能技术的进一步成熟，社会需要重新思考人类在技术发展中的角色，并通过立法和监管来明确技术系统中的伦理责任，确保在享受自动化带来的便利的同时，避免技术失控带来的社会风险。

四、虚拟世界的道德界限：虚拟现实与元宇宙中的伦理挑战

虚拟现实和元宇宙技术的发展正在创造一个前所未有的虚拟世界，在这个世界中，人们可以以数字身份进行互动、体验和创造。然而，随着虚拟现实的不断进步，这一技术也引发了诸多伦理挑战和道德争议。在虚拟世界中，行为的界限和后果往往变得模糊，许多在现实中不可接受的行为在虚拟环境中变得可能，甚至没有法律或道德上的制约。例如，虚拟世界中的暴力行为、言语骚扰和犯罪行为，虽然并不直接影响现实中的受害者，但其心理影响和社会后果依然存在。虚拟世界的匿名性和自由度使得一些用户可能更加肆无忌惮地在虚拟环境中进行不道德的行为，不仅破坏了虚拟社区的和谐，还可能助长现实中的不良风气。此外，随着元宇宙逐渐成为人们生活的一部分，虚拟身份与现实身份的界限也变得更加模糊，用户在虚拟世界中的行为是否应当承担现实中的法律责任成为一个急需讨论的问题。如何在虚拟世界中建立一套完善的伦理规范和法律体系，以确保用户的行为符合道德标准，成为技术发展必须面对的挑战之一。未来，虚拟世界的道德界限将需要社会、企业和技术开发者共同探讨，通过建立有效的规则和机制，确保虚拟世界与现实世界的融合不会引发新的伦理危机。

五、深度伪造技术的威胁：虚假内容生成对信任体系的冲击

深度伪造技术的崛起带来了数字内容创作的革命性变化，同时对社会的信任体系构成了严重威胁。通过先进的人工智能技术，深度伪造可以轻松生成虚假的音频、视频和图像，这些虚假内容往往足以乱真，使得公众难以分辨其真实性。这一技术最初多用于娱乐和创造性领域，但随着其应用范围的扩大，深度伪造已被用于制造虚假新闻、冒充政治人物或公众人物进行虚假言论等活动，进而影响社会舆论和公共决策。虚假视频的传播不仅可能引发社会恐慌，还会对个人声誉造成不可挽回的伤害，特别是在公众人物身上，虚假的言论或行为被广泛传播后，即便后来被证明是伪造的，造成的负面影响也很难彻底消除。此外，深度伪造还可能被用于刑事犯罪，如伪造证据、敲诈勒索等，给司法系统带来巨大挑战。随着技术的发展，深度伪造内容的精细度和逼真度不断提升，传统的鉴别手段逐渐失效。社会信任的根基在于信息的真实性和可靠性，而深度伪造的泛滥正在动摇这一基础。为了应对深度伪造技术带来的挑战，各国政府、企业和技术开发者必须加紧研发应对技

术，加强对虚假内容的监管，并推动公众教育，提高大众对虚假内容的警觉性。只有通过多方合作，才能保护社会的信任体系不被这一技术破坏。

六、医疗人工智能的伦理抉择：技术进步与患者权利的平衡

随着人工智能技术在医疗领域的应用越来越广泛，技术进步与患者权利之间的伦理问题日益凸显。医疗人工智能可以通过大数据分析、深度学习和图像识别技术极大地提高疾病诊断的准确性、手术的精准度以及医疗效率，与此同时，它也带来了诸多伦理挑战。首先，患者的知情同意权成为一大问题。在许多医疗人工智能应用场景中，患者往往不清楚自己的数据是如何被收集、处理和使用的，这种信息不对称可能导致患者权益受损。此外，人工智能在诊断或治疗过程中出现错误时，责任归属问题也难以界定：是医生、医院，还是技术提供方？其次，医疗人工智能的应用还可能加剧医疗资源分配的不公。在发达地区，高质量的医疗人工智能系统可以帮助医生提高效率、减少错误，但在欠发达地区，缺乏先进技术和基础设施支持的患者，可能无法享受同样的技术红利，这进一步拉大了医疗资源分配的不平等。与此同时，人工智能的普及还可能引发医生职业的伦理挑战，医生是否会因过度依赖技术而失去独立判断能力，甚至被取代？因此，如何在推动医疗人工智能技术进步的同时保护患者的隐私权、知情权和自主决策权，并确保医疗资源的公平分配，已经成为医疗界和技术界必须共同应对的重要课题。通过加强伦理监督和法律保障，确保医疗技术的进步真正惠及所有患者，才是实现医疗人工智能健康发展的关键。

七、大数据时代的知情同意难题：用户数据的收集与伦理透明度的冲突

在大数据时代，知情同意原则作为用户隐私保护的核心手段，面临前所未有的挑战。随着技术的复杂性和数据收集手段的多样化，用户在同意分享数据时，往往无法完全理解这些数据的实际用途和潜在风险。现代隐私政策和用户协议通常冗长、复杂，充斥着法律术语，普通用户很难通过阅读这些文件了解他们的个人数据将如何被使用，导致了所谓“形式上的同意”，即用户在不真正知情的情况下，被动地同意了数据收集和使用。更为复杂的是，许多数据收集并不是单次行为，而是随着用户在网络上的行为轨迹持续进行，并且被多个平台和企业共享或出售，这进一步加剧了隐私权的侵蚀。此外，

许多企业将数据利用视为其核心竞争力，往往缺乏对数据透明度的充分重视，用户的数据被如何处理、用于哪些商业目的，通常被隐藏在复杂的技术流程中。伦理透明度的缺乏使得用户在数据使用过程中处于极大的不利地位，无法有效维护自己的隐私权。在这种背景下，知情同意原则逐渐失去了其应有的保护作用。因此，如何重新定义知情同意，在保证用户数据得到有效保护的同时提升数据使用的透明度成为大数据时代面临的重要伦理课题。未来，立法者、企业和技术开发者需要共同努力，简化隐私政策，让用户能够真正理解并自主决定数据的使用方式，从而建立一个更加透明和公正的数字生态系统。

第四节　心灵挑战：心理健康隐患与生活节奏的扰乱

一、数字化生活的压力：信息过载与注意力分散

在数字化社会中，信息获取变得极为便捷和丰富，然而，过量的信息输入给人类心理健康带来了巨大的负担。信息过载现象已经成为一个普遍的社会问题，尤其是当我们时时刻刻被海量的数字内容包围时，个体的注意力难以持续集中。手机通知、社交媒体更新、电子邮件、新闻推送等，让人们不断处于一种信息轰炸的状态，这种无休止的信息流不仅消耗了我们的心理能量，还导致了注意力的碎片化。由于信息的过多和内容的繁杂，个体很难快速区分哪些信息是重要的，哪些是无关紧要的，导致了认知过载和决策困难的现象。长此以往，信息过载带来的心理压力逐渐累积，可能引发焦虑、失眠、情绪波动等一系列心理健康问题。而且，信息过载让个体处于一种被动接收的状态，缺乏对信息的主动掌控感，使得许多人在面对复杂问题时感到无所适从，甚至产生自我效能感下降的负面情绪。此外，随着社交媒体和新闻平台的发展，负面信息的传播速度加快，恐惧、愤怒等情绪被无限放大，进一步加剧了个体的心理压力。因此，在面对信息过载时，如何有效管理时间和注意力、建立健康的信息消费习惯，成为现代人必须面对和解决的关键问题。

二、社交媒体的双刃剑：线上社交与心理孤独感的矛盾

社交媒体的快速普及彻底改变了人们的社交方式，让我们能够随时随地

与他人保持联系，但也带来了诸多心理方面的负面影响。线上社交的便捷性和即时性使得人们可以与朋友、家人、同事甚至陌生人建立更广泛的联系，但这种联系的广度往往是以牺牲深度为代价的。由于缺乏面对面的真实互动，社交媒体上的交流往往变得表面化和片段化，许多人拥有大量的“朋友”却依然感到孤独。心理学研究表明，虚拟社交平台上的互动无法完全替代现实生活中的亲密关系，尤其是那些依赖情感交流和肢体语言的深度互动。这种社交孤独感进一步加剧了社交焦虑和自尊心下降的问题，特别是在社交媒体上，用户通常会倾向于展示自己生活中光鲜亮丽的一面，形成了“完美生活”的假象，而这种虚假的社交比较让人们在潜意识中产生了“自我价值不足”的感觉。此外，社交媒体的即时性和互动性还可能诱发人们的“FOMO”（错失恐惧症），即害怕错过任何信息或活动的心理状态，导致他们过度依赖这些平台，不断刷手机以保持与世界的“连接”。这种行为不仅加剧了心理上的焦虑，还打乱了正常的生活节奏。因此，尽管社交媒体在一定程度上丰富了我们的社交生活，但它的负面效应不可忽视。我们需要更加审慎地使用这些平台，培养健康的社交习惯，以减少它对心理健康的潜在伤害。

三、远程工作与时间模糊：工作、生活边界消失带来的心理挑战

远程工作的普及改变了传统的工作模式，为人们提供了更多的灵活性和自主性，但也带来了新的挑战，尤其是工作与生活边界的模糊化。以前，人们可以通过物理上的空间区隔来区分工作和生活，比如从办公室回家后，工作时间基本上就结束了。然而，在远程工作环境下，这种界限逐渐消失，家中的客厅、卧室甚至厨房都可能成为“临时办公场所”，而工作时间也不再局限于标准的办公时段。很多员工反映，远程工作让他们感到难以“下班”，工作任务似乎永无止境，甚至在休息时间也无法摆脱工作带来的压力。这种时间的模糊性不仅增加了工作负荷，还导致了心理倦怠和压力积累，许多人开始感到疲惫不堪、焦虑甚至抑郁。其中，在没有明确的下班信号或工作结束仪式时，个体更容易陷入过度工作的状态，导致身心健康的恶化。此外，远程工作的孤立感也是不可忽视的心理问题。办公室中的同事互动不仅是工作的一部分，也是情感支持的重要来源，远程工作削弱了这种社交连接，使得员工更加孤立，情感支持匮乏。因此，如何在远程工作中实现健康的工作、生活平衡，划清明确的时间界限，成为当代职场人面临的重要课题。管理者也需要意识到远程工作带来的心理挑战，通过建立更合理的工作制度和

支持机制，帮助员工减轻心理负担，保持长期的工作积极性和心理健康。

四、数字健康追踪的两面性：健康数据监控与焦虑效应

随着科技的发展，数字健康追踪已经成为许多人日常生活的一部分。这类设备可以监测个人的运动量、心率、睡眠质量等健康指标，帮助人们更好地管理自己的健康。然而，尽管数字健康追踪在改善健康行为方面具有积极作用，但它也带来了潜在的焦虑效应。许多用户开始过度依赖这些设备，频繁地查看自己的健康数据，甚至因数据的轻微波动而产生不必要的焦虑。例如，一些人可能会因一天的步数未达标而感到挫败，或者因心率异常而感到担忧，即便这种波动完全在正常范围内。过度关注健康数据不仅可能导致健康焦虑，还可能引发强迫性行为，如为了达到设备设定的目标，进行过度运动或牺牲睡眠质量。健康追踪设备的设计初衷是帮助人们养成健康的生活习惯，如果使用不当，它反而会成为一种压力源，迫使用户追求数据上的“完美”，忽视身体的实际需求。更为复杂的是，健康数据的持续监控可能让用户对自身健康状况的微小变化变得过于敏感，导致他们频繁就医，增加不必要的医疗负担。因此，数字健康追踪设备的使用应当注重适度和合理，用户应保持对健康数据的理性态度，避免因数据波动而产生过度焦虑。与此同时，设备制造商和健康应用开发者也应加强对用户心理影响的研究，设计出更加人性化、减少焦虑的功能，帮助用户在数字健康管理中保持平衡。

五、虚拟与现实的失衡：沉浸式技术对生活方式的深远影响

虚拟现实和增强现实等沉浸式技术的快速发展正在重新定义人们的生活方式。这些技术通过提供逼真的虚拟环境和互动体验，让人们可以“身临其境”地感受虚拟世界的无限可能。然而，随着沉浸式技术的普及，虚拟与现实之间的界限变得模糊，这对个人的心理健康和生活方式产生了深远的影响。在虚拟世界中，个体可以摆脱现实的束缚，沉浸在一个由技术构建的理想化场景中，这种极度沉浸感虽然提供了极大的心理满足，但也容易让人上瘾，导致对现实世界的疏离，尤其是当虚拟世界的体验比现实生活更为刺激和愉悦时，个体可能会逐渐逃避现实中的问题和挑战，陷入虚拟成瘾的困境。此外，长时间使用沉浸式技术可能影响个体的现实感知，导致对现实世界的情感连接减弱，甚至产生认知混淆。这种虚拟与现实的失衡不仅影响个人的生活质量，还可能带来社会关系的疏离。沉浸式技术虽然为教育、娱乐、医疗

等领域带来了巨大的创新潜力，但如果使用不当，可能会对个体的心理健康产生负面影响。因此，如何在享受虚拟世界带来的便利与乐趣的同时保持与现实世界的平衡成为人们必须认真思考的问题。

六、线上生活方式的诱惑：即时满足感与延迟满足能力的下降

数字时代的线上生活方式极大地改变了人们的行为模式，特别是即时获取信息和满足需求的便捷性，让许多人沉浸在快速消费和即时回报的快感中。这种即时满足感虽然带来了短期的愉悦，但也在逐渐削弱人们的延迟满足能力。延迟满足，即为了长远的目标和利益而愿意忍受短期的不适，曾被认为是个体心理成熟和自律能力的重要体现。然而，在社交媒体、网络购物、短视频平台等各种即时获取内容的诱惑下，人们的注意力和耐心逐渐被消耗。现代科技通过设计出精准的算法，抓住了人们的短期欲望，提供源源不断的即时奖励，导致许多人难以专注于长期的目标。例如，许多人会因为社交媒体上的即时互动而不断打断自己的工作，或因为在线购物的快速满足而陷入过度消费的困境。即时满足感的泛滥不仅影响了个人的生活节奏和目标管理，还可能对心理健康产生负面影响，增加焦虑感和不满足感，特别是在面对需要长期努力和耐心的任务时，许多人表现出更高的挫败感和不耐烦。因此，尽管线上生活方式带来了极大的便捷性，但也需要我们更加谨慎地管理自己的行为，培养耐心和自律，避免即时满足感带来的心理惯性。未来，社会应更加重视数字生活方式对心理健康的影响，帮助人们在快速发展的数字世界中保持心理上的平衡与健康。

七、“24/7”生活的代价：无休止连接带来的精神疲劳与心理倦怠

在数字化高度发达的社会中，“24/7”无休止连接的生活方式已经成为许多人的日常。智能手机、社交媒体、电子邮件等工具让人们始终保持在线状态，随时随地可以工作、社交或获取信息。然而，这种无间断的连接也带来了极大的精神疲劳和心理倦怠。持续的在线状态让个体难以彻底放松，特别是在工作和生活的界限模糊后，许多人在下班后仍然感到无法真正“断线”。这种长时间的精神紧张不仅导致了疲惫感的累积，还削弱了心理恢复的能力，使得人们的心理健康逐渐受到侵蚀。无休止的在线生活还让许多人感到时间被压缩，难以找到自我放松或沉淀的机会，生活的节奏变得越来越快，心理压力随之上升。更为严重的是，长期处于“24/7”模式下的人，容易陷入倦

怠和情绪枯竭的状态，导致生产力下降、自我效能感丧失，甚至引发焦虑和抑郁等心理疾病。如何有效地平衡在线生活与自我休息、设定合理的“断线”时段，成为现代社会亟须解决的心理健康问题。未来，社会和个人都应更加重视心理健康的维护，通过合理安排时间和减少无意义的在线活动，恢复心理的平衡与活力。

八、屏幕时间与情感疏离：过度依赖科技对人际关系和心理健康的影响

现代社会对科技的高度依赖，使得“屏幕时间”成为许多人日常生活中不可或缺的一部分。无论是工作、学习、娱乐还是社交，屏幕几乎主导了人们的互动方式。然而，过度依赖科技带来了一个重要的负面影响，那就是情感疏离。虽然科技让我们能够轻松地与世界各地的人保持联系，但虚拟的交流方式缺乏面对面互动中的情感深度和真实感。研究表明，面对面的交流不仅有助于建立更深的信任和理解，还能通过肢体语言和语音、语调等非语言因素传递情感，而这些在屏幕前的互动中难以实现。长此以往，过多的屏幕时间可能导致人们在现实生活中感到孤独，甚至加剧心理健康问题，特别是当人们过度依赖社交媒体等平台进行社交时，他们的互动往往变得更加浅显和碎片化，真实的情感交流被忽略，导致人际关系的质量下降。这种情感疏离不仅影响家庭和社交关系，还可能导致工作中的沟通效率下降，团队合作变得更加困难。因此，如何平衡屏幕时间与现实中的情感交流成为一个至关重要的心理健康课题。社会和个人都应意识到过度依赖科技对情感和心理健康的影响，通过减少不必要的屏幕时间、恢复面对面交流的机会，提升人际关系的质量与深度。

第五节　应对挑战：构建透明、安全与公平的全方位数据治理框架

一、隐私保护的强化：透明数据政策与用户控制权的提升

隐私保护的关键在于提高数据使用的透明度与赋予用户更多的控制权。首先，企业和平台需要优化现有的隐私政策，将冗长、复杂的法律术语转化

为用户能够理解的简单直观的语言，同时将隐私政策设计为易于获取、清晰可读的格式。为了增强透明度，平台应采取动态隐私通知，随时提醒用户何时、为何使用他们的数据，而不是一次性地让用户同意所有条款。这种分阶段的透明数据使用通知不仅可以提高用户对数据流向的理解，还能增加他们对平台的信任度。其次，赋予用户更多的掌控权也是应对隐私挑战的有效途径。平台可以提供“数据控制面板”或“隐私管理工具”，让用户实时查看并管理自己的数据，包括选择哪些数据可以被收集，哪些可以被共享，甚至完全删除个人信息。技术手段上，还可以通过区块链技术来增强数据的可追溯性，确保用户可以跟踪自己数据的使用情况，并有权随时修改或撤销同意。此外，企业应大力推行数据最小化原则，即只收集实现业务所需的最少数据，减少隐私暴露的风险。为了进一步保护隐私，数据加密和匿名化技术应当成为标准做法，通过加密数据传输和存储，防止未经授权的访问或数据泄露。在政策层面，政府应通过制定严格的隐私法律来保障用户的隐私权利，如加强对平台在隐私政策上的审查力度以及设定违规的严厉惩罚措施。

二、算法偏见的纠正：公平性算法设计与伦理监督的加强

要有效纠正算法偏见，首先，应从算法设计的源头着手。开发者必须采用多样化和包容性的数据集来训练模型，避免算法仅基于有偏见的历史数据进行决策。在数据预处理阶段，可以通过平衡数据样本来减少不公现象。例如，在招聘系统中，可以确保男女比例、种族分布等多样性指标得到合理体现，从而避免某一群体在算法决策中被系统性排斥。其次，技术上的改进至关重要。公平性算法的设计可以引入反偏见技术，如通过调整权重或者在决策过程中进行偏见校正，确保不同群体在决策结果中的平等机会。最后，算法透明性是解决偏见的另一重要路径。开发者应尽可能采用可解释性强的算法模型，并公开其决策逻辑，让外界能够清楚地理解和监督算法的运作过程，确保算法在应用中的公平性和公正性。为了保障公平性算法的实施，企业还需要引入伦理监督机制，设立独立的算法审查委员会，定期对算法进行偏见审查和效果评估。如果发现系统性偏见，应及时调整或改进模型，确保其不对特定群体产生不公影响。在法律和政策层面，政府应出台相关法规，要求企业公开算法的使用情况，并接受外部监督。同时，行业标准应纳入公平性评估指标，确保各行业在使用人工智能技术时遵守基本的伦理准则。

三、网络安全的升级：全球合作与前沿技术支持

应对网络安全挑战，需要全球范围内的合作与前沿技术的支持。政府和国际组织应加强网络安全领域的多边合作，推动建立全球统一的网络安全协议，确保各国能够共享网络攻击情报，协调应对网络威胁。例如，可以设立全球网络安全应急响应机制，及时发布全球范围内的网络威胁预警，并制定统一的防御策略。跨国企业应当与政府合作，定期进行全球范围内的网络安全演习，模拟可能出现的大规模网络攻击，以提高全球网络系统的防御能力。在技术层面，前沿技术是应对网络安全威胁的关键。人工智能和机器学习可以用于网络攻击的实时监测与快速响应，通过分析大量的网络流量数据，人工智能可以检测出异常活动，并在威胁扩散前采取防御措施。区块链技术也可以提高数据传输的安全性和透明度，其去中心化的特点可以防止数据篡改和恶意攻击。企业应加强内部的网络安全基础设施建设，包括采用强密码、加密数据传输、定期更新安全补丁，以及对员工进行网络安全意识培训。数据加密技术应成为防止数据泄露的标准做法，无论是在数据存储还是传输过程中，确保数据只能由授权用户访问。政府应通过政策激励推动企业投资前沿安全技术，并制定相关法律，要求企业定期进行网络安全审计，确保安全措施得到持续优化。

四、数据垄断的规制：科技巨头的反垄断措施与数据共享机制的建立

应对数据垄断问题，需要反垄断措施和数据共享机制双管齐下。政府和监管机构应出台更加严格的反垄断法，打破科技巨头对数据资源的垄断。反垄断政策可以从多方面入手，比如要求科技公司公开其数据收集和使用方式，并对数据资源的获取和共享进行更严格的监管。为了防止大型科技公司通过数据收集进一步巩固市场垄断地位，监管机构可以限制它们的并购行为，特别是在涉及竞争对手或潜在创新企业的情况下，确保市场中的创新活力不被遏制。监管者可以推动开放数据共享平台，鼓励大公司将部分数据资源开放给公众或中小企业使用，确保数据资源能够被更多企业公平利用，激发创新和市场竞争。在数据共享机制方面，政府可以推动建设公共数据池，让各类企业都能够获得部分非敏感数据，从而推动跨行业、跨领域的数据合作。例如，交通、能源、医疗等领域的共享数据，可以帮助中小企业在这些行业内

进行创新。为了保障数据共享过程中的隐私和安全问题，监管机构可以设立严格的数据共享规范，要求数据在共享过程中经过匿名化和加密处理，确保用户隐私不被侵犯。与此同时，技术平台应当承担起数据共享的管理责任，建立有效的数据访问权限控制机制，确保只有经过授权的企业才能使用共享数据。通过严格的反垄断措施与开放的数据共享机制，市场将变得更加公平透明，创新将得到进一步激发，推动数字经济的可持续发展。

五、健康数据的合理利用：确保医疗人工智能中的数据伦理与患者权利

健康数据的合理利用需要在推动医疗技术创新与保护患者权利之间找到平衡。医疗机构和技术开发者必须遵循数据最小化原则，即在确保医疗人工智能有效性的前提下，收集最少量的必要数据。这不仅有助于降低数据泄露的风险，还能在技术开发过程中保护患者隐私。知情同意机制在健康数据使用中应当严格执行。患者应当明确了解其数据将如何被使用，并有权选择是否参与数据共享活动。医疗机构可以通过简洁明了的知情同意书，以及在线数据管理工具，赋予患者更大的数据控制权。此外，健康数据在人工智能系统中的使用应始终遵循公平与透明的原则。开发者可以通过多样化的数据集确保算法的训练过程不会带有偏见，保证所有患者在诊疗过程中能享受平等的待遇。在数据使用过程中，区块链等分布式技术可以用于记录数据的流向和使用情况，确保数据使用过程的透明度和可追溯性。在法律层面，政府应出台相关法规，确保医疗人工智能技术的开发和使用符合法律和伦理规范。例如，立法者可以规定医疗机构在使用人工智能诊断时，必须获得患者的知情同意，并在算法出现问题时及时采取补救措施。此外，监管机构应定期对医疗人工智能进行审核，确保其在患者隐私保护、数据安全和诊断公平性方面符合标准。

六、虚拟世界的规范：虚拟现实和元宇宙中的行为准则与法律责任框架

虚拟世界的规范化管理需要通过设立行为准则与法律责任框架来实现。平台公司作为虚拟现实和元宇宙的创建者，必须为用户提供明确的行为准则，确保虚拟环境中的行为符合道德规范。这些准则可以包括禁止虚拟暴力、骚

扰和不当言论的规定，并要求用户在进入虚拟世界时签署同意书，表明他们理解并遵守相关规定。同时，平台应建立完善的举报和惩罚机制，确保违规行为能够得到及时处理，保持虚拟世界的和谐和健康。此外，法律责任框架的建立也至关重要。尽管虚拟世界与现实世界存在一定的隔离，但用户在虚拟环境中的行为一旦对他人造成伤害或影响，就应该承担相应的法律责任。例如，虚拟财产的盗窃、虚拟环境中的言语骚扰等行为，虽然发生在虚拟空间，但其后果可能对用户的经济或心理状况产生负面影响，因此需要通过法律途径来追究责任。立法者应为虚拟世界制定专门的法律，规定用户在虚拟世界中的行为边界，以及当这些行为越界时应承担的法律责任。监管机构可以通过技术手段对虚拟世界的行为进行监控，确保用户在遵守法律的同时享受虚拟世界的乐趣。同时，虚拟现实技术的开发者也应从道德和法律角度考虑，设计更加安全、和谐的虚拟环境。例如，可以通过技术手段限制暴力行为，或者设定虚拟场景中的社交礼仪，确保用户之间的互动符合道德标准。

七、心理健康的维护：数字化生活中的平衡策略与心理疏导机制

在应对数字化生活带来的心理健康挑战时，个人和社会都需要采取有效的平衡策略和心理疏导机制。个人应学会在数字化生活中找到工作与休息的平衡点。为此，设定明确的工作时段和休息时段至关重要，避免“全天候在线”状态对心理健康的侵蚀。企业可以推行“下班后不回复邮件”的政策，帮助员工在非工作时间享有充分的放松。此外，减少不必要的屏幕时间也是减轻数字疲劳的重要方式，个体可以设定每日的屏幕使用时长限制，避免过度沉迷社交媒体和电子设备。企业可以为员工提供心理咨询服务，特别是在远程工作和高强度工作环境中，帮助员工疏解工作压力，保持良好的心理状态。政府和社会组织可以推动全民心理健康教育，增强公众对心理健康的认知，鼓励人们定期进行心理自我评估，及时发现并应对可能出现的心理问题。同时，心理健康的维护可以通过技术手段来实现。例如，开发健康应用程序，通过提醒用户休息、进行冥想练习或设定屏幕使用时间限制，帮助用户保持良好的生活节奏。社交网络平台也可以采取措施，减少负面信息的传播和信息过载带来的焦虑感。

八、数字伦理的全球共识：多边合作推动伦理规范制定

数字经济时代的伦理规范制定需要全球范围内的多边合作来推动。各国政府应通过国际合作机制，共同商讨和制定全球数字伦理框架，确保各国在解决数据隐私、人工智能决策、公平性等伦理问题时遵循一致的标准。例如，国际组织可以通过召集多边会议，推动各国政府、科技公司和学术界达成共识，制定全球范围内的数字伦理协议。这种协议应涵盖从数据收集、存储到使用的全过程，并为隐私保护、公平性算法和技术滥用等关键问题设定明确的指导原则。企业作为技术创新的核心力量，必须承担起更多的社会责任，主动参与数字伦理的制定和实施。科技公司可以通过设立内部伦理委员会，对技术开发过程进行审查，确保产品符合道德规范。同时，企业应公开算法和数据使用方式，确保外界能够监督其技术应用的伦理性。此外，国际合作还应考虑不同国家和地区的文化差异，确保数字伦理规范的制定既具有全球通用性，又能够灵活适应各国的社会环境和法律框架。为了促进全球数字伦理的落地，各国可以设立专门的伦理监督机构，负责监督企业和政府的技术开发和使用情况，确保它们遵守全球数字伦理标准。

参考文献

[1]鲍世超．时代聚变：数字经济与创新发展[M]．北京：中国经济出版社，2024.

[2]陈东，秦子洋．人工智能与包容性增长——来自全球工业机器人使用的证据[J]．经济研究，2022，57(4)：85-102.

[3]陈梦根，周元任．数字经济、分享发展与共同富裕[J]．数量经济技术经济研究，2023，40(10)：5-26.

[4]陈晓红，李杨扬，宋丽洁，汪阳洁．数字经济理论体系与研究展望[J]．管理世界，2022，38(2)：208-224，13-16.

[5]陈雨露．数字经济与实体经济融合发展的理论探索[J]．经济研究，2023，58(9)：22-30.

[6]丁晓东．从网络、个人信息到人工智能：数字时代的侵权法转型[J]．法学家，2025(1)：40-54，191-192.

[7]丁晓蔚，苏新宁．基于区块链可信大数据人工智能的金融安全情报分析[J]．情报学报，2019，38(12)：1297-1309.

[8]杜传忠，张榕，刘书彤．人工智能全面赋能我国现代化产业体系的机制与路径探析[J]．新华文摘，2025(5)：48-53.

[9]韩松．大数据经济学[M]．北京：中国经济出版社，2023.

[10]何大安．通用人工智能的技术、经济与文化[J]．学术月刊，2024，56(11)：53-65.

[11]黄旭，董志强．人工智能对劳动力市场极化的影响与对策[J]．系统工程理论与实践，2024，44(1)：272-298.

[12]洪永淼，史九领．数据要素与数据经济学[J]．新华文摘，2025，(2)：48-51.

[13]胡宏兵，赵春旭，万晨声．数字经济、人力资本效应与城市创新产出[J]．财贸经济，2025，46(1)：133-150.

[14]江小涓，宫建霞，李秋甫．数据、数据关系与数字时代的创新范式[J]．中国社会科学，2024(9)：185-203.

[15]李三希，王泰茗，刘小鲁．数据投资、数据共享与数据产权分配[J]．经济研究，2023，58(7)：139-155.

[16]李三希，黄卓．数字经济与高质量发展：机制与证据[J]．经济学(季刊)，2022，22(5)：1699-1716.

[17]刘伟．通用人工智能的现实困境[J]．哲学动态，2024(9)：37-42.

[18]秦惠敏．数字经济创新发展的路径[J]．社会科学战线，2024(12)：247-251.

[19]曲蓉．人工智能时代的技术授权与道德责任[J]．科学学研究，2025，43(1)：189-196.

[20]戎珂，柳卸林，魏江，郝飞．数字经济时代创新生态系统研究[J]．管理工程学报，2023，37(6)：1-7.

[21]沈费伟，袁欢．大数据时代的数字乡村治理：实践逻辑与优化策略[J]．农业经济问题，2020(10)：80-88.

[22]石峰，杨扬，袁韵，贾建民．人工智能驱动下的营销变革[J]．中国管理科学，2025，33(1)：111-123.

[23]史丹．数字经济条件下产业发展趋势的演变[J]．中国工业经济，2022(11)：26-42.

[24]史丹，孙光林．大数据发展对制造业企业全要素生产率的影响机理研究[J]．财贸经济，2022，43(9)：85-100.

[25]田鸽，张勋．数字经济、非农就业与社会分工[J]．管理世界，2022，38(5)：72-84.

[26]唐要家，王钰，唐春晖．数字经济、市场结构与创新绩效[J]．中国工业经济，2022(10)：62-80.

[27]陶锋，翟少轩，王峤．数字经济政策与传统企业跨界数字创新[J]．中国工业经济，2025(2)：118-136.

[28]汪琛．医疗人工智能伦理治理的问题、困境与求解[J]．科学学研究，2025，43(2)：414-422.

[29]王军，刘小凤，朱杰．数字经济能否推动区域经济高质量发展?[J]．中国软科学，2023(1)：206-214.

[30]王彦雨，李正风，高芳．欧美人工智能治理模式比较研究[J]．科学

学研究，2024，42(3)：460-468，491.

[31]王新成，李垣．人工智能技术赋能企业碳减排绩效的实证研究[J]. 中国软科学，2024(9)：142-150.

[32]文丰安．数字经济赋能新质生产力的实践路径研究[J]. 中国高校社会科学，2025(2)：13-24.

[33]谢康，易法敏，古飞婷．大数据驱动的农业数字化转型与创新[J]. 农业经济问题，2022(5)：37-48.

[34]谢琳．大数据时代个人信息边界的界定[J]. 学术研究，2019(3)：69-75.

[35]薛亚许．大数据与人工智能研究[M]. 长春：吉林大学出版社，2023.

[36]许宪春，任雪，常子豪．大数据与绿色发展[J]. 中国工业经济，2019(4)：5-22.

[37]杨俊，李小明，黄守军．大数据、技术进步与经济增长——大数据作为生产要素的一个内生增长理论[J]. 经济研究，2022，57(4)：103-119.

[38]杨善林，李霄剑，张强，焦建玲，杨昌辉．人工智能与管理变革[J]. 中国管理科学，2023，31(6)：1-11.

[39]袁健，段巍．数据交易、专业化人工智能与经济增长[J]. 管理评论，2024，36(6)：3-18.

[40]张朝辉，徐毓鸿，何新胜．我国人工智能产业发展路径研究[J]. 科学学研究，2023，41(12)：2182-2192.

[41]张文魁．数字经济的内生特性与产业组织[J]. 管理世界，2022，38(7)：79-90.

[42]张一林，郁芸君，陈珠明．人工智能、中小企业融资与银行数字化转型[J]. 中国工业经济，2021(12)：69-87.

[43]赵宇，叶仕奇，杨翠红，洪永淼．大数据视角下产业链韧性的测度、关联与归因[J]. 中国工业经济，2025(2)：61-79.

[44]周汉华．数据确权的误区[J]. 法学研究，2023，45(2)：3-20.

[45]周念利，于美月，孟克．地方数据治理与数字内容出口[J]. 中国工业经济，2024(5)：79-96.

[46]朱国义，吴瑾菁．道德人工智能的可信任性[J]. 科学学研究，2025，43(3)：530-537.

[47]Akter, S., McCarthy, G., Sajib, S., Michael, K., Dwivedi, Y. K.,

& D'Ambra, J. Algorithmic bias in data-driven innovation in the age of AI[J]. International Journal of Information Management, 2021, 60: 102387.

[48]Alam, M. A., Nabil, A. R., Uddin, M. M., Sarker, M. T. H., & Mahmud, S. The role of predictive analytics in early disease detection: A data-driven approach to preventive healthcare[J]. American Journal of Scholarly Research and Innovation, 2023, 2(1): 24-49.

[49]Arogundade, J. B. Leveraging IoT and smart sensors for real-time monitoring and yield optimization in smart farming[J]. International Journal of Research Publication and Reviews, 2024, 5(10): 2149-2164.

[50]Bertot, J. C., Estevez, E., & Janowski, T. Universal and contextualized public services: Digital public service innovation framework[J]. Government Information Quarterly, 2016, 33(2): 211-222.

[51]Charnley, F., Tiwari, D., Hutabarat, W., Moreno, M., Okorie, O., & Tiwari, A. Simulation to enable a data-driven circular economy[J]. Procedia CIRP, 2021, 96: 682-687.

[52]Corrado, C., et al. The value of data in digital-based business models: Measurement and economic policy implications[R]. OECD Economics Department Working Papers, 2022, No. 1723.

[53]Duan, Y., et al. How data-driven innovation capability is shaping the future of market agility and strategic performance[J]. Technological Forecasting and Social Change, 2021, 168: 120731.

[54]Erler, C., Schinle, M., Schneider, T., Plewnia, J., & Stork, W. Data-driven development of digital health applications on the example of dementia screening[C]. 2021 IEEE International Conference on Healthcare Informatics (ICHI), 2021: 1-6.

[55]Fang, Y., et al. Exploring how to develop data-driven innovation capability of industrial firms[J]. Industrial Marketing Management, 2023, 109: 1-13.

[56]Farmakis, T., Lounis, S., Georgoutsou, I. S., Koukopoulos, A., & Mourtos, I. Innovations in manufacturing business models enabled by digital and AI-driven transformation: A conceptual framework[C]. IFIP International Conference on Advances in Production Management Systems, 2024.

[57]Ghosh, D., & Scott, J. E. Digitally-induced change in the public

sector: A systematic review and research agenda[J]. Public Management Review, 2023, 25(5): 1-28.

[58] Gokalp, E., & Martinez, V. Digital transformation capability maturity model enabling the assessment of industrial manufacturers [J]. Computers in Industry, 2021, 132: 103522.

[59] Gonzalez, R. V. D., et al. Capabilities for data-driven innovation in B2B industrial companies[J]. Industrial Marketing Management, 2023, 109: 1-13.

[60] Gupta, M., et al. Data-driven manufacturing: An assessment model for data science maturity[J]. Computers & Industrial Engineering, 2023, 162: 107746.

[61] Hossain, M. R., Mahabub, S., & Das, B. C. The role of AI and data integration in enhancing data protection in US digital public health: An empirical study[J]. Edelweiss Applied Science and Technology, 2024, 8(6): 8308-8321.

[62] Huang, M., et al. Data-driven sustainable intelligent manufacturing based on demand response for energy-intensive industries[J]. Journal of Cleaner Production, 2023, 278: 123456.

[63] Huo, D., Malik, A. W., Ravana, S. D., Rahman, A. U., & Ahmedy, I. Mapping smart farming: Addressing agricultural challenges in data-driven era [J]. Renewable and Sustainable Energy Reviews, 2024, 189: 113858.

[64] Islind, A. S., & Schmitz, L. The digital transformation of product formulation: Concepts, challenges, and applications for accelerated innovation[B]. CRC Press, 2025.

[65] Janowski, T. Digital government transformation in turbulent times[J]. Government Information Quarterly, 2022, 39(1): 101662.

[66] Joshi, H. Implementing responsible AI in healthcare organizations: Strategies, challenges, and best practices[B]. Responsible AI for Digital Health and Medical Analytics, 2025: 293-326.

[67] Kamble, S. S., Gunasekaran, A., Sharma, R., & Gawankar, S. A. Big data-driven innovation for sustaining SME supply chain operations [J]. Computers & Industrial Engineering, 2023, 162: 107746.

[68] Kayabay, K., Gökalp, M. O., Gökalp, E., Koçyiğit, A., & Eren, P. E. Data-driven manufacturing: An assessment model for data science maturity[J]. Journal of Manufacturing Systems, 2021, 60: 527-546.

[69] Kumar, A., et al. Data-driven agriculture and sustainable farming: Friends or foes? [J]. Precision Agriculture, 2023, 24(1): 1-20.

[70] Li, Y., et al. Data-driven coordinated development of the digital economy and logistics industry[J]. Sustainability, 2023, 15(14): 8963.

[71] Liu, Y., Tang, C., Xie, Z., & Zhang, Y. Data-driven decision-making in agriculture: Enhancing productivity and sustainability through predictive analytics[J]. Agricultural Systems, 2023, 190: 103123.

[72] Nguyen, T. H., Pathirana, P. N., Nguyen, D. C., Seneviratne, A., & Li, W. Data-driven approaches in healthcare: Challenges and emerging trends [J]. Health Information Science and Systems, 2023, 11(1): 1-10.

[73] OECD. Measuring the impact of the digital economy in developing countries[R]. OECD Digital Economy Papers, 2022, No. 315.

[74] Ransbotham, S., Kiron, D., Gerbert, P., & Reeves, M. The new decision makers: Equipping executives to use AI and analytics[R]. MIT Sloan Management Review, 2020.